KB274122

일하는 노년 활기찬 공동체

한 국

일하는 노년 활기찬 공동체

한 국

일하는 노년 활기찬 공동체
한국

—

인쇄 2026년 2월 10일 1판 1쇄   **발행** 2026년 2월 15일 1판 1쇄

지은이 김수영 · 장수지 · 진재문 · 박경하   **펴낸이** 강찬석   **펴낸곳** 도서출판 미세움
주소 (07315) 서울시 영등포구 도신로51길 4   **전화** 02-703-7507   **팩스** 02-703-7508
등록 제313-2007-000133호
홈페이지 www.misewoom.com

정가 18,000원

—

ISBN 979-11-88602-87-2   93330

잘못된 책은 구입한 곳에서 교환해 드립니다.

초고령 사회를 위한
행복한 노년 시리즈 4

일하는 노년
활기찬 공동체

한 국

김수영·장수지
진재문·박경하 함께 씀

美세움

머리말

이번 저서는 초고령사회를 위한 행복한 노년 시리즈의 4권이다. 우리 필진들은 3권을 출간한 지 약 5년 만에 4권의 결실을 맺었다. 4권의 대표적인 키워드는 1, 2, 3권과 마찬가지로 '활기찬 노년'이다.

통계로 보면, 우리나라는 2025년 현재 이미 초고령사회에 진입했다. 우리는 이런 인구 고령화 현상에 대해 우려하고 있지만, 그 인구집단 속에는 건강하고 적극적이며 사회적으로 자립 가능한 고령자들이 많이 있다. 실제로 이들 중에는 자립할 수 있는 능력에 더해 노년기 이전과 다름없이 사회활동을 할 수 있는 사람도 많다. 따라서 이들이 어떤 생각을 하며, 어떻게 살아가고 있는가를 조명해 보는 것은 사회적으로 노인집단이 건강한 노년을 연장하고 초고령사회에 대한 사회적 부담도 줄일 수 있는 방안을 강구하는 데 기여할 것이다.

처음 4권을 시작했을 때 필진들은 이번 저서가 국내 사례를 다루는 것이어서, 2, 3권처럼 해외에서 사례를 발굴하고 인터뷰를 했던 수고에 비하면 다소 수월하게 진행될 것이라 예상했다. 그러나 서울, 경기, 대구, 부산, 김해 등 여러 지역에서 사례를 발굴하고 인터뷰를 마치기까지는 생각보다 많은 시간이 걸렸다. 우리는 2023년 초반부터 여러 차례 집필 회의를 통해 책의 얼개를 만들고, 그 기준에 해당하는 인터뷰 대상자를 전국적으로 찾기 시작했다. 그 과정에서 우선적으로는 한국노인인력개발원, 서울시50플러스재단, 한국수자원공사 자원봉사단, 고용노동부 신중년지원사업, 안동 한국국학진흥원의 고령자 활동사업이 사례발굴에 도움이 됐다. 그 외에도 필진이나 관심 있는 지인들이 발굴하거나 추천한 좋은 사례들도 저서에 포함되어 인터뷰 대상의 다양함을 더했다. 필진들은 발굴한 사례들을 검토한 후 최종사례를 정했고, 그중 각자 관심 있는 사례들을 맡아 인터뷰와 집필을 했다. 추가로 발굴한 일부 사례까지 포함해 사례는 총 15명으로 정해졌고, 인터뷰 기간은 2023년 하반기부터 2024년 상반기까지였다. 그리고 2024년 말까지 녹취한 사례들을 초고로 엮어냈고 윤독까지 마쳤으며, 각자가 맡은 1부의 이론 부분도 완성했다.

글을 쓰다 보면 적당히 시간을 배분해서는 성과물을 내기가 쉽지 않다. 오히려 시간을 몰아쳐야 비로소 목표량을 완성할 수 있다는 것은 글을 써본 사람들은 다 이해할 것이다. 그러다 보니 시간이 좀 걸리기는 했지만, 강의와 연구로 늘 분주한 필진들이 드디어 2025년 1월에 전체 초고를 완성하게 되어 정말 뿌듯했다. 대표 필자인 본인은 그 과정에서 모든 원고를 다시 읽고 검토하여 우리가 합의했던 몇 가지 기준에 따라, 또는 더 쉽게 읽히도록 내용을 일부 수정했다. 본인은 정리된 글들을 읽으면서 우리가 좋은 사례들을 발굴했고, 이것을 책으로 엮어서 많은 사람에게 소개한다는 것에 보람과 함께 약간의 책무감도 느꼈다.

우리나라는 인구고령화 속도가 점차 더 빠르게 진행되면서, 이번 저서를 집필하는 동안에도 고령자들을 위한 고용정책이 조금씩 바뀌고 있고, 사회공헌활동도 더 성숙해 가고 있음을 알게 됐다. 또 인터뷰 대상자들의 노년기 '일'에 대한 태도도 과거 고령자들보다 더 긍정적으로 변화되고 있음을 확인할 수 있었다. 물론 필진들이 함께 검토하여 발굴하고 선정한 사례라서 그들의 경제활동이나 사회공헌활동이 일반적인 상황에 비해 다소 특출할 수도 있다는 점은 감안해야 한다. 하지만 우리는 이번 작업을 통해 노년기 일의 가치와 의미를 보다 적극적이고 생산적인 활동으로 정의할 수 있게 됐다. 그리고 노년기 일에 필요한 가장 핵심적인 키워드는 역시 '건강'과 '기회'라는 것도 확인했다. 즉, 우리가 인터뷰 대상자들에게서 찾아낸 노년기 '일'에 필요한 공통적인 요소는 건강을 유지하고, 그들이 원하는 경제활동이나 사회공헌활동의 기회를 적극적으로 찾아내는 것이었다. 그런데 우리가 원하는 답은 이미 고령인 당사자들의 생각과 활동 속에 있었다.

한편 저서 4권에서는 경제활동 사례의 대상 연령을 우리나라의 현실적인 퇴직연령에 맞춰 50대까지로 확대하여, 중장년세대와 장노년세대의 연령 스펙트럼을 모두 포함했다. 왜냐하면 건강수명은 늘어나고 있지만, 아직 기업현장에서는 노년기 시작연령인 만65세보다 더 빨리 정년퇴직 시점이 적용되고 있어서, 더 일하고 싶지만 지속하지 못하는 무역할(?)의 중장년들이 많이 있기 때문이다.

저서에서는 핵심 키워드인 '사회활동'을 경제활동과 사회참여활동이라는 두 가지로 구분해, 주된 관심인 경제활동과 함께 사회활동의 중요한 한 축인 사회참여활동도 비중 있게 다뤘다. 그 이유는 경제활동을 원하는 고령자 수가 많고 핫이슈임에는 틀림없지만, 모든 고령자가 경제활동을 원하는 것은 아니며 오히려 사회공헌활동이나 자원봉사처럼 선배시민으로서 사회에 기여하고자 하는 고령자들도 많기 때문이다.

우리 저서는 크게 1, 2, 3부로 나뉜다. 1부는 이론 부분의 3개 장, 2부는 경제활동 사례 9개 장, 3부는 사회공헌활동 사례 6개 장으로 구성됐다. 우선 1부 내용을 보면, 1장에서는 우리나라 인구고령화에 따른 여러 현상과 문제를 소개하고, 노동시장에서 인구구조의 변화에 따른 고령노동력의 수요 증가와 건강하고 독립적인 노인의 증가에 따른 생산적인 노년층 등장 등을 다루었다. 2장에는 고령자들에게 '일'의 의미는 무엇인가, 고령자들의 경제활동과 사회참여활동의 의미와 필요성, 관련한 실태 및 한계 등이 포함됐다. 3장에서는 우리나라 고령자 퇴직과 재취업 관련 제도와 특성을 비교기술하고, 현재 중앙정부 부처에서 시행하고 있는 고령자 관련 정책들을 소개했다. 2, 3부에서는 실제 경제활동이나 사회공헌활동을 하고 있는 고령자 사례들을 중점적으로 다뤘다. 먼저 2부에는 최근 관심을 받고 있는 중장년세대의 재취업과 지속고용 사례, 그리고 고령의 자영업 종사자까지 다양한 경제활동 사례가 포함됐다. 그리고 3부에서는 눈여겨볼 만한 여러 분야의 사회공헌활동 사례를 소개했다.

우리 저서 4권에서 만나게 되는 베이비붐 1세대 또는 2세대의 중장년들은 건강과 교육수준이 상대적으로 선배노인세대에 비해 향상됐기에 충분히 일이나 사회공헌활동을 원활하게 할 수 있는 건강과 역량을 갖추고 있다. 특히 1차 베이비붐 세대 또는 더 확대하여 한국전쟁 이후에 출생한 전후 세대인 70대 전반의 고령자들은 그들의 선배노인세대에 비해 여러모로 더 유리한 위치에 있다. 그런 의미에서 필진들이 소개하는 경제활동이나 사회공헌활동 사례는 우리나라 고령자들을 대표하는 활동사례로 손색이 없을 것이다. 특히 이번 사례들은 제한된 여건에서 자료수집을 했던 2, 3권의 해외사례에 비해 필진들 간에 공감대를 형성하기가 더 쉬웠다. 따라서 내용도 더 풍부하고 다양하면서 현장감이 있어 독자들에게 울림이 있을 거라 생각한다.

필진별로 맡은 부분을 소개하면 다음과 같다. 우선 1부의 1장은 장수지 교수님, 2장은 진재문 교수님, 3장은 박경하 박사님이 맡아주셨다. 2부에서는 진재문 교수님이 3, 5장, 장수지 교수님이 6장,

박경하 박사님이 1, 8, 9장, 대표필자인 본인은 2, 4, 7장을 맡았다. 3부에서는 진재문 교수님이 3장, 장수지 교수님이 1, 6장, 박경하 박사님이 4장, 그리고 본인이 2, 5장을 집필했다.

　필진들은 이번 저서를 위해 인터뷰에 응해주신 모든 분께 진심으로 경의를 표한다. 그분들의 적극적인 활동이 우리나라 고령자들을 위한 활기찬 노년의 방향을 설정하는 데 크게 기여할 수 있다고 생각한다. 이 책이 많은 독자에게 읽혀서, 급속하게 초고령 사회에 직면하는 한국 사회에 희망이 있다는 공감대가 만들어지기를 기대한다. 우리는 인터뷰하면서 당신들의 사진을 저서에 싣겠다고 했을 때, 모든 분이 당당하게 응해주셨음에 글을 통해 다시 한 번 진심으로 감사와 존경의 뜻을 전한다. 그리고 글의 내용이 무겁지 않게 읽히도록 사례로 소개되는 분들의 호칭을 몇 가지로 통일했고, 인터뷰 내용을 글로 옮기면서 존칭어를 생략하고 대신 평어를 썼음을 말씀드린다. 호칭으로는 주로 이름 뒤에 '님'을 붙였고, 그 외에는 사례에 따라 ~대표, ~회장, ~요양보호사, ~원장, ~사장 등의 직함을 겸해 사용했다. 이는 독자들이 더 수월하게 읽을 수 있도록 내린 결정이어서, 인터뷰에 응해주신 모든 분께 양해의 말씀을 드린다.

　우리는 해당 사례를 만나러 여러 지역으로 출장을 가거나 현지에서 인터뷰를 진행했고, 인터뷰에 응해주신 분들의 메시지를 최대한 담아 집필했다. 그동안 애쓰신 필진들에게 진심으로 감사의 말씀을 드린다. 그리고 4권 출간을 위해 오랫동안 기다려준 미세움 출판사의 강찬석 사장님과 임혜정 부장님께도 깊은 감사의 말

씀을 드린다. 이 책이 출간되어 시리즈 1, 2, 3, 4권이 나란히 서점
의 서가에 비치된 모습을 상상해 본다. 또한 4권 출간에 맞춰, 1, 2,
3, 4권이 모두 e-Book으로도 제작되기에 더 기대가 크다.

2026년 1월

필진 대표 김수영

차례

PART 2 고령자 경제활동 사례   103

PART **1**

한국 초고령사회의 현상과 대응

제1장
한국 사회의 고령화와 노인

1. 한국 사회의 고령화 현상과 노인문제

1) 우리나라 고령화의 인구사회학적 특징

인구 고령화는 한 사회의 연령 분포의 중심이 고연령대로 이동하는 현상을 지칭하는 용어로, 세계적으로 가장 많은 주목을 받고 있는 인구학적 주제이다. UN에서는 한 사회를 구성하는 인구 중 65세 이상의 노인 인구 비율이 7% 이상이면 고령화사회(aging society), 14% 이상이면 고령사회(aged society), 20% 이상이 되면 초고령사회(super-aged society)로 구분한다. 우리나라보다 산업화가 빨리 진행되었던 선진국들 역시 인구 고령화를 유사하게 경험하고 있지만, 우리나라의 인구 고령화는 전 세계적으로도 유례없이 급격하게 진행되고 있다.

우리나라는 2018년에 노인 인구 비율이 14.3%에 도달하여 고령

<표 1> 주요 국가 인구고령화 속도

구 분	도달 연도			증가소요년수	
	7%	14%	20%	7→14%	14→20%
일본	1970	1994	2006	24	12
프랑스	1864	1979	2018	115	39
독일	1932	1972	2009	40	37
영국	1929	1976	2026	47	50
이탈리아	1927	1988	2006	61	18
미국	1942	2015	2036	73	21
한국	2000	2018	2025	18	7

자료: 통계청(2019)

사회로 접어들었으며, 불과 7년 후인 2025년에는 20.3%로, 일본, 독일, 이탈리아, 프랑스와 나란히 초고령사회 대열에 합류했다(〈표 1〉). 지금과 같은 고령화 속도가 이어진다면, 2045년에는 우리나라 의 노인 인구는 37.0%로 세계 최고 수준에 이르고, 2070년에는 노 인 인구가 총인구의 절반에 가까운 46.4%에 이를 것으로 전망된다 (통계청 장래인구특별추계(2020-2070).

한국 사회가 경험하고 있는 급격한 인구 고령화의 배경에는 기 대수명의 증가와 출생률의 가파른 감소가 자리 잡고 있다. 2023년 현재, 우리나라 기대수명은 83.5세로, 남성 80.6세, 여성 86.4세다 (통계청, 2023). 이는 OECD 국가 평균 기대수명인 81세(남성 78세, 여 성 83세; OECD, 2023)보다 높다. 〈표 2〉는 1970년부터 2023년까지의 우리나라 남녀 기대수명 추이를 나타낸 것으로, 1970년 이후 약 50년간 기대수명이 20년 정도 대폭 증가한 것을 확인할 수 있다. 의학기술의 발달과 위생관념, 영양상태, 건강정보 이해 증진으로 인한 기대수명의 증가는 자연스럽게 노년기의 확대, 노인인구 증

<표 2> 성별 기대수명 추이(1970~2022년)   (단위: 세)

	1970	1980	1990	2000	2010	2015	2023
전체	62.3	66.1	71.7	76.0	80.2	82.1	83.5
남자	58.7	61.9	67.5	72.3	76.8	79.0	80.6
여자	65.8	70.4	75.9	79.7	83.6	85.2	86.4

자료: 통계청(2023a) 생명표

가로 이어진다. 2000년 65세 이상 노인 인구는 3,394,896명이었으나 2023년에는 9,435,816명으로 증가했다(KOSIS 국가통계포털, 2023).

그러나 우리 사회의 고령화를 가속화시키는 주된 원인은 기대수명의 증가보다는 심각한 출산율 저하 현상에서 찾을 수 있다. 우리나라는 2000년대 초에 합계출산율 1.3명 미만의 초저출산 국가가 된 후, 출산율의 다소간의 등락이 이어지다가 2017년 이후부터는 매년 급격한 감소 추이를 나타냈다. 정부가 급격하게 이어지는 저출산 현상의 심각성에 위기를 느끼고 다양한 차원의 대책들을 쏟아내고 있으나 반등할 여지가 보이지 않았던 것이다. 하지만 2025년에는 합계출산율 0.75로 소폭 상승했다.

우리나라 저출산 현상의 원인은 매우 복합적으로 뒤얽혀있다. 청년층의 사회경제적 불안정성, 자녀양육비 및 교육비 지출에 대한 부담, 초혼 연령 상승, 개인주의적 가치관과 비혼주의의 확산, 일과 가정의 양립을 어렵게 하는 가부장적 사회의 잔재 등은 청년층의 결혼기피와 자녀출산 기피를 부추긴다.

이렇듯 합계출산율 저하로 인한 유소년 인구비중 감소 및 노인 인구 증가 가속화로 인해, 노인인구 구성에서도 점차 후기노인 인구의 비중이 늘어나고 있다. 노인을 65-69세, 70-74세, 75세 이상

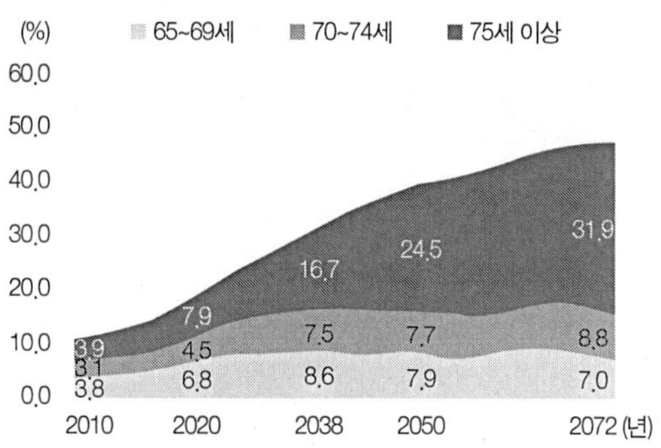

[그림 1] **연령대별 노인인구 비중**

자료: 통계청 2023년 고령자통계

으로 분류하여 노인인구 비중을 제시한 [그림 1]을 보면, 향후 75세 이상의 후기노인(75세 이상)이 전기노인(65-74세)을 압도하여 노인층 내에서의 다수를 점하며, 그 비율의 격차는 갈수록 커질 것으로 추계된다. 전기노인은 후기노인에 비해 건강과 활력, 생산성 면에서 상대적으로 큰 어려움을 겪지 않지만, 경제적 어려움과 건강쇠약, 사별 등의 부정적 생애사건을 다수 경험하게 되는 후기노인의 증가는 우리 사회의 부담이 될 수 있다. 특히 후기노인 중에서도 85세 이상의 초고령노인도 동반하여 증가할 것이므로 사회적 돌봄, 빈곤대책, 고독예방 등에 대한 안전하고 효율적인 시스템 구축의 필요성이 높아지고 있다.

우리나라 고령화 현상의 또 다른 특징은 고령화 양상의 지역 격차가 확대되고 있다는 것이다. [그림 2]에서 보면, 2024년 기준 노인인구가 20%가 넘는 초고령사회로 진입한 곳 중 대도시는 부산이

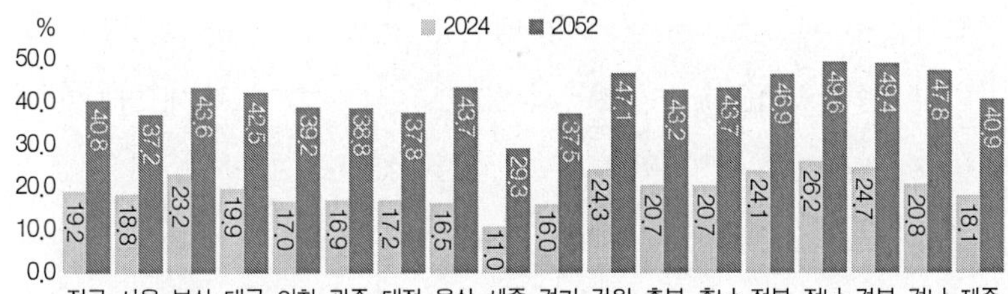

[그림 2] 지역별 노인인구 비율

자료: 통계청, [장래인구추계(시도편): 2024-2052년], '2024 고령자통계' 자료 재작성

유일하고, 전남, 경북, 강원, 전북, 충북, 충남은 읍면부이다. 2028년에는 세종시를 제외한 모든 지역이 초고령사회에 진입할 것으로 예측된다. 일반적으로 농어촌지역은 도시에 비해 사회경제적으로 열악하고 의료보건, 교통, 복지, 문화 등의 사회적 인프라와 콘텐츠가 전반적으로 부족하다. 이에 농어촌지역의 노인문제가 도시에 비해 훨씬 심각할 수 있으므로 고령화로 인한 지역격차를 해소할 수 있는 제도적 개선이 마련돼야 한다.

2) 우리 사회의 당면한 노인문제

베이비붐 세대의 노년기 진입으로 인해 기존의 노인세대와는 대비되는 신노년세대의 가치관이나 인구사회학적 배경, 라이프 스타일 등이 주목받고 활동적 노화를 필두로 하는 신노년 담론이 제기되고 있다. 하지만 여전히 노인을 대상으로 하는 사회적 지표들 다수는 부정적이다. 본 절에서는 빈곤, 자살률, 사회적 고립 문제를 중심으로 우리 사회의 노인문제를 살펴보고자 한다.

첫째, 우리나라 노인문제의 핵심은 빈곤이다. 우리나라의 노인빈곤율*은 2016년 43.6%에서 2021년에는 37.7%까지 하락하였고 여전히 OECD 국가 중 부동의 1위를 차지하고 있다. 이는 주로 공적연금 시스템이 불충분하기 때문인데, 이로 인해 노동시장에서 은퇴한 노인들은 안정적인 연금수입을 확보하지 못하고 있다(OECD, 2022). 또한 노인의 가구소득 중 근로소득이 차지하는 비율이 OECD 국가 중 가장 높음에도 불구하고, 충분히 성숙되지 않은 노후 소득보장 시스템으로 인해 은퇴 후의 가처분소득 감소가 심각하여 빈곤으로 이어지고 있다(OECD, 2012). 한편 노인 인구를 연령집단별로 구분해 보면, 상대적으로 젊은 74세 이하 전기노인들과 75세 이상의 후기노인 간의 빈곤율 격차가 심각하다. 2021년 기준 전기노인의 빈곤율은 28% 수준에 머물렀지만, 75세 이상의 경우는 50%가 넘는 빈곤율을 나타냈다. 이처럼 여전히 노인빈곤율 1위 국가이기는 하나, 최근 몇 년간 우리 사회의 노인빈곤율은 다소 하락 추이를 보인다. 그 배경에는 기초연금 증액 등의 이슈도 있겠으나, 국민연금 가입기간이 길어진 젊은 노인들의 연금소득액 증가가 전체 노인의 빈곤율 하락을 이끈 것으로 판단된다.

국민연금공단 국민연금연구원(2023)이 현재의 국민연금 제도를 소득대체율 40%로 유지하고 기초연금을 현행 30만 원으로 가정

해 빈곤율을 전망했을 때, 2070년에는 25.76% 수준으로 감소할 것으로 예측된다. 하지만 2093년까지 노인인구 비율 증가와 국민연금 수급자 확대 정체로 다시 30.53%까지 증가할 것으로 전망된다.

노년층의 빈곤문제 해소는 우리나라 사회복지정책 중 핵심적 과제이지만, 안타깝게도 고령화의 가속화로 인해 노인빈곤율은 쉽게 저하되지는 않을 것으로 보인다. 공공부조, 국민연금, 기초연금, 퇴직연금, 사적연금까지 노후소득보장을 위한 제도들이 구비되어 있는 상황이지만, 현실적으로 사각지대가 존재한다. 자산에서 부동산 비중이 과다하게 높은 한국 노인들에게 주택연금, 농지연금의 보편화, 근로소득의 안정적 확보를 위한 적정한 수준의 양과 질의 일자리 제공, 민간기업의 고용체계 개선 등은 우리 사회의 당면한 과제이다.

둘째, 우리 사회의 노인자살률은 심각한 수준이다. 우리나라 전체 자살률은 2020년 기준 24.1명(인구 10만 명 당)으로 OECD 평균인 10.7명에 비해 압도적으로 높은 1위인데, 노인자살률은 42.2%로 높은 전체 자살률 순위를 견인하고 있다(한국생명존중희망재단, 2024).

2015년부터 2022년까지 OECD 주요 회원국 노인자살률 추이를 보면, 한국은 2015년 58.6명으로 가장 높은 자살률을 기록하였다. 이후 소폭 증감을 반복하였지만, 2015년부터 현재까지 노인자살률 1위를 기록하고 있다. 통계청(2023) 사망원인통계에서 연령대별 자살률 순위를 살펴보면, 80대 이상이 59.4%로 가장 높고, 70대(39.0%), 50대(32.5%), 40대(31.6%), 60대(30.7%), 30대(26.4%), 20대

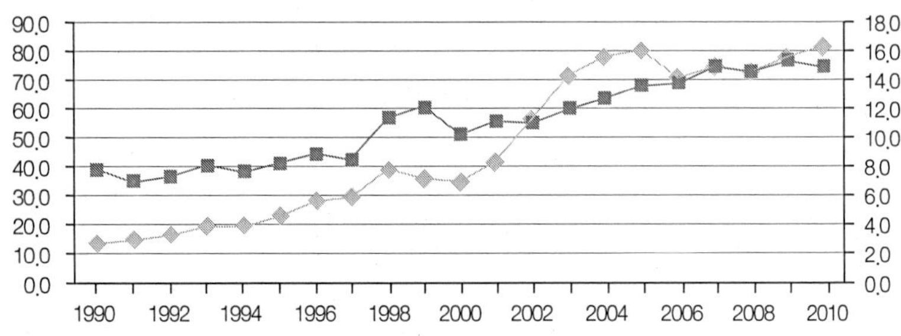

[그림 3] 노인의 상대빈곤율과 자살률 추이

자료: 김형수, 권이경(2013)

(22.2%), 10대(7.9%) 순으로 나타나, 고령층의 자살률이 다른 연령대에 비해 압도적으로 높게 나타났다. 이는 자살이 개인적인 사건이지만 동시에 사회적 현상임을 의미한다. 노인자살의 원인에는 빈곤과 건강상의 문제, 사회적 관계망의 단절, 고독, 배우자 사별 등이 복합적으로 연관되어 있는데, 그중에서도 특히 경제적 어려움은 노년기 자살위기를 높인다. [그림 3]에서 보면 1990년부터 20년간 노인 상대빈곤율과 자살률 지표 간에는 분명한 정적 상관성을 확인할 수 있다.

또한 자살에 대한 계획을 실제로 실행할 가능성은 고연령, 우울 수준이 높을수록, 혼자 사는 경우, 가족관계 만족도가 낮을수록 증가하는 것으로 알려져 있다(도문학, 허만세, 2015). 독거노인은 빈곤에 처할 가능성이 높고 우울 수준도 높기 때문에 가족동거 노인에 비해 자살에 취약하며, 자살시도 시 이를 조속히 발견하거나 막을 사람이 없기 때문에 자살시도가 실제 죽음으로 이어질 가능성이 높다. 자살률은 사회구성원들이 그 사회에서 높은 삶의 질을 유지하고 있는지를 가늠하는 중요한 지표이다. 노인의 경제적 어려움 해소, 사회적 지지망 확대, 정신건강 및 신체적 건강에 대한 적절한 수준의 개입은 노인의 전반적인 삶의 질을 높이고 자살에 대한 위험성을 낮추는 데 기여할 것이다.

셋째, 우리나라 노인들의 사회적 고립 문제는 실천적, 정책적 개입이 필요한 중요한 문제이다. 노년기에는 은퇴, 자녀 독립 등 중년기까지 왕성한 사회적 역할에서 벗어나 사회적 관계망이 축소되고 역할 상실을 경험하게 되는 경우가 많다. 노인실태조사(2023) 결과에 따르면 노인 단독가구(1인 가구, 노인 부부) 비율이 90%에 근접하였고, 배우자, 자녀, 손자녀 등 직계가족의 규모가 감소하고 가족 간 교류도 축소되는 경향을 보인다. 생존 자녀가 있는 비율은 2008년 98.2%에서 2023년 94.0%로 감소했으며, 생존 자녀수는 2008년 4.0명에서 2023년 2.7명으로 감소하였고, 노인의 9%는 생존 자녀가 없거나 있다고 해도 연락 두절 상태인 것으로 나타났다. 사회적 지지 규모에 대한 질문에서도 연령대가 높아질수록 도움을 받을 수 있는 사람이 없는 비율이 증가하였다(60~69세가 4.6%, 85세 이상 13.0%). 이는 경제적, 건강 수준의 취약성이 높아지는 초고령 시기에 사회적 지지체계가 불안정해지는 상황이 심화되며 사회적 고립으로 이어질 수 있음을 말해준다.

노인 고독사 문제도 사회 문제로 대두되고 있다. 일반적으로 고독사는 생전에 사회적으로 고립되어 사후 장기간 방치된 죽음을 의미한다. 보건복지부가 발표한 '2024 고독사 사망자 실태조사' 결과에 따르면, 2019년부터 2023년까지 고독사는 연평균 5.6% 증가 추세이며, 50~60대가 전체 고독사 인구의 53.9%를 차지하고, 여성에 비해 남성의 비율이 7배가량 높은 것으로 나타났다. 2007년부터 2017년까지 보도된 미디어 자료를 사용하여 탐색한 김혜성(2017)의 연구에서는 노인고독사의 주요 위험요인으로 빈곤과 경제적 곤경, 만성질환, 정신건강 문제, 사회적 고립, 가족 및 이웃과의 관계 단절, 실업, 1인 가구, 독신 혹은 이혼, 대도시 거주 등의 요인을 지적하였다. 특히 이혼이나 별거 상태의 장노년 남성의 고독사 비율이 높은데, 이들은 건강관리와 가사노동에 익숙지 않고, 은퇴나 실직 등의 사회적 역할상실과 알코올 의존 등으로 인해 고독사 고위험군으로 이어지는 경우가 많기 때문이다. 이를 반영하듯 고독사 예방 실태조사(고숙자 등, 2023)에서 고독사 고위험군에게 가장 필요한 지원에 대해 파악한 결과, 식사 준비(25.1%), 친구 만들기(18.6%), 일자리 상담(13.3%), 고민 상담(11.6%), 청소, 세탁(8.1%), 운동/문화/여가(8.1%) 등 일상생활 지원과 더불어 사회참여 및 사회적 관계망 형성 관련 지원의 필요성 인식이 높은 것으로 나타났다.

사회적 고립의 극단적인 형태가 고독사인 만큼 노년기의 사회적 고립 완화를 위해 사회적 지지체계 확대와 강화를 위한 실천적, 정책적 제도마련이 전제되어야 한다. 또한 고독사 예방을 위해 사회 전체가 대응하고 예방적 관점으로 접근하며 생애주기별 고독사 위험군에 대해 지자체가 위기대응 체계를 구축해야 한다. 나아가 이들이 지역사회 공동체에 포함될 수 있도록 공공뿐 아니라 민간자원을 적극적으로 활용하는 방안도 모색해야 할 것이다.

3) 고령화에 따른 우리 사회의 부담과 과제

고령화는 한 사회의 인구구성에서 노인 인구 비중이 높아져 가는 현상이므로 이에 따른 사회경제적 변화가 필연적으로 동반된다. 본 절에서는 고령화로 인해 나타나고 있는 사회적 부담 요소들, 즉 노인부양비 등 사회적 비용 증가, 노동력 부족 및 수요인구 감소로 인한 사회 전반의 경쟁력 저하 문제에 대해 다루고, 이러한 거시적 문제에 대한 관점 전환의 필요성과 우리 사회의 과제에 대해 짚어본다.

(1) 노인부양비 및 의료비 증가

먼저 고령화로 인해 일차적으로 나타나는 부담은 사회적 비용이 증가한다는 점이다. 〈표 3〉의 인구구조 변화 추계를 보면 이러

〈표 3〉 인구구조의 변화 추계와 노인부양 지수

	2000	2010	2025	2030	2040	2050	2060	2070
인구(만 명): 0~14세	991	797	525	415	387	375	293	239
인구(만 명): 15~64세	3,370	3,620	3,591	3,416	2,902	2,444	2,068	1,711
인구(만 명): 65세 이상	339	536	1,051	1,298	1,715	1,890	1,868	1,767
– 구성비(%): 0~14세	21.1	16.1	10.2	8.1	7.7	8.0	6.9	6.4
– 구성비(%): 15~64세	71.7	73.1	69.5	66.6	58.0	51.9	48.9	46.0
– 구성비(%): 65세 이상	7.2	10.6	20.3	25.3	34.3	40.1	44.2	47.5
총부양비	39.5	36.9	43.9	50.2	72.4	92.7	104.5	117.3
유소년부양비	29.4	22.0	14.6	12.2	13.4	15.3	14.2	14.0
노년부양비	10.1	14.8	29.3	38.0	59.1	77.3	90.3	103.3
노령화지수	34.3	67.2	199.9	312.0	442.2	504.0	636.9	738.6

노년부양비=고령인구(65세 이상)×100/생산가능인구(15~64세)
노령화지수=고령인구(65세 이상)×100/유소년인구(0~14세)
유소년부양비=유소년인구(0~14세)×100/생산가능인구(15~64세)
총부양비=유소년부양비+노년부양비
자료: KOSIS 국가통계포털 2023

한 상황이 쉽게 이해된다. 2000년 대비 2025년의 65세 이상 노인 인구 규모는 약 3배 정도 증가하였으나, 저출산으로 인해 유소년 인구는 급격히 감소했다. 노인부양의 대표적인 지표인 노년부양 비를 보면, 2000년도의 노년부양비는 10.1명으로, 이는 노인 1명을 생산가능인구 9.9명이 부양책임을 진다는 의미이다. 2025년 현재 는 노인 1명에 대해 3.41명이 부양책임을 지는 셈이며, 2050년에는 1.29명이 부담할 것으로 추계된다. 2025년의 노령화지수는 199.9 로 유소년 인구보다 노인 인구 비율이 약 2배나 많은 것을 의미하 는데, 저출산 가속화로 인해 유소년 인구와 노인 인구 비율의 격 차는 더욱 커지게 되어 향후 우리 사회의 노인 부양부담은 심각하 게 증가할 전망이다.

이어서 고령화에 의한 사회적 파급효과 중 가장 많은 사회적 비 용 증가를 초래하는 것이 의료비 증가다. 이는 노인 인구 중에서 도 75세 이상의 후기노인의 증가, 특히 85세 이상의 초고령 인구증 가와 관계가 있다. 통계청(2019) 추계에 따르면, 2067년에는 65~74 세 전기노인의 수는 685만 명, 75~84세 후기노인 수는 629만 명, 85세 이상 초고령 노인 수는 512만 명으로 추계되어 각 연령집단 의 인구수가 대동소이하다. 후기노인 및 초고령 노인은 다른 연령 집단에 비해 건강과 요양 욕구가 폭발적으로 증가하는 집단으로 서, 의료비 증가와 밀접한 관련이 있다. 실제 노인진료비가 전체 건강보험 및 의료급여에서 차지하는 비율을 조사한 결과, 2023년 기준 건강보험 적용인구의 17.9%를 차지하는 65세 이상 노인인구 의 진료비가 전체의 44.1%를 차지하였다(〈표 4〉). 이러한 통계치는

구 분	2019년	2020년	2021년	2022년	2023년
전체 건강보험 적용인구(천 명)	51,391	51,345	51,412	51,410	51,453
65세 이상 건강보험 적용인구(천 명)(비율, %)	7,463 (14.5)	7,904 (15.4)	8,320 (16.2)	8,751 (17.0)	9,216 (17.9)
65세 이상 진료비 (억 원)(증가율, %)	357,925 (12.5)	376,135 (5.1)	413,829 (10.0)	457,647 (10.6)	489,011 (6.9)
노인 1인당 연평균 진료비 (천 원)	4,910	4,870	5,085	5,347	5,434
전체 1인당 연평균 진료비 (천 원)	1,681	1,688	1,857	2,060	2,155

1. 진료일 기준, 적용인구는 연도말 기준
2. 노인 1인당 연평균 진료비=65세 이상 진료비/65세 이상 연평균 적용인구(8,999,146명)
3. 전체 1인당 연평균 진료비=전체진료비/연평균 적용인구(51,411,696명)
자료: 국민건강보험공단(2023). 2023년 건강보험통계연보

초고령사회에서 국가 차원의 보건복지재정부담 수준이 점차 높아짐을 반영한다.

그러나 한편으로는 우리 사회의 노인부양에 대한 인식이 지나치게 공포스럽게 회자되고 있는 측면도 있다. 노인부양에 대한 논의는 64세 이하의 생산가능인구에 의한 사회적 부양부담에 관한 것으로서, 실제로 노인들이 행하는 생산적이고 의미 있는 다양한 활동들을 간과하는 결과를 낳는다. 또한 노인들 중 상당수가 경제활동에 참여하고 있는 점 역시 노인을 부양받기만 하는 집단으로 단순화하는 문제가 있음을 보여준다(최혜지 등, 2020).

(2) 노동력 부족 및 수요인구 감소

우리 사회의 인구구조 변화는 장기간에 걸쳐 노동시장의 변화를 초래하고 있다. 2017년부터 모든 사업장에서는 정년 연령 60세

의무화 법안이 시행되었고, 이로 인해 기존 노동인구의 은퇴가 지연되고 새로운 노동인구 유입이 감소하면서 노동력의 고령화로 이어지고 있다. 또한 인구 고령화는 2030년 이후에는 노동력 부족을 야기할 수도 있다. 왜냐하면 초저출산 국가로 진입했던 2000년 초반 출생자들이 본격적으로 노동시장에 뛰어드는 2030년 이후에는 젊은 노동인구의 급격한 감소가 현실화될 것이기 때문이다. 특히 젊은 근로자 비중이 높은 IT 등의 분야에서는 생산 가능 노동력이 줄어들 것으로 예측된다. 이러한 산업 분야는 우리 사회의 혁신을 선도하는 분야라는 점에서 장기적으로 국가경쟁력 저하와 경제 성장을 저해하는 위험요인으로 작용하게 될 것이다.

더불어 인구 고령화는 노동력 부족뿐만 아니라 전체 사회의 재화 및 서비스에 대한 수요 감소로 이어져, 정부의 세수감소와 고용둔화를 유발할 수 있다. 이로 인해 개인적 차원에서는 개인에게 부과되는 세금이 증가하거나 가계저축 및 투자가 감소될 수 있고, 이는 고용시장을 위축시켜 장기적인 거시경제의 성장 둔화로 이어질 수 있다.

이와 같이 노동력 부족과 수요의 감소, 이로 인한 경제성장 둔화는 인구 고령화의 부정적 파급효과로 인식되고 있지만, 일각에서는 그 과정이 지나치게 과장되어 있다는 시각도 있다. 이철희(2024)는 노동인구가 감소하더라도 생산성 향상이나 일하는 방식 변화 등에 대처함으로써 그 부정적 여파를 감소시킬 수 있다고 지적하였다. 또한 생산가능 인구가 아니라 실질적인 경제활동인구를 기준으로 보면, 20년 후에도 현재의 약 90% 수준을 유지할 수 있으며, 여성과 노년층의 경제활동 확대를 통해 노동인구 감소 추이를 더 완화시킬 수 있을 것으로 보았다.

인구구조 변화로 인한 여파는 매우 점진적이고 장기적으로 나타난다. 따라서 인구 고령화에 대한 비관적 전망만 할 것이 아니라, 사회 전반에 걸쳐 실질적인 대응책을 전방위적으로 가동시켜야 한다. 그 핵심적인 대응책 중 하나가 노인 인력 활용을 증대시키는 것이다. 이를 위해 노인 인구의 건강을 개선하고 생산성을 높이며, 연령에 따른 차별적 관행보다는 개인의 능력과 경력을 우선시하는 노동시장을 만들어 나가야 한다. 또한 노동시장 내 고령친화적 일자리 비중을 늘리는 등의 정책적 대응이 필요하다(이철희, 2024).

2. 한국 노인의 특징과 활동적 노인상의 등장

1) 우리나라 노인의 일반적 특징

노인 인구가 증가일로인 우리 사회에서 노인의 욕구에 부합하는 정책적, 실천적 개입을 설계하기 위해서는, 이들의 욕구와 보편적인 특성을 파악하는 것이 중요하다. 가구 형태, 사회경제적 수준, 가치관, 사회적 관계를 중심으로 한국 노인의 특성을 살펴본다.

첫째, 노인의 가구 형태를 보면, 노인으로만 구성된 가구가 압도적으로 높은 비율을 차지한다. 구체적으로는 2024년 기준 1인 가구 비중이 가장 높고, 부부, 부부+미혼자녀, 부(모)+미혼자녀 가구 순으로 나타났다. 또한, 전체 가구 중 65세 이상의 노인가구 비중은

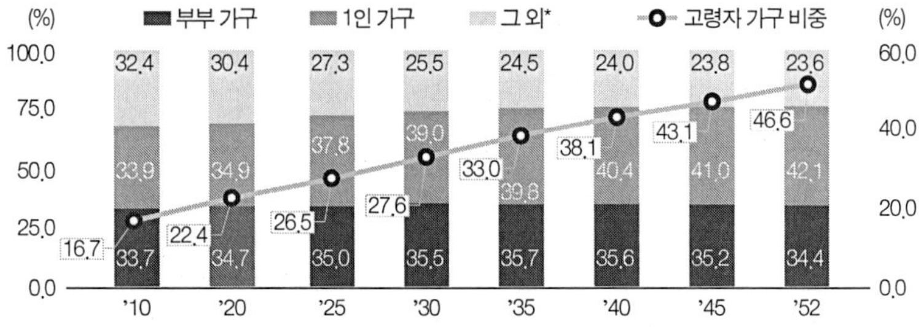

[그림 4] 노인가구 비중 및 가구 유형별 구성비

자료: 통계청, [장래가구추계: 2022–2052년], *그외: 부부+미혼자녀, 부(모)+미혼자녀
통계청 '2024 고령자통계' 자료 재작성

26.5%로 1/4 수준이고, 2052년에는 전체 가구 중 절반 이상을 노인 가구가 점할 것으로 추계된다([그림 4]).

둘째, 노인의 가구소득, 연금수급률, 순자산 규모를 보면 다음과 같다. 2023년 노인실태조사에 따르면, 노인의 연간 가구소득은 3,469만 원이며, 가구소득은 근로소득(29.3%), 공적이전소득(25.9%), 사업소득(24.5%), 사적이전소득(8.0%), 재산소득(6.7%)으로 구성되어 있다. 근로소득이 가구소득에서 상대적으로 높은 비중을 차지하는 것은 노년층의 고용률 증가와 관련 있다. 경제활동인구조사(통계청, 2023b) 결과를 보면 2023년 현재 65세 이상 노인의 고용률은 37.3%로, 2017년 이후 매년 상승추이를 나타냈다. 고용노동부의 고령자 계속고용장려금, 고령자 고용지원금 등의 제도와 중장년 내일센터 운용 및 보건복지부의 노인일자리 사업 등의 공공일자리 창출 제도는 노인 고용률 증가에 일부 기여하고 있다고 판단된다. 노인의 경제활동은 공적 소득보장의 불충분성을 보전하기 위

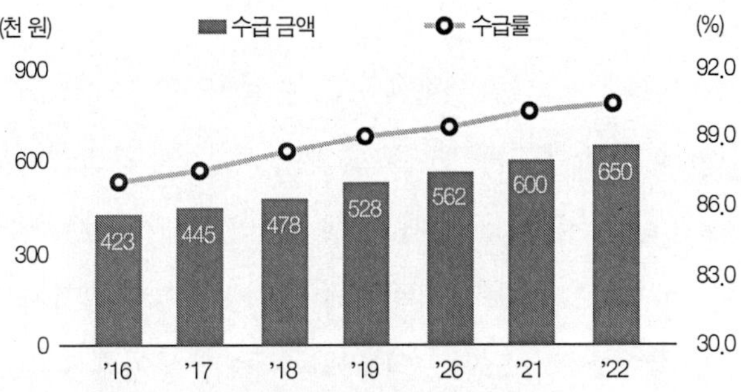

[그림 5] **65세 이상의 연금수급률 및 월평균 수급액**

자료: 통계청(2022). 연금통계

함이기도 하지만, 동시에 보람되고 활력 있는 노후를 보내기 위한 수단이기도 하다.

한편 기초연금까지를 포함한 연금수급률*은 2022년 현재 90.4%로 높게 나타나고 있다([그림 5]). 그러나 연금수급액은 평균 65만 원으로 노후생계를 유지하는 데는 턱없이 부족한 수준이다. 이마저도 성별에 따른 격차가 발생하는데, 남성의 평균 연금액은 84만 2천 원, 여성은 48만 6천 원 수준으로 전반적인 소득보장의 취약성과 더불어 노후소득보장의 남녀 격차문제도 심각하다. 또한 2023년 기준 노인들의 순자산은 4억 5,540만 원으로 보고되는데(통계청, 2024), 그중 현금유동성이 낮은 부동산 비중이 순자산의 90%이상(4억 1,242만 원)을 차지해, 노인들의 실질적 가처분 소득은 낮으며 이

---

* 여기서 연금은 기초연금, 장애인 연금, 국민연금, 특수직역연금(공무원, 군인, 사학, 별정우체국), 퇴직연금, 개인연금, 주택연금, 농지연금을 모두 포함한다.

로 인한 삶의 질 저하가 우려된다.

셋째, 우리나라 노인들의 교육수준은 점차 향상되고 있다. 노인실태조사(2023) 결과에 따르면, 고졸 이상의 고학력 노인은 2008년 17.2%에서 2023년 38.2%로 2배 이상 증가했으며, 무학의 비중도 33.0%에서 2023년 12.3%로 대폭 감소했다. 베이비부머가 대거 노년기로 진입함에 따라 노년층의 교육수준 향상이 나타나고 있는 것이다. 이는 노인의 의식, 가치관 변화뿐만 아니라, 소득수준, 문화향유, 사회공헌, 의료정보 이해능력 등 노인의 삶 전반에 걸친 변화를 이끄는 핵심적 요인으로 작동한다.

넷째, 우리나라 노인들의 건강상태에 대해서는 만성질환 수, 우울, 기능상태를 위주로 살펴본다. 노인실태조사(2023) 결과, 노인들은 평균적으로 2.2개의 만성질환을 보유했고, 75세 이상 연령군에서는 1개 이상의 만성질환 보유 노인이 90%를 초과했다. 만성질환 중에는 고혈압이 59.5%로 가장 높은 유병률을 나타냈다. 노인의 신체적 독립성을 알 수 있는 기능상태 수준에서는 85세 이상 노인의 경우 (도구적) 일상생활수행능력에 제한이 있는 비율이 20%를 초과했고, 90세 이상이 되면 일상생활수행능력에 제한이 있는 비율이 44.3%로 급격히 증가하는 것으로 보고됐다.

다섯째, 사회참여를 비경제적 사회활동으로 정의한 경우, 노인의 사회참여는 주로 친목활동 중심으로 이루어졌다. 노인실태조사(2023) 결과에 따르면, 사회단체 활동은 친목활동(54.2%), 동호회(6.6%), 정치사회단체(1.3%)의 순으로 나타났다. 또한 종교가 있다는 노인(전체 노인 중 39.8%) 중 83.1%가 종교활동을 했으며, 평생

교육에 13.3%, 자원봉사활동에 2.5%가 참여했다. 자원봉사활동은 코로나 팬데믹 시기의 여파로 소극적으로 수행하고 있는 것으로 보인다. 한편 사회적 관계망을 형성하고 여가시간을 보낼 수 있는 노인여가복지시설에 대한 이용실태를 보면, 경로당 이용이 26.5%, 노인복지관 9.6%, 종합사회복지관/장애인복지관/여성회관은 3.5%, 노인교실 1.7% 순으로 나타났다. 경로당 이용률이 46.9%에 달하던 2008년도 조사에 비해 2023년도 이용률(26.5%)은 대폭 낮아진 수준이다. 초고령 인구의 증가에도 불구하고 지리적 접근성이 좋은 경로당 이용률이 저하되고 있다는 결과는 노인들의 사회경제적 수준의 변화로 인한 욕구의 다양화와 라이프스타일의 변화를 방증한다.

2) 노년층의 세분화와 주목해야 할 연령집단들

노인들의 평균수명이 연장되면서 노년기 전체가 확대되고 있다. 또한 길어진 노년기만큼 현행의 만 65세 연령 기준이 적절한가에 대한 논의도 잇따르고 있다. 현실적으로 노인연령 기준의 상향조정에 필연적으로 동반되는 정년연장에 대해서는 찬반 여론이 존재한다. 주된 쟁점은 비대해져 가는 노인인구가 청년층의 부양부담을 늘릴 것이므로 노인연령 기준에 대한 조정이 필요하지만, 청년층–노년층 간의 일자리를 둘러싼 갈등문제나 노인 대상의 대중교통, 의료, 세금 관련 혜택 상실로 인해 노인빈곤 문제가 심화될 수 있다는 것이다. 그러나 적어도 많은 이들이 동의하는 바는 초고령 노인에 비해 상대적으로 젊은 노인들은 전반적으로 더 건강하고, 교육 및 정보화 수준이 높으며, 경제적으로 독립적이고 다채로운 삶의 방향성을 추구한다는 점이다. 이러한 차이는 노년기를 하나의 생애 단계로 보지 않고 세분화하여 접근해야 하는 근거가 된다.

일반적으로 노년기는 65~74세까지의 전기노인, 75~84세까지의 후기노인, 85세 이상의 초고령 노인으로 구분하는 경우가 많고, 여러 학문 분야에서는 이 기준에 따른 노인집단 간 차이에 주목한다. 연령증가에 따른 건강상태 저하와 의존성 증가, 심리적 고독과 사회적 고립, 빈곤문제가 집단별로 어떻게 다르게 나타나는지 등을 검토하며, 주로 연령효과(age effect)에 기반하여 연령증가에 따른 변화에 주목한다. 예를 들어, 현재의 전기노인이 초고령노인이 되면 현재의 초고령노인이 보이는 보편적인 특성을 유사하게 나타낼 것으로 본다.

한편 노년층 내 하위 연령집단들에 대한 이해를 높이기 위해 코호트(cohort)를 고려하기도 한다. 코호트란 특정한 시기에 태어나거나 특정 경험을 한 집단을 의미한다. 코호트 효과(cohort effect)는 특정 연령집단이 공유하는 경험이 그들의 행동 및 태도에 어떤 영향을 미치는지 밝혀냄으로써 확인 가능하다. 즉 연령증가에 따라 보편적으로 경험하는 현상이 아니라, 특정한 경험을 공유한 집단이기에 그러한 경험치가 연령증가와 맞물려 지금까지와는 다른 결과값이 도출될 수 있다는 것이다. 〈표 5〉는 우리 사회에서 중요하게 의미 부여되고 있는 코호트들의 출생 시기 및 인구 추정치를 정리한 것이다.

구분	출생 시기	인구 추정치
산업화 세대	1949~1954년 (만 70~75세)	약 590만 명
베이비붐 세대	1955~1963년 (만 61~69세)	약 710명
386세대	1960~1969년 (만 55~64세)	약 850명
X세대	1970~1980년 (만 44세~54세)	약 820만 명

자료: 성현정(2024). 한국노인복지학회 춘계학술대회 자료집

최근 10여 년간 우리 사회는 사회복지 분야뿐만 아니라, 경영, 경제, 문화, 교육 등 여러 분야에서 강력하고 거대한 코호트인 베이비붐 세대를 주목해 왔다. 이들은 한국 전쟁 직후 출산율이 급격히 상승한 1955년부터 본격적인 산아제한정책이 실시되기 이전인 1963년까지의 9년 동안 태어난 세대를 말한다. 2025년 현재, 이들 중 1955~1961년 출생자들이 노년기에 진입했다. 이들은 전전(戰前)세대인 산업화세대와는 매우 다른 특징을 갖는 것으로 알려져 있다.

산업화세대는 일제강점기로부터의 해방과 한국전쟁 등의 혼란기에 유년기를 보내고, 근면성실을 무기로 한강의 기적을 일으키며 한국이 절대빈곤국에서 벗어나는 데 기여했다고 평가된다. 하지만 이 세대 중에는 여전히 전통적 가치를 중시하고, 초졸 이하의 낮은 교육수준의 노인이 절대다수이며, 노후설계에 대한 개념이 없었거니와 여력도 없어 노년기 빈곤을 경험하는 이들이 많다. 즉, '상실과 저하'라는 의존적인 기존 노인의 이미지에 상당히 부합하는 세대인 것이다.

이에 비해 베이비붐 세대는 산업화세대에 비해 상대적으로 높

은 교육수준과 경제적 수준을 갖고 있으며, 큰 인구규모로 인해 치열하게 경쟁하며 우리 사회의 경제성장과 발전에 기여하였다. 또한 이들은 국민연금, 건강보험 등의 사회보험제도와 기초연금 등의 사회제도의 확립과 맞물려 사회제도의 혜택을 받는 세대인 동시에, 풍요로워진 한국 사회를 향유할 수 있었던 세대이다. 그러나 자녀 양육과 교육에 막대한 비용을 할애하고 부모 부양의 책임을 동시에 갖는 세대로서, 사회경제적 노후준비가 불충분한 경우도 많다(박은미, 2023).

다음으로, 아직은 장년층이지만 노년기로의 진입을 목전에 둔 60년대생에 대해서도 언급해 본다. 이들은 1960년대생이자 80년대 학번이면서 1990년대에 30대여서 '386세대'라 불리며, 기존의 베이비붐 세대와도 차별화되는 코호트로 이해된다. 386세대는 1980년대 군부 독재에 저항하며 민주화 운동에 적극적으로 참여하였고, 베이비부머를 넘어서는 거대한 인구 규모와 높은 교육수준 및 경제적 수준을 토대로 사회의 주요 기득권층을 형성하여 강한 사회적 영향력을 행사한다. 한편 이들은 부모를 부양하지만 자녀에게 부양받지 못하는 첫 세대를 의미하는 속칭 '마처세대'로 불리기도 한다(성현정, 2024). 문화향유, 사회참여, 소비에 대한 강한 욕구를 지니는 386세대가 노년기에 진입하게 되면, 우리 사회에서 노인들의 라이프스타일과 가치추구가 더욱 변화될 것으로 조망된다.

평균수명 증가로 인해 노년기가 길어진 만큼 노년층 내 연령 스펙트럼 역시 넓어지고 있다. 노인들은 건강상태나 사회경제적 수준, 디지털 정보화 역량, 경제활동에 대한 의지, 사회공헌활동에

대한 태도 등 다양한 차원에서 개인 간 편차를 나타내지만, 코호
트나 연령집단은 그 편차를 설명하는 강력한 요인으로 작동한다.
따라서 노인을 대상으로 한 정책 수립 시, 노년기를 세분화하여 특
징과 욕구를 구체화하여 접근할 필요가 있다.

3) 신노년 담론과 활동적 노인상

베이비붐 세대의 노년기 진입을 기점으로 우리 사회에는 '신노
년(New Aging)'에 대한 담론이 활발하다. 기존의 노년 담론이 '상실
과 저하'에 초점을 맞춘 '의존적 시기로서의 노년'에 집중했다면,
신노년 담론은 노년의 긍정적 측면에 주목하여 잠재력 개발과 문
제 예방을 강조함으로써 노년의 삶의 질 향상에 기여하기 위해 재
구성되었다(최희경, 2010). 이는 현재 노인복지정책의 지배적 담론
으로서, 노후소득보장, 고용, 사회참여, 여가, 건강 등의 노인복지
영역에서 노인의 능동성과 활동성을 이끌어내 활기차고 보람된 노
후보장의 제도화에 일조하고 있다.

신노년 담론은 주로 성공적 노화(successful aging), 생산적 노화
(productive aging), 활동적 노화(active aging)로 대표되며, 각각의 개념
은 이론과 정책, 문화, 실천을 통해 바람직한 노년에 대한 기준을
제시한다. 먼저 '성공적 노화' 패러다임은 노년의 성공한 롤모델
의 노인상을 강조하는데, 대표적으로 Rowe와 Kahn(1998)은 성공적
인 노후를 위해서는 질병과 장애의 부재, 높은 신체 및 인지적 기
능 유지, 적극적 사회참여라는 세 가지 요소가 중요함을 주장했다.
하지만 성공적 노화 패러다임은 노년의 삶을 긍정적이고 낙관적으

로 전환하는 데 기여했다는 평가를 받는 한편, 성공적인 노후의 삶을 위해서는 사회구성원들에게 적절한 행동양식과 자기관리의 결과라는 판단기준을 제공함으로써(Holstein & Minkler, 2003), 성공적인 노후를 개인이 책임져야 한다는 인식을 확산시켰다는 점에서 비판의 여지가 있다(박현식, 전오진, 2014).

'생산적 노화'는 경제적으로 의존적인 노인인구 증가에 따라 경제위기와 사회보장제도의 재정위기가 초래된다는 고령화 위기론에 대응하기 위한 패러다임이다. 이 관점은 노인을 의존적, 수동적이고 돌봄의 대상자로 인식하는 시각에서 벗어나 생산적이고 독립적이며 사회에 기여하는 존재로 전환되어야 함을 강조하며, 그 해법으로 노인집단의 경제적 활동 기회와 참여를 제시한다. 생산적 노화 담론은 능동적이고 활동적인 노인상 제고에 기여하였다고 평가받는 한편, 소득창출을 위한 노동에 과도한 가치를 부여하여 '생산성'의 본질을 충분히 포괄하지 못하며, 생산성 추구에 대한 개인의 책임을 강조하는 등 신자유주의 확산과 그 궤를 같이 하고 있다는 점이 주된 비판으로 거론된다(김정석, 조현연, 2017).

'활동적 노화'는 성공적 노화, 생산적 노화와 상호교환적으로 사용되기도 하지만, 강조하는 측면에 차이가 있다(최희경, 2010). 세계보건기구(WHO)의 개념 정의에 의하면 활동적 노화란 노화 과정에서 삶의 질을 높이기 위해 건강, 참여, 안전의 영역에서 사회구성원들에게 최대한의 기회를 제공하는 것을 의미하기에 사회적 차원의 역할이 강조된다(WHO, 2002). 실질적인 개념으로는 개인적 차원과 사회적 차원을 포괄하는 광범위한 개념인 것이다. 생산적 노화가 주로 노인의 경제활동 참여를 강조하였다면, 활동적 노화는 노인이 사회, 경제, 문화, 종교, 시민사회 활동에 적극적이고 지속적으로 참여하는 것을 강조한다. 과거의 노인복지정책이 노인의 욕구와 결핍을 충족시키기 위한 전략이 주가 되었다면, 활동적 노화에서는 노인의 사회적 권리를 보장할 수 있는 전략이 요구된다(박영란, 2023).

2023년 3월에 수립된 제4차 저출산고령사회기본계획(2021-2025) 역시 활동적 노화를 중심축으로 고령화에 대응한 정책 방향으로 '건강한 노후의 기본생활 보장과 고령자의 능동적 역할 지원'을 설정하고 있다. 저출산고령사회위원회(2022)는 초고령사회를 살아가는 이들의 삶의 질 향상을 위해 크게 두 가지 과제를 제언하였다. 첫째는 노인 개인적 차원에서의 인생 설계이다. 개개인이 인생 다모작 시대라고 불리는 100세 시대를 충실히 준비하기 위해서는 초고령까지의 인생을 긴 안목으로 설계할 수 있는 능력이 필요하다는 것이다. 둘째는 사회적 차원에서 활력 있는 초고령사회를 구축하는 것이다. 즉, 우리 사회의 토대가 되는 대부분의 인프라, 예를 들어 사회보장제도, 노동시장 등은 고도성장기에 젊은 인구가 많았던 피라미드형 시대에 구축된 것이기에 이에 대한 혁신이 불가피하다는 것이다.

다양한 신노년 담론에서는 노년기에 진입하는 사람들의 사회경제적, 문화적 특성의 변화와 욕구충족에서 사회복지 패러다임의 사회권 보장으로의 변화, 노인 개인의 활동적이고 생산적인 삶에 대한 사회적 기대의 상승 등이 맞물려, 바람직한 노인의 삶의 모습 또는 노년층의 바람직한 사회적 역할들을 제안하고 있다. 그 바람직한 모습의 핵심은 '사회와 맞닿아 있는 활동적이고 건강한 노인'이라 할 것이다.

우리나라의 고령화는 매우 압축적으로 진행되고 있다. 기대수명 증가와 세계 최저수준의 합계출산율로 인해 유례없이 빠른 속도의 고령화가 진행되고 후기 노인인구도 가파르게 증가하고 있다. 이런 가운데 다양한 노인문제가 동반되고 있는 점도 눈에 띈다. OECD국가 중 노인빈곤율 1위, 노인자살율 1위와 같이 자극적으로 제시되는 지표들은 우리 사회가 안고 있는 노인문제의 실정을 압축적으로 상징한다. 충분히 성숙되지 못한 공적연금제도, 파편화된 노동시장으로 인해 예상보다 빨리 맞이하게 된 은퇴, 장노년 대상 일자리의 양적 부족과 눈높이에 맞지 않는 질 낮은 일자리들, 경쟁적 입시제도 하에 자신의 노후준비 대신 자녀들의 교육비 투자에 집중한 소비풍토, 부동산에 묶여버린 기형적인 현금 유동성, 노인부양의식의 저하와 개인주의의 확산 등은 오늘날 한국의 노인들이 직면하고 있는 제도적, 심리적, 사회구조적 문제인 동시에 그 문제들의 결과이기도 하다. 이런 상황에서 노인들은 가난하고 고립되며 질병으로 고통스러워하며 살아갈 동력을 상실하게 된다. 이는 노인 개개인이 처한 비관적 현실인 동시에 우리 사회가 짊어져야 할 부담으로 돌아온다. 역피라미드 형태의 인구구조는 노인부양비와 의료비 증가로 이어지고, 노인부양과 돌봄에 투입되는 복지예산으로 인해 사회적 부담이 가중된다. 또한 노동력 부족과 수요인구 감소로 인해 장기적으로 경제성장이 둔화되고 국가경쟁력이 저하될 수 있다.

그러나 고령화가 초래한 다양한 문제들은 비단 우리나라에서만 나타나는 것은 아니다. 인구 고령화는 전 세계적인 현상이며 선진국들은 각 사회에 맞는 해법을 찾아 이에 대응하고 있다. 우리도 마찬가지다. 후발주자이기는 하지만 사회의 모든 방면에서 빨리빨리 실행하고 대처하는 유연함과 실행력을 갖춘 한국민답게 고령화로 인한 문제를 극복하기 위해 고군분투 중이다. 노인들의 인간다운 삶과 고령친화적인 사회 구축을 위한 핵심축 중 하나는, 노후의 삶을 덜 빈곤하게, 더 보람되고 더 활기차게 보낼 수 있는 사회제도와 사회적 분위기를 만드는 것이다. 즉, 활동적 노화의 구현이다. 노인들의 경제활동과 사회공헌활동 등을 통한 사회참여는 활동적 노화 구현을 위한 구체적인 방법이 될 수 있다.

이러한 활동적 노화를 강조하면서 놓치지 말아야 하는 부분은 우리나라 노인들의 속성이 다양해지고 변모되고 있다는 것이다. 기존의 의존적이고 쇠약한 노인상에 부합하는 노인들은 초고령 노인층에서는 여전히 다수 존재하지만, 이들보다 더 높은 교육수준과 경제력, 문화의식을 갖춘 젊은 노인세대는 노년의 삶을 보다 활기차고 의미 있게, 생산적으로 보내고자 하는 욕구가 높다. 특히 새롭게 노년층으로 진입한 베이비부머나 조만간 진입 예정인 60년대생들은 그들의 전체 삶의 한 부분으로서의 노년을 꿈꾸며 풍요로움 속에 의미를 창출하고 더욱 길어진 노후의 삶을 안전하게 향유하고 싶어 한다. 역연령상 노년기에 진입했다고 해서 갑자기 '나(self)다움'을 져버리고 기존의 수동적이고 의존적인 노인의 이미지에 부합한 모습으로 탈바꿈하지 않는다. 각 연령집단은 그들의 삶 속에서 각자가 해석한 '활동성'을 추구하며 살아가고, 사회는 그러한 개개인의 욕구에 부응하는 제도와 시스템을 고안해야 한다. 개인은 그 시스템 안에서 역량을 강화하고 경제적 혹은 비경제적 사회활동을 통해 사회에 생산적으로 기능하고 보호받는다. 이러한 개인-사회 간의 긍정적 환류가 이루어질 때 우리 사회는 고령화로 인한 노인문제의 수렁에서 비켜나 성숙한 사회로의 한 발을 내디딜 수 있지 않을까.

초고령사회 한국 노인의 사회경제 활동

1. 노인과 '일'

1) 노년기 일의 의미

모든 사람에게 '일을 한다'는 것은 그것이 임금을 위한 노동이든 임금 외의 다른 목적을 위한 활동이든 다양한 의미가 있다. 노인 역시 사회 속에서 다양한 목적과 동기를 가지고 일을 하면서 생활한다. 다른 세대와 일의 내용과 특성이 다를지라도 일을 하는 활동은 단순한 육체의 움직임을 넘어 다양한 의미가 있을 수밖에 없다.

(1) 신체 및 심리·사회적 건강 유지

세계보건기구는 건강을 신체적, 심리·정서적, 사회적 건강으로 개념 정의하고 있다. 일을 한다는 것은 신체적, 심리적, 사회적 맥락 속에서 이루어지기 때문에 건강과 긴밀하게 연관될 수밖에 없다.

우선, 노인의 일은 신체적 건강을 유지한다는 의미가 있다. 노인이 일을 지속하는 것은 근력 유지는 물론 유연성과 균형감각 향상에 도움을 주고, 신체적 노화 지연에도 도움을 준다. 건강한 생활 습관과 신체 활동을 유지하는 것은 노화를 막을 수는 없지만, 다양한 질병을 예방하거나 악화를 막는 데 도움을 줄 수 있다. 또한 심혈관 질환, 당뇨병, 비만 등 만성질환 예방에도 긍정적인 영향을 미칠 수 있으며, 우울증이나 정신적 스트레스를 줄임으로써 정신건강 증진에도 중요한 기능을 한다(Warburton, Nicol, & Bredin, 2006; Chodzko-Zajko et al. 2009 등).

그리고 노인의 일은 심리적 건강 유지에도 중요하다. 노인의 일은 자아를 실현하려는 인생의 과제에 도움을 준다. 일을 통하여 자신의 가치와 능력을 확인하고 자존감과 자기 효능감을 높일 수 있다. 또한 노인의 일은 앞서 언급한 우울증이나 스트레스 감소를 통한 정서적 안정은 물론 뇌 활동을 촉진하여 인지기능을 유지하는 데도 도움을 준다(Hertzog et al., 2008).

뿐만 아니라 노인은 일을 함으로써 사회적 건강을 유지하거나 강화할 수도 있다. 대체로 사람들은 노년기에 접어들면 다양한 이유로 사회적 접촉이 줄어든다. 은퇴, 주변인의 사망, 자녀의 독립 등 다양한 계기가 작용하기 때문이다. 이러한 변화에도 불구하고 노인은 일을 하게 되면 새로운 사회적 연결망에 연결됨으로써 사회적 건강을 도모할 수 있다. 반대로 사회적 관계의 상실과 사회적 고립은 심리적 건강이나 정서적 건강을 악화시키는 원인으로 작용할 수도 있어서(Cacioppo et al., 2006) 일을 계속하는 것은 노년기 건강의 중요한 요소가 되는 것이다.

하지만 노년기의 일은 긍정적인 측면만 있는 것은 아니다. 양적으로 과도하거나 힘든 작업은 노인의 신체에 과중한 부담을 줄 수 있다. 점차 쇠퇴하는 신체적 조건에서 관절 통증, 근육 손상 등의 문제를 일으키거나 악화시킬 수 있다. 장시간 노동은 피로와 스트레스를 증가시켜 심리적 탈진 상태를 초래하여 정신 및 심리 건강은 물론 신체 건강에도 부정적인 영향을 미칠 수 있다. 특히 나이가 들면서 신체적 반응 속도가 느려지거나 균형 감각이 감소하여 안전사고가 발생할 가능성도 커진다.

(2) 개인의 생계유지

노년기에 일을 하는 가장 현실적인 이유는 아마도'생계를 위한 것'이라고 할 수 있다. 생계를 위한 경제활동의 경우, '일'이라는 용어보다 '임금 노동'이라는 말이 더욱 적합할 것이다. '일'은 반드시 임금 등 경제적 대가를 목적으로 하는 것은 아니기 때문이다.

즉, 노후 생활에 필요한 수준의 소비능력을 확보하기 위한 경제활동의 의미가 크다. 젊은 시절에 소득을 노후를 위해 충분히 저축했거나, 아주 부유한 계층이 아니라면 생계를 위한 경제활동은 필수적이다. 우리나라의 경우, 공적 연금 등 사회보장제도가 있어 어느 정도 역할을 하고 있지만 충분하지 않다.

이러한 소득 활동으로서의 일은 경제적 자립 및 소득의 다각화라는 측면에서 중요한 의미를 지닌다. 첫째, 일은 타인에 대한 의

존을 줄이는 경제적 자립을 의미한다. 경제적 자립은 사회심리적 건강에도 중요한 기반이 된다. 왜냐하면 타인에 대한 의존성을 줄여 사회 및 심리적으로 자립적인 생활을 할 수 있게 하여 자존감을 높일 수 있기 때문이다.

둘째, 노인들의 일은 생계안정을 위한 '소득의 다각화'의 수단이 된다. 노인은 각종 사회보장으로 받는 공적 이전 소득, 자녀의 용돈 등 사적 이전 소득, 그리고 자신의 저축이 주요 소득기반이 된다. 그런데 자녀의 용돈은 빈도와 액수에서 언제나 변화하고 사회보장제도 역시 재정안정, 조세정책 등에 의해 변화할 수 있다. 여기에 물가, 이자율 등 경제적 요인이 변동하면 자신의 저축마저도 구매력이 약화될 수 있다. 이를 고려하면 노동을 통한 소득 확보는 노후 생활에 필요한 생계비의 안정을 위한 다각화 수단의 의미가 있다.

한편 생계유지를 위한 노인의 일(노동)은 다양한 어려움을 이겨내야 하는 인내와 도전의 과정이기도 하다. 나이가 들어 노동시장에 참여하기 위해서는 어느 정도의 건강을 확보해야 한다. 건강이라는 벽을 넘지 못하면 진입이 어렵다. 이러한 의미에서 노인의 건강은 일을 위한 전제 조건이다. 또한, 노동시장에서 엄연히 존재하는 나이에 대한 편견과 차별의 에이지즘*을 이겨내야 한다. 여기

---

*   에이지즘(ageism)은 나이나 노령에 기반한 편견이나 차별을 의미하며, 개인이나 집단이 나이 든 사람들을 부정적으로 인식하거나, 그들의 능력과 가치에 대해 고정관념을 가지게 하는 사회적 현상이다. 에이지즘은 여러 방식으로 나타날 수 있고, 개인적, 사회적, 경제적 측면에서 노인들에게 영향을 미칠 수 있다.

에 매우 빠른 속도로 변화하는 생산 현장에서의 기술변화에 적응해야 하는 어려운 과제도 있다.

(3) 사회경제적 의미

노인의 일은 개인적인 삶은 물론 전체 사회경제적인 측면에도 영향을 미친다. 경제적인 측면에서 노인의 일은 노동력의 새로운 공급원이 될 수 있다. 특히, 저출산의 영향으로 생산인구가 감소하는 국면에서는 부족한 노동력을 보완하거나 사회적으로 필요하지만 서비스 공급이 안 되는 영역에서는 적절한 형태로 노인 노동력을 흡수할 수 있다. 다만 일자리는 은퇴하기 전과 같은 수준의 것은 아닐 수 있다. 하지만 새로운 일자리를 통해 노인들은 좀 더 쉽게 일할 기회를 얻을 수 있다. 나아가 일을 통해 소득이 증가할 경우, 결국 의료, 여가, 주거 등 다양한 소비로 이어질 것이므로 내수 증가에 도움을 줄 수 있고 소비 과정에서 간접세를 지급하게 되는 등 세수 증가에도 도움을 줄 수 있다.

사회적인 측면에서는 Putnam(2000)이 말한 사회적 자본(social capital)을 증가시킨다. 노인들은 일을 통해 전체 사회나 소속한 공동체에 여러 형태로 참여하게 된다. 노인들의 일을 통한 사회참여의 증가는 사회를 통합하고 안정시키며 공동체의 비어있는 공간을 메워주는 역할을 할 수 있다. 또한 노인들의 사회참여가 긍정적인 효과를 줄 경우, 세대 간의 이해와 협력도 증진될 수 있다.

제도적인 측면에서는 많은 노인이 일하게 되면 공공정책의 개선이 쉬워질 수 있다. 유럽 국가들이 경험하는 고령화는 유럽 전체의 사회 및 경제 정책에 광범위한 영향을 미치고 있다. 따라서 유럽은 2000년대 들어 고령화에 대한 대응정책으로 '활동적 노화'를 제시하고 있다(Walker & Maltby, 2012).

2) 노년기 일의 동인(動因)

일과 여가의 측면에서 노인에 대한 일반적 생각은 신체적 능력의 저하와 지식, 기술 및 기능의 부족으로 변화된 환경에 적응하기 어려워서 일을 줄이고 여가를 늘린다는 것이었다. 의료 기술의 발달과 생활 수준의 향상으로 건강한 노인과 지식과 전문성을 갖추고 변화에 적응 가능한 노인이 증가하고 있다. 이러한 상황에서 노인이 일을 선택하는 것을 어떻게 평가할 것인가? 여전히 여가를 즐길 시기에 삶을 유지하기 위한 수단에 떠밀려 일을 해야 하는가? 아니면 경제적으로 여유롭지만 건강한 신체 능력, 여전한 자아실현 욕구, 노년에도 유지하고 싶은 사회적 관계망과 그에 따른 사회참여 기회의 확대를 위해 자발적으로 일을 선택하는 것인가?

노인의 일에 대한 동기는 '소득의 여유-자발성'과 '소득의 부족-강제성'으로 구분할 수 있을 것이다. 신체적이고 심리·사회적인 측면에서는 각종 사회참여 활동에 자발성을 기반으로 선택하는 것으로 보인다. 반면, 경제적 압박 요인이 있을 경우는 본인의 취미나 여가에 대한 욕구와 관계없이 소득을 위한 경제활동을 선택하게 된다. 후자의 경우 강제성이 작용하게 될 것이다. 산업구조와 노동시장의 구조 변화로 인해 충분하게 노후 준비를 하지 못한 노인들은 자발성보다는 강제적으로 경제활동에 내몰릴 가능성이 있다. 이러한 점을 고려하면서 노년기 일을 선택하는 동인을 숙고할 필요가 있다.

(1) 심리·사회적 동인: 활동적 노화와 사회참여 및 공헌 활동

활동적 노화는 노인이 나이가 들어가면서 경험하게 되는 신체적, 정신적, 사회적 건강을 유지하고, 자립적인 생활을 지속적으로 누릴 수 있게 해주는 것으로서 "개인과 조직, 사회의 다차원적인 영역에서 건강과 참여, 보장의 기회를 통해 적극적인 삶을 실현하는 노화의 과정"이라고 할 수 있다(김교성, 2014). 활동적 노화에는 당연히 경제활동을 포함하고 있다. 하지만 경제적 결핍의 압박이 없는 자발적 활동으로서의 활동적 노화를 생각한다면 신체 및 사회·심리적 건강과 관련된 다양한 활동이 중심이 될 것이다 (Ryff, 1989; Cacioppo & Hawkley, 2003; Hertzog et al., 2008; Chodzko-Zajko et al. 2009 등). 노인들이 일을 하려는 심리·사회적 동인을 다음과 같이 요약할 수 있다.

첫째, 노인의 일은 자아실현 동기를 포함하고 있다. 일을 통해 자신이 유용하다는 느낌을 받고, 자신의 기술과 능력을 계속해서 활용하여 자존감과 자기 효능감을 높이기 위해 노력한다. 둘째, 신체적 건강 유지를 위해 다양한 사회활동을 수행한다. 규칙적인 일이나 활동은 노인의 신체 활동 기능을 유지하게 하며, 이는 건강한 생활을 지속하는 데 중요한 역할을 하게 된다. 각종 생활 스포츠를 즐기는 것은 건강을 지키고자 하는 적극적인 노력이라고 할 수 있다. 셋째, 사회적 참여와 같은 노인의 활동은 노인들의 인지

기능을 유지하고, 우울증과 같은 정신적 문제를 예방하는 데 도움을 줄 수 있어 노인들이 긍정적이고 활기찬 삶을 영위하는 데 중요한 계기가 될 수 있다. 노인들이 복지관 등의 프로그램에 참여하여 그림, 음악, 시 등 다양한 경험을 하는 것은 인지기능을 유지하려는 노력의 일환이라 할 수 있다. 넷째, 사회참여는 일을 통해 사회적 관계를 유지하고, 동료 및 커뮤니티와의 유대감을 강화할 수 있다. 이를 통해 노인들은 자신의 사회적 삶의 존재 영역을 만들고 유지할 수 있다. 다섯째, 노인의 사회참여는 지역사회에 참여하고 봉사하는 과정이다. 노인은 자신의 경험과 지식을 활용하여 지역사회에 도움을 주고, 자원봉사를 통해 사회적 책임을 실현하며, 후배들에게 자신의 지식과 경험을 전수함으로써 세대 간의 협력과 이해를 증진하기도 한다.

(2) 경제적 동인: 노인 소득의 제약 요인과 소득 활동

노인들은 어떤 경우에 일을 할 수밖에 없을까? 그때는 무엇이 결핍되었거나 문제가 있어 이를 벗어나기 위해 특정한 목적성 활동을 반드시 수행해야 하는 상황일 때이다. 건강을 잃으면 운동을 하거나 요양을 해야 하는 것처럼, 원해서가 아니라 일종의 강제성이 작동하는 상황이다. 노인의 노년기 생활에서 가장 일반적이고 영향을 많이 주는 결핍이나 문제는 경제적 능력의 부족이라고 할 수 있다. 노인 빈곤으로 상징할 수 있는 노년기의 경제적 결핍은 소비 전반을 제약하면서 취미, 건강, 사회관계 등 노인의 신체적, 정신적, 심리적, 사회적 삶의 질 전반에 부정적인 영향을 주게 된다.

OECD(2023)의 자료에 따르면 한국 노인의 빈곤율은 43.4%로서 OECD 평균 노인빈곤율 13.5%에 비하여 상당히 높은 수준이다. 수치상으로 대략 절반 가까운 노인이 원하지 않아도 소득을 위한 일을 해야만 하는 상황에 있다. 우리나라 노인들이 경제적으로 어려움을 겪는 원인은 다양하게 제시된다. 구체적으로 보면, 부족한 소득보장제도로 인해 공공 지원책이 부족하고, 고령화로 인한 인구구조와 가족구조의 변화로 사적으로도 도움을 받기 어려운 상황에 몰리고 있고, 현대화에 따른 산업 및 노동시장의 변화도 노인 빈곤을 만들어 내는 요인이 된다.

① 부족한 사회보장제도

한국의 대표적인 노후 소득보장제도에는 국민연금, 기초연금, 기초생활보장제도가 있다. 여러 사회서비스의 비현금 지원 역시 간접적으로 노인의 소비지출 능력을 제고시키고 있지만 여기서는 직접적인 현금지원제도만을 다루기로 한다.

각 제도는 정책적 의도와 장점이 있음에도 불구하고 노후 소득보장제도로서 한계가 있다. 각각의 내용을 살펴본다.

우선 국민연금제도는 1988년부터 시작된 대표적인 사회보험이다. 하지만 연금 급여가 가입 20년 후인 2008년부터 본격적으로 가입 자격을 충족시킨 노인들에게 지급되었기에 아직도 많은 노인이 완전한 공적 연금의 혜택을 받지 못하고 있다. 몇 가지 한계를 살펴보면, 첫째, 국민연금은 제도 도입 이후 시행 기간이 짧아 제도의 성숙도가 아직은 낮다. 그 결과, 도입기에 이미 고령화된 노인 중 많은 수는 아직 국민연금의 급여에서 제외되고 있다. 또한 비경제활동인구, 납부예외자, 장기체납자 등 잠재적 사각지대가 18~59세 인구 중 약 50%에 이르고 있다. 국민연금은 이름과는 달리 노인 모두에게 해당하는 보편적 급여의 기능을 하지 못하고 있다. 둘째, 국민연금의 급여 수준이 연금제도를 일찍 시행한 외국에 비하여 낮다. 우선, 보험료율을 보면 2015년 기준 한국은 9.0%인데 비해, 일본 17.4%, 미국 12.4%. 독일 18.7%, 캐나다 9.9%로 상대적으로 낮은 수준이다. 소득대체율은 일본 35.6%, 미국 38.3%, 독일 42%, 캐나다 39.2%이고, 한국은 명목 소득대체율이 40%로 설계되어 있다(성영태·최인규, 2020). 셋째, 평균 가입 기간이 약 20년 정도라서 급여액이 낮아 국민연금만으로 노인들의 경제적 결핍을 메우기에는 역부족이다. 2025년도 신규수급자의 평균 가입기간은 19.2년으로, 소득대체율은 약 27%로 추정된다(남찬섭, 2024). 이는 보험료를 적게 내고 급여도 적게 받는 국민연금 구조를 잘 보여준다.

기초연금은 기존 기초노령연금제도를 개선하여 2014년 7월부터 시행된 노인 소득보장제도다. 기초연금은 65세 이상 노인 중 하위 70%에게 지급되는데, 연금액은 2025년 기준으로, 단독가구 노인 월 344,000원, 부부가구 노인 549,600원이며, 개인의 다른 소득여부에 따라 금액이 달라진다. 그러나 이 제도는 시행 이후에도 적용 대상의 선별성과 급여 수준에서 여전히 한계가 있다. 구체적으로 보면, 첫째, 기초연금은 액수가 적어 국민연금 급여가 없는 노인에게는 기본 생활비로서 부족하다. 둘째, 고령화가 빠르게 진행되면서 기초연금 수급자 수는 매년 증가하고 있다. 따라서 장기적으로 보면, 기초연금 수준을 유지하는 것도 추가 재원 마련 없이는 어려울 수 있다. 셋째, 기초연금은 소득과 재산에 따라 차등 지급되는데, 자산의 평가가 정확하지 않거나 지역에 따른 생활비 격차가 반영되지 않을 수 있다.

마지막으로 국민기초생활보장제도(이하 기초보장제도)는 기존의 생활보호제도를 폐지하고 2000년부터 시행된 현대적 공공부조 제도다. 기초보장제도는 수급권자의 권리성을 강화하고 생산연령까지 수급권을 확대하는 등 진보된 내용을 많이 가지고 있다. 하지만, 여전히 주요 대상자인 노인의 빈곤문제에 충분히 대응하지 못하고 있다. 주된 문제는 다음과 같다. 첫째, 엄격한 선별 기준으로 인해 수급비율이 낮다. 연도별로 차이가 있지만, 수급자는 약 150만 명 정도로 전체 인구의 2~3%이다. 지금은 많이 완화되었으나 부양의무자 조건은 수급권을 제약하는 대표적인 요인으로 지목되어 왔다. 둘째, 여전히 급여 수준이 낮다. 생계급여, 주거급여 등의 수준이 생활비를 충당하기에 충분하지 않아, 수급자가 빈곤을 벗어나기 어려운 상황이다. 특히 빈곤선 자체가 한국의 경제수준에 비해 상대적으로 낮아서 빈곤선 근처의 비수급자나 차상위에 속하는 노인들의 경우는 상당한 생활고를 겪을 수 있다.

요컨대 노후 준비가 충분하지 않았거나 지속적인 빈곤에 처한 노인 집단은 결국 공공복지가 지원하는 소득보장제도에 의존해야 한다. 하지만 한국의 사회보장제도는 다른 국가들에 비해 소득 보장성이 약하다. 따라서 생계비의 압박을 받는 노인들은 원하지 않는 경제활동을 할 수밖에 없을 것이다. 이러한 한계가 노인의 경제활동을 긍정적으로 해석해야 하는지에 대해서는 의구심을 자아내고 있다.

② 인구 및 가족구조의 변화

인구 및 가족구조의 변화 역시 노인들에게 원하지 않는 경제활동을 강제할 수 있다. 베이비붐 세대가 노인세대로 진입하면서 고령화가 심화되고 이들의 미래 역시 불투명할 것으로 예측하고 있다(김태완, 2023). 그리고 고령층 중 1인 가구가 많이 증가할 것으로 예상된다. 통계청(2024)의 '장래 가구 추계'에 따르면, 1인 가구 비중이 2022년 34.1%에서 2052년 41.3%로 증가하고, 2022년 1인 가구 중 65세 이상 가구수 비중이 26.0%에서 2052년 51.6%로 증가할 것으로 전망하고 있다([그림 6]).

일반적으로 1인 가구원은 소득 활동이 활발하지 않고, 정서적 어려움도 함께 나타날 가능성이 크다(김태완, 2023). 특히 노인 단독가구는 낮은 소득으로 인한 경제적 어려움 중 의료비, 임대료 등이 상당 부분을 차지하여 경제적 어려움이 가중되는 경우도 적지 않다,

또한 1인 가구 노인들은 자칫 사회적으로 고립된 생활로 인해 필요한 정보나 복지 서비스를 얻기 어려운 경우도 많다. 경제적 어려움이 커지면 고립 상태가 더 심화되고, 이는 정신적 스트레스와 건강 악화로 이어져 경제 문제를 다시 악화시키는 악순환 고리를 형성할 수 있다. 결국 1인 가구 노인은 동거 가족이 있는 가구에 비하여 경제적, 정신적, 사회적으로 힘든 노후를 이어갈 여지가 크

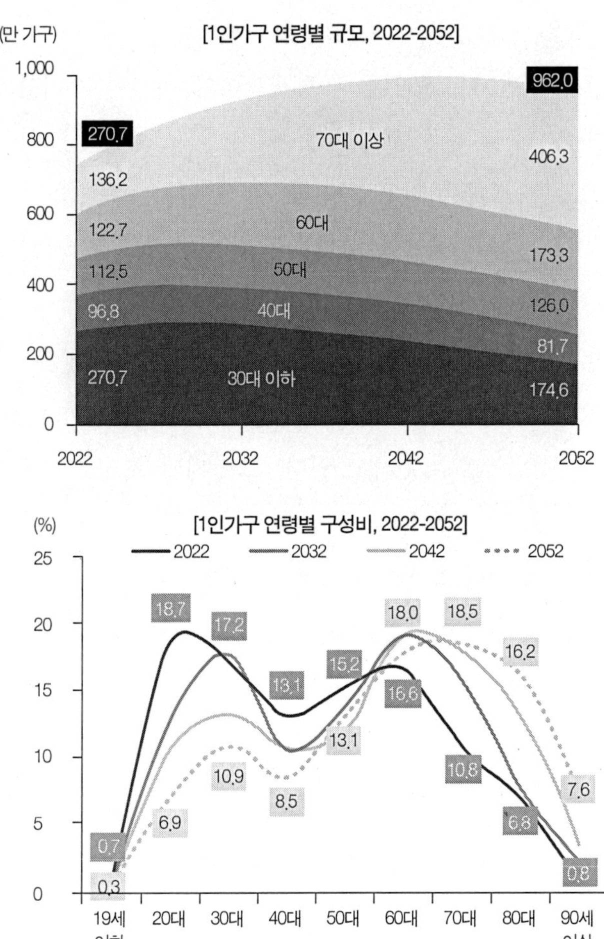

[그림 6] 1인 가구의 연령별 규모와 연령별 구성비 추이(2022~2052년)

자료: 통계청(2024)

다. 현재 우리나라는 산업사회를 거쳐 온 다른 국가들과 마찬가지로 '탈가족화'가 빠르게 진행되고 있어 삶을 어렵게 이어가는 노인 비율은 앞으로 더 커질 수 있을 것이다.

③ 산업 및 노동시장의 변화와 노인의 일

산업구조의 변화는 노인들의 경제활동에 위기와 기회를 동시에 제공하게 된다. 우리나라의 산업구조는 제조업 중심에서 서비스업 중심으로 빠르게 변화하고 있다. 중장년들은 종사하고 있던 제조업이나 농업 부문에서 육체노동의 한계나 직무의 첨단 기술화로 인해 적응에 어려움을 겪게 된다.

하지만 다행스럽게도 서비스 산업 부문이 활성화되면서 노인의 고용 기회는 육체적 부담이 적은 건강관리, 돌봄 서비스, 교육 등의 서비스 산업으로 이동하고 있다. 그렇지만 서비스 부문에서도 일부 고령자들은 기술적, 신체적 제약으로 인해 일자리 접근에 어려움을 겪기도 한다(박상훈 · 이정수, 2019; 김진우 · 박병훈, 2020).

앞서 기술한 것처럼, 은퇴한 50~60대 고령자들은 공공의 노인 일자리보다는 자신이 일했던 현장에 버금가는 일자리를 갖기를 원하고 있다. 그러나 급격한 기술변화로 인한 서비스 산업의 확대와 디지털 혁명, 인공지능(AI) 혁명 등으로 상징되는 산업구조의 변화와 그에 따른 노동시장의 변화는 노인들의 경제활동을 어렵게 만드는 다양한 장벽을 가지고 있다. 현실적인 한계를 살펴본다.

첫째, 노인에 대한 기술장벽이 만들어진다. 4차 산업혁명과 디지털 혁명이 초래하는 기술 기반 산업에서는 디지털 기술과 소프트웨어 사용 능력을 필수적으로 요구한다. 하지만 대다수의 노인들은 정보통신기술(ICT) 사용에 익숙하지 않고 디지털 기술에 대한 교육과 훈련을 제대로 받지 못했다. 둘째, 기술장벽의 심화는 기존의 노인에 대한 노동시장 차별을 악화시킬 수 있다. 실제로 일부

산업과 기업에서는 이런 요인들 때문에 채용에서 연령차별이 있다. 따라서 경제활동이 필요한 노인들은 비정규직, 프리랜서, 계약직 등의 고용 형태로 일할 가능성이 커지고, 고용과 소득 불안정에 직면하게 된다. 셋째, 산업이 고도화되고 서비스 산업이 확대되어도, 근로 환경은 여전히 노인의 신체적, 정신적 건강을 고려하지 않는다. 이로 인해 노인은 경제활동을 지속하더라도 경제적 욕구를 충족하는 조건을 만들기가 쉽지 않다.

하지만 디지털 혁명과 서비스 산업의 비중이 높아지는 산업구조로의 변화와 그에 따른 노동시장의 변화가 노인의 경제활동에 항상 장벽이 되는 것은 아니다. 디지털 기술의 발전은 디지털 교육과 관련된 새로운 일자리나 노인 대상 온라인 서비스 등을 만들어 새로운 기회가 창출될 수도 있다. 또, 새로운 비즈니스 모델이나 틈새시장이 열리고 경험과 자산을 가진 노인에게 창업 기회를 제공할 수도 있다. 물론 이런 기회는 새로운 기술변화에 적응할 수 있을 정도의 지식, 기술, 적응력을 갖고 있거나 창업할 수 있는 경험과 경제력이 있는 '신노년'세대에게만 해당할 수도 있다.

2. 노인의 경제활동

1) 경제활동 추이

인구 고령화는 노인 인구의 증가를 초래했고, 이를 반영하여 경제활동인구도 2023년 175만 명을 넘을 정도로 계속 증가했다. 〈표

<표 6> 한국 노인의 경제활동 참가 규모와 추이(2018-2023년)

연도	경제활동 참가율 (%)	경제활동 인구 (천 명)	고령층 실업률 (%)
2018	32.1	1,492	2.7
2019	33.3	1,551	2.9
2020	35.1	1,607	3.1
2021	36.5	1,677	3.4
2022	37.4	1,734	3.6
2023	37.8	1,755	3.8
2023[1]	응답자수(명)	현재 일을 한다 (%)	일한 경험은 있지만, 지금은 하지 않는다(%)	평생 일을 하지 않았다(%)
	10,078	39.0	47.1	13.9

출처: 통계청(2023), 『경제활동인구조사』
1) 보건복지부(2023), 『노인실태조사』 KOSIS 다운로드

6>에서 노인의 경제활동 참가율을 보면 2018년 32.1%에서 2023년 37.8%로 급격하게 증가하고 있다. 이는 노인에게 있어 경제활동이 노후 생활에서 매우 중요한 조건이 되어가고 있음을 보여주는 현상이라고 할 수 있다. 특히 2023년 기준으로 평생 일을 하지 않은 약 14%의 노인을 제외하면, 약 39%의 노인은 노후에도 여전히 일하고 있다. 현재의 추세라면 인생에서 노년기는 계속 증가할 것이며, 이 기간에 생계유지의 요구는 더욱 커질 것이 명확하다. 노인의 활동이 심리적, 사회적, 문화적으로 다양한 요인의 영향을 받는 것은 분명하지만 가장 중요한 생계유지라는 측면에서 노인의 경제활동은 계속해서 증가할 것이다.

2) 경제활동 이유

노인들이 경제활동을 하는 이유는 무엇일까? 쉽게 예상할 수 있

듯이 생계비 마련이 압도적인 비율을 보인다. 우리나라가 OECD 국가 중에서 노인빈곤율이 최상위권에 있고, 사회보장제도가 미성숙하고 부족한 조건에서 당연한 현상이다. 〈표 7〉에서 보면, 노

〈표 7〉 노인들이 경제활동을 하는 이유

		응답자 (명)	생계비 마련 (%)	용돈 필요 (%)	건강 유지 (%)	친교 사교 (%)	능력 (경력 발휘) (%)	시간 보내기 (%)	사회적 기여 (%)	기타 (%)
	전체	3,926	77.9	6.9	6.2	2.0	3.6	3.1	0.2	0.2
지역	동부	2,510	78.3	7.2	6.2	1.5	3.9	2.5	0.3	0.1
	읍면부	1,416	77.1	6.3	6.3	2.8	2.9	4.2	0.1	0.3
성별	남자	2,132	81.1	4.2	5.9	0.9	5.1	2.6	0.2	0.0
	여자	1,793	74.0	10.0	6.6	3.2	1.8	3.7	0.3	0.3
연령	65~69세	2,060	83.3	3.8	4.9	1.3	4.6	1.7	0.2	0.2
	70~74세	922	77.2	7.3	6.5	1.8	3.4	3.5	0.2	0.0
	75~79세	505	67.6	11.6	9.5	3.2	1.1	6.5	0.1	0.3
	80~84세	307	64.6	14.2	9.5	4.1	1.9	5.5	0.1	0.0
	85~89세	116	64.2	18.5	5.4	4.7	1.0	5.5	0.7	0.0
	90세 이상	15	89.9	4.2	6.0	0.0	0.0	0.0	0.0	0.0
배우자 유무	배우자 있음	2,593	78.0	5.8	6.6	1.6	4.2	3.5	0.1	0.2
	배우자 없음	1,333	77.6	8.9	5.5	2.7	2.3	2.5	0.4	0.0
가구 형태	노인독거	1,153	78.5	8.1	5.6	2.7	2.3	2.4	0.4	0.0
	노인부부	2,354	78.2	5.6	6.7	1.6	4.0	3.6	0.1	0.2
	자녀동거	333	72.2	12.3	4.5	2.9	4.8	3.2	0.0	0.2
	기타	86	83.6	2.4	8.3	0.0	3.7	0.0	1.2	0.8
교육 수준	무학	309	66.7	16.1	9.4	3.8	0.0	3.6	0.4	0.0
	초등학교	935	75.7	9.0	5.9	2.7	1.5	4.8	0.0	0.4
	중학교	803	70.1	6.5	6.7	1.4	2.4	2.7	0.1	0.0
	고등학교	1,572	81.8	4.5	5.5	1.2	4.2	2.3	0.2	0.1
	전문대 이상	307	69.6	4.0	6.1	3.2	13.2	2.7	0.9	0.2
연가구 소득 (5분위)	1분위	319	68.4	13.9	7.2	3.3	3.1	3.7	0.3	0.0
	2분위	515	69.6	13.9	7.5	2.7	2.0	3.9	0.4	0.0
	3분위	812	78.3	7.0	6.2	2.4	1.9	3.7	0.1	0.4
	4분위	1,005	81.6	5.2	6.3	1.6	2.2	2.8	0.3	0.1
	5분위	1,274	80.3	3.5	5.4	1.4	6.5	2.5	0.1	0.2

출처: 보건복지부(2023), 노인실태조사, KOSIS 다운로드

인들이 경제활동을 하는 이유는 다양하다. 그중 약 85%가 돈이 필요해서 일한다고 볼 수 있다. 반면 건강 유지, 친교 및 사교, 시간 보내기 등은 매우 낮은 비율을 보인다. 특히 사회적 기여를 위해 일을 한다는 비율은 0.2%로 극히 낮다.

그런데 생계비 마련을 위한 경제활동도 가구소득과 교육수준 같은 요인을 고려하면 좀 더 복잡한 양상을 보여 흥미롭다. 생계비 마련을 위한 경제활동은 가구소득이 높을수록 높은 비율을 보인다. 그리고 교육수준이 높을수록 생계비 마련을 위한 경제활동의 비율이 높게 나타나고 있다. 이러한 결과는 좀 더 생각하게 만드는 현상이다. 얼핏 보면 교육수준이 낮고 가구소득이 낮은 노인일수록 생계비의 압박을 더 많이 받을 것으로 생각할 수 있다. 하지만 이러한 일반적 생각과는 다른 양상이 나타나고 있는데, 이유는 무엇일까? 정확한 답은 좀 더 정밀한 연구가 필요하지만, 추정할 수 있는 답은 '기대하는 생활수준'이 다르기 때문일 것이다. 학력이 높고 소득이 높은 노인들은 은퇴 이전에 높은 생활수준을 유지했을 가능성이 크다. 이들이 노후에도 그러한 수준에 가까운 생활을 지속하고자 한다면 생계비에 대한 압박은 오히려 더 클 수도 있다. 소득이 낮은 노인은 용돈을 위한 경제활동이 고소득 노인가구보다 높게 나타나고 있다. 고소득 노인의 경우 용돈보다 더 높은 수준의 기대 생활수준이 있고, 이를 위해 경제활동에 나서고 있다고 해석할 수 있을 것이다.

3) 경제활동 영역 및 형태

우리나라 65세 노인들의 경제활동 영역에서는 농림어업과 같은 전통적인 1차 산업의 비중이 20%를 넘고 있으며, 제조업 종사 비율도 30%에 가깝다. 특히 이 두 영역의 경제활동 비율은 55~64세 연령대 보다 약 두 배 이상 높게 나타나고 있다. 이는 은퇴 이후에 제조업의 생계형 경제활동에 재취업하거나 농림어업의 생계형 경제활동을 계속하기 때문이다. 특히 고령화가 매우 심한 농어촌지역에서는 노인들의 경제활동이 지역경제에서 여전히 중요한 역할을 하고 있다.

〈표 8〉에서 농림어업, 제조업, 건설업을 제외하면, 경제활동을 하는 65세 이상 노인의 약 45%가 각종 서비스업에 종사하고 있다. 서비스 영역에 따라 65세 이후에 비율이 증가하기도 하고 감소하기도 하지만, 대부분의 서비스업에서 65세 이후에 비율이 감소한다. 하지만 부동산업, 임대서비스업, 공공행정 · 국방 · 사회보장행정, 보건 · 사회 · 복지 영역의 경제활동 비율은 증가하고 있다. 특히 눈에 띄는 영역은 보건 · 사회 · 복지 영역으로, 6.79%p 증가하고 있다. 노인 일자리사업 등 공공일자리 사업정책과 고용보험 등 사회서비스 수요의 증가가 영향을 미치는 것으로 보인다.

〈표 9〉에서 노인들의 고용형태를 보면, 자영업 비중이 가장 높아 40%에 가까운 비율을 보이는데, 이는 아마도 농림어업에 종사하는 비도시지역 노인들의 경제활동이 반영되었기 때문일 것이다. 자영업을 제외하면 정규직은 15.3%로 낮고, 임시직과 비정규

〈표 8〉 노인의 경제활동 영역(2023년)

| | 전제 | 55-64세 | 65-79세 |
	% / 9,120명	% / 5,897명	% / 3,241명
농림어업	13.1	7.89	22.49
제조업	11.8	14.80	27.85
건설업	8.6	10.63	5.00
도·소매업	9.9	10.60	8.52
운수·창고업	7.3	7.45	6.91
숙박·음식점업	7.6	8.56	0.58
금융·보험업	1.9	2.36	1.14
부동산업	2.9	2.28	4.13
전문·과학·기술서비스업	2.2	2.47	1.82
시설관리·지원 임대 서비스업	7.0	6.09	8.73
공공행정·국방·사회보장행정	3.8	3.49	4.41
교육 서비스업	4.2	5.41	1.88
보건·사회·복지	11.9	9.47	16.26
예술·스포츠·여가	1.2	1.26	1.05
협회·단체·수리	4.3	4.56	3.73
기타	2.4	2.65	1.88

출처: 통계청(2024.5). 경제활동인구조사-고령층부가조사

〈표 9〉 노인의 고용 형태

고용 형태	%
자영업	37.4
임시직	20.7
비정규직	23.1
정규직	15.3
기타	3.5

출처: 통계청 경제활동인구조사(2022)

직이 40%를 넘고 있다. 경제활동을 하는 노인들은 노동시장에서 점차 퇴출당하면서 정규직보다는 임시직이나 비정규직으로 전환되고 있다는 점을 명확하게 보여준다. 농림어업에 종사하는 노인들은 대부분 젊은 시절의 농림어업 자영업을 노후에도 지속하고

있음을 말해준다. 반면 대부분 서비스 영역에서 경제활동을 하는 40% 정도의 노인은 임시직이나 비정규직 등으로 흡수되고 있음을 알 수 있다.

4) 경제활동 시간과 임금

〈표 10〉과 같이 노인들의 근로일수는 다른 연령대와 크게 차이 나지 않는다. 하지만 월간 총근로시간은 139시간으로 다른 연령대에 비해 현저하게 차이가 나고 있다. 노인의 경우 신체적인 기능이 저하되면서 건강이 점차 약해지는 시기이므로 다른 연령대와 같은 노동시간과 노동강도를 감내하기 힘들 것이다. 월간 근로시간은 30~40대에서 160시간 이상으로 많다가, 은퇴 시기와 임금피크제가 시작되는 50대에 감소한다. 하지만 50대의 근로시간은 여전히 전체 연령의 평균보다 높다. 반면 60세 이상은 근로시간이 급격하게 감소하여 탈 근로의 시기임을 보여주고 있다.

시간당 임금과 월임금총액을 보면, 시간당 18,876원과 월 2,612,000원으로 전체 평균보다 낮다. 월임금총액은 40대의 약 59%이며, 시

〈표 10〉 노인 경제활동인구의 근로일수, 근로시간 및 임금(월 기준)

근로자 연령	월총근로일수(일)	월총근로시간(시간)	시간당임금총액(원)	월임금총액(천 원)
전체	20.0	157.6	22,878	3,640
29세 이하	19.1	150.3	16,625	2,580
30~39세	20.6	168.2	23,580	3,929
40~49세	20.5	164.3	26,818	4,406
50~59세	20.1	158.7	25,374	4,043
60세 이상	19.3	139.0	18,876	2,612

출처: 고용노동부(2023), 「고용형태별근로실태조사」, KOSIS 다운로드

간당 임금은 40대의 약 70% 정도이다. 이는 노인들의 경제활동을 통한 임금소득이 은퇴 이후 급감하고 있음을 명확하게 보여준다. 시간당 임금과 비교해 월임금총액이 상대적으로 낮은 것은 근로시간의 차이가 반영되기 때문이다. 이는 비정규직과 임시직으로 편입되는 서비스 영역의 근로시간과 임금 조건을 반영하는 것이기도 하다. 하지만 60세 이상 노인의 임금소득은 시간당 임금이나 월임금총액 모두에서 20대보다 높게 나타나고 있다. 비록 은퇴 이후 근로시간과 임금소득이 감소하기는 하지만, 20대의 노동시장 조건보다는 좀 더 나은 것으로 보인다.

5) 경제활동의 장애 요인과 요구 사항

노인들이 경제활동을 하는 과정에서 경험하게 되는 어려움은 무엇일까? 〈표 11〉에 보면, 어떤 것들이 노인들의 경제활동을 어렵게 하는지 추정할 수 있다. 가장 원하는 지원방안은 노인에게 적합한 일자리를 마련해달라는 것이다. 약 60% 정도의 노인이 응답

〈표 11〉 노인이 바라는 정부의 취업 지원방안

희망하는 지원방안	전체 근로자	저소득 노인	일반노인
정부지원 필요 없음	10.21	2.90	15.47
노인에게 적합한 일자리 마련	61.19	83.49	45.13
일자리 연계(취업알선)	13.44	3.48	20.61
새로운 기술이나 정신교육	0.34	0.00	0.59
노인고용사업장에 대한 임금보조	6.16	4.36	7.45
노인적합 직종에 대한 노인고용 의무화	8.66	5.77	10.75
기타	0.00	0.00	0.00

출처: 한국보건사회연구원(2022), 「한국복지패널조사」, KOSIS 다운로드

할 정도로 압도적인 어려움이 노인에게 적합한 일자리가 부족하다는 현실이다. 특히 저소득 노인의 경우 응답 비율이 83.5%였다. 이는 일반 노인에 비교하여 약 두 배 정도 높아서 생계비의 압박이 노인 경제활동의 강력한 동기임을 보여주고 있다. 게다가 저소득 노인의 경우 정부 지원이 필요 없다는 비율이 약 3%여서, 경제활동을 통한 소득의 필요성을 잘 나타내준다. 그렇다면 노인에게 적합한 일자리는 어떤 것일까? 크게 두 가지가 결합된 일자리를 생각할 수 있겠다. 말하자면 노인이 신체적, 심리적으로 적응할 수 있으면서 적절한 수준의 임금이 주어지는 일자리일 것이다.

다음으로 노인들이 바라는 지원방안은 일자리 연계(취업알선)다. 이런 요구는 저소득 노인(3.48%)보다 일반 노인이 20.61%로 더 높았다. 일반 노인들의 취업알선에 대한 요구가 더 큰 이유는 그들 중 대다수가 이미 경제활동 시기에 민간기업 등에서 일한 경험이 있기 때문이다. 따라서 원하지 않는 퇴직을 한 그들은 상대적으로 저소득 노인에 비해 경쟁력이 있으므로 재취업을 위해 정부의 지원방안을 요구한 것이라 생각한다.

이밖에도 노인고용 사업장에 대한 임금보조, 노인 적합 직종에 대한 노인고용 의무화가 지원방안으로 요구되고 있다. 임금보조가 필요하다는 것에는 두 가지 의미가 있다. 하나는 임금 자체가 낮다는 것이고, 다른 하나는 노인들에게 주어지는 일자리들이 영세한 사업체의 일자리여서 임금보조가 없는 경우 저임금 수준에 머물거나 일자리가 사라질 수 있음을 의미한다.

3. 노인의 사회공헌활동

　사회공헌활동에 대한 통계는 경제활동만큼 다양하게 조사하지 않고 통계청에서 제공하는 자료 역시 경제활동 분야에 비해 매우 제한되어 있다. 다양한 사회활동이 있지만, 사회공헌활동은 공공선을 지향하는 활동이다. 친목을 위한 단순한 사회활동과 구분할 수 있다. 〈표 12〉는 두 가지 사회활동을 사회공헌활동과 단순사회활동을 비교할 수 있도록 제시했다. 사회공헌활동은 자원봉사활동과 정치사회단체 참여활동을 보았다. 공동체의 삶의 질을 높이는 데 이바지할 수 있는 것이 자원봉사활동이다. 정치사회단체 참여는 정치사회의 담론에 참여하면서 시민적 공론을 형성하는 데 이바지하는 활동이다. 단순사회활동은 동호회 활동과 친목단체활동에 참여하는 것을 포함했다.

　〈표 12〉에서 보면, 전체 노인 응답자 중 사회공헌활동에 참여하는 비율은 매우 낮다. 자원봉사활동이 2.5%, 정치사회단체 참여가 1.3%에 머물고 있다. 표에서 제외된 다른 사회공헌활동을 고려하더라도 전체적으로 사회공헌활동에 참여하는 비율은 매우 낮을 거라 짐작된다. 참여하는 노인들의 자원봉사 참여횟수와 참여시간을 보면, 월평균 2.2회에 평균 4.6시간 정도이다. 반면 단순사회활동은 전혀 다른 양상을 보인다. 동호회 같은 취미 중심의 모임은 6.6% 정도지만, 친목단체 참여는 54.2%로 참여율이 압도적으로 높다. 즉, 우리나라 노인들의 사회활동은 사회공헌활동보다는 친목 위주의 단순사회활동 중심으로 이루어지고 있는 것이다. 결국 우

〈표 12〉 노인의 사회단체 참여율

2023년		응답자 (명)	단순사회활동		사회공헌활동			
			동호회 참여 (%)	친목단체 참여 (%)	정치사회 단체참여 (%)	자원봉사		
						활동참여 (%)	월평균 참여횟수 (회)	월평균 참여시간 (시간)
전체		10,078	6.6	54.2	1.3	2.5	2.2	4.6
지역	동부	7,450	7.4	56.1	1.5	2.4	2.4	4.8
	읍면부	2,628	4.4	48.9	0.7	2.8	1.8	4.2
성별	남자	4,429	9.8	60.5	2.0	2.2	2.1	4.8
	여자	5,649	4.1	49.2	0.8	2.7	2.3	4.6
연령	65~69세	3,473	10.7	73.3	1.6	3.8	2.1	4.7
	70~74세	2,377	6.3	59.9	1.9	2.7	2.4	4.1
	75~79세	1,743	4.5	46.2	1.2	1.8	1.8	3.0
	80~84세	1,407	3.5	33.2	0.5	1.3	2.9	5.8
	85~89세	825	1.2	23.3	0.4	1.1	3.4	11.8
	90세 이상	253	2.5	10.7	0.0	0.0	0.0	0.0
배우자 유무	배우자 있음	6,047	7.8	61.9	1.6	3.0	2.2	4.7
	배우자 없음	4,031	4.9	42.6	1.0	1.8	2.2	4.4
가구 형태	노인독거	3,306	5.3	43.9	1.1	1.9	2.1	4.3
	노인부부	5,562	7.5	61.6	1.5	3.0	2.1	4.6
	자녀동거	1,035	6.2	47.0	0.9	1.9	2.4	5.2
	기타	174	5.5	55.3	2.0	2.1	7.1	7.1
교육 수준	무학	1,240	2.0	21.9	0.4	0.5	0.9	1.8
	초등학교	2,846	2.7	42.1	0.7	1.4	1.8	3.4
	중학교	2,139	5.5	57.8	1.2	2.2	2.5	4.8
	고등학교	3,145	9.5	70.9	1.9	3.6	2.2	4.5
	전문대 이상	707	21.0	74.3	3.2	6.7	2.5	6.2
취업 상태	취업 중	3,931	8.5	67.6	1.6	3.0	2.0	4.3
	미취업	6,147	5.4	45.6	1.1	2.2	2.4	4.9
연가구 소득 (5분위)	1분위	2,014	2.9	33.5	0.9	1.3	1.3	2.0
	2분위	2,014	3.8	41.8	0.7	1.7	2.5	5.4
	3분위	2,014	5.1	56.4	1.0	2.7	2.7	6.1
	4분위	2,020	8.6	65.8	1.7	3.2	2.1	4.5
	5분위	2,017	12.5	73.4	2.4	3.6	2.2	4.3

출처: 보건복지부(2023), 노인실태조사, KOSIS 다운로드

리나라 노인들의 사회활동이 공동체의 공공선을 유지하고 발전시키는 데 이어지지 못하고 친목 중심의 비공식적이고 사적인 영역에서 크게 벗어나지 못한 것으로 판단된다.

지역별로 보면, 사회공헌활동 중 정치사회단체 참여는 도시지역에서 상대적으로 높고 자원봉사활동은 읍·면 지역이 동지역보다 수치상으로 높지만 큰 차이가 없다. 또 단순사회활동은 도시지역에서 높게 나타나고 있다. 성별로 보면 사회공헌활동에서 정치사회단체참여는 남성 노인이 높고 자원봉사는 여성 노인이 약간 높게 나타나 차이를 보인다. 단순사회활동은 남성 노인이 동호회 활동과 친목활동 모두에서 여성 노인보다 많이 참여하고 있다. 전체적으로 여성 노인이 자원봉사를 많이 하고 있지만, 그 외의 사회활동에는 남성이 많이 참여하고 있다.

연령별로 보면 사회공헌활동은 자원봉사와 정치사회단체 참여 모두 65~74세 연령대에서 참여율이 높다. 예상할 수 있듯이 나이가 들수록 참여율이 낮아지고 있다. 하지만 특이하게도 자원봉사 참여횟수와 참여시간은 80대에 다시 높아지고 있다. 이런 추이는 2022년부터 정부사업인 노인일자리사업 참여유형 중 공익활동이 유급자원봉사로 규정되었기 때문일 것이다. 즉, 유급자원봉사 참여노인들이 사회공헌활동 중 자원봉사 항목에 포함되었으며, 이들 중에는 80대 이상의 건강한 노인 참여율이 높다. 반면, 단순사회활동은 나이가 많아질수록 참여율이 낮아지고 있다.

흥미롭게도 배우자가 있는 노인 부부가 상대적으로 사회공헌활동에 많이 참여하고 있다. 정치사회단체 참여와 자원봉사활동 모두 참여율이 약간 높게 나타나고 있다. 이러한 경향은 단순사회활동인 친목 모임이나 동호회 활동에서도 유사하다. 다만 월평균 자원봉사의 참여횟수와 봉사시간은 자녀와 동거하는 노인들에게 약간 높게 나타나고 있다. 사회공헌활동 참여는 교육수준의 영향을 많이 받는 것으로 나타나고 있다. 노인들의 학력이 높을수록 정치사회단체에 참여하는 비율이 높다. 특히 전문대 이상의 고등교육을 받은 노인들의 참여가 높다. 자원봉사 역시 유사한 경향을 보이고 있다. 학력이 높을수록 노인들의 자원봉사 참여율이 높다.

노인의 사회공헌활동에 대한 소득의 중요성도 확인되고 있다. 소득수준이 높을수록 정치사회단체나 자원봉사활동 참여율이 높게 나타나고 있다. 앞서 본 교육수준과 유사하다. 소득 하위 20% 노인 계층에 비해 상위 20% 노인 계층의 참여율이 약 2.5배 정도 높다. 이러한 추이는 교육수준과 소득수준이 높은 노인일수록 사회참여율이 높다는 많은 연구결과와 일치한다. 하지만 자원봉사의 참여횟수와 참여시간은 소득 5분위의 중간계층에서 높게 나타나고 있다. 자원봉사의 주력은 중산층이라는 의미다. 사회의 계층구조에서 중산층이 두터운 것이 선진국의 일반적 양상이기 때문에 자원봉사를 통한 사회공헌활동은 향후 더욱 활성화될 것으로 보인다. 한편, 단순사회활동은 소득이 높을수록 많이 참여한다.

노인들의 경제활동은 사회공헌활동에 어떤 영향을 줄 것인가? 취업 중인 노인들은 미취업 노인과 비교하면 사회공헌활동에 참여하는 비율이 높다. 이는 앞에서 살펴본 연령의 영향력과 맥락을 같이 한다. 연령이 낮은 노인들의 경우 경제활동 가능성이 크다.

이 때문에 경제활동과 사회공헌활동이 연동되는 효과가 나온다고 할 수 있다. 하지만 월평균 자원봉사 횟수와 자원봉사 시간은 비취업 노인들이 높다. 한편 단순사회활동을 보면 취업 중인 노인들의 참여율이 높다. 아무래도 미취업 노인의 경우는 경제활동에 연동되는 사회적 네트워크가 축소 혹은 약해지기 때문에 나타나는 현상이라고 할 수 있다.

노인의 일은 신체적, 심리적, 사회적 건강을 유지하는 데 중요한 역할을 한다. 일을 통해 신체 활동이 이루어져 건강이 유지되며, 만성질환 예방과 정신건강 증진에 이바지한다. 또한, 자아를 실현하고 자존감을 높이며, 심리적 안정과 인지기능을 유지하는 데 도움이 된다. 나아가 일은 사회적 고립을 방지하고 새로운 인맥을 만들게 하여 사회적 건강을 강화한다. 생계유지를 위한 경제활동은 경제적 자립을 가능하게 하며 노인의 자존감을 높인다. 모든 연령의 노인 노동이 그렇듯이 사회경제적 차원에서 노동력 공급원이 되고, 지역사회에 긍정적인 영향을 미칠 수 있다. 사회적 자본을 증진하고 정책변화의 촉매제가 되기도 한다.

그러나 냉철하게 고민해야 할 것도 적지 않다. 노인에게 과도한 일은 신체적 부담을 줄 수 있어 세심한 접근이 요구되기도 한다. 노인의 생계형 일은 경제력 부족 상황에서 강제적일 수 있으며, 노동시장의 연령차별과 빠른 기술변화도 극복해야 할 과제가 되고 있다. 특히 적절한 사회보장제도가 미성숙한 조건에서 많은 노인이 일을 통해 생계를 유지해야 하는 현실은 사회경제적으로 노인에게 일을 강제하는 것일 수 있다.

인구구조의 고령화가 진행되면서 노인의 경제활동도 꾸준히 증가하고 있다. 그러나 고령층 실업률도 증가해 생계유지가 중요한 이슈가 되고 있는 것 역시 냉엄한 현실이다. 약 45%의 노인은 노후에도 일하고 있으며, 이는 생계비 마련을 위한 강력한 동기를 보여준다. 경제활동의 주요 이유는 생계비 마련이지만, 교육수준과 가구소득에 따라 생계비 압박의 강도가 다르다. 노인의 경제활동은 자영업 비중이 높고, 임시직과 비정규직 비율이 증가하고 있다. 경제활동의 주요 영역은 농림어업과 제조업이며, 서비스업도 일부 증가하고 있다. 그러나 경제활동 과정에서 노인은 낮은 시간당 임금과 월임금총액을 받고 있으며, 근로시간은 다른 연령대보다 짧다. 노인들은 적합한 일자리가 부족하다고 느끼며, 정부의 지원을 바라는 경우가 많다. 노인들은 일자리 연계와 일자리 지원을 원하며, 고용 의무화와 같은 정책이 필요하다고 주장하고 있다.

노인의 사회공헌활동 참여율은 매우 낮으며, 자원봉사와 정치사회단체 참여는 각각 극히 제한적으로 행해지고 있다. 그나마 대부분의 노인은 단순사회활동에 편중되어 있다. 특히, 친목단체에 참여하는 단순사회활동이 압도적이다. 자원봉사 참여는 65~74세 연령대에서 가장 활발하며, 80대에 참여횟수와 시간이 증가한다. 배우자가 있는 노인은 사회공헌활동에 더 많이 참여하는 경향이 있다. 교육수준이 높고 소득이 높을수록 사회공헌활동 참여율이 높다. 취업 중인 노인은 미취업 노인보다 사회공헌활동 참여율이 높지만, 자원봉사 시간은 미취업 노인이 더 많은 것도 흥미로운 특징이라고 할 수 있다.

제3장
고령자 고용 관련 정책

1. 활동적 노화 정책

활동적 노화의 개념은 고령자들이 단순한 경제활동을 넘어, 건강과 사회참여를 통해 삶의 질을 높이고 자립적인 노후 생활을 이루도록 지향하는 것이다. 이 관점은 노년기에도 사회구성원으로서 고령자들의 가능성을 열어두고 있다. 이 개념은 고령자들을 다양한 방식으로 사회에 기여할 수 있는 주체로 인식하게 할 뿐만 아니라, 신체적, 사회적, 문화적으로 활발하게 참여할 역량을 지닌 존재로 바라보는 새로운 시각을 제공한다. 또 사회적 측면에서는 고령자들이 경제활동은 물론 사회 전반에 걸친 활동이 가능하도록 적극적으로 지원함으로써, 그들의 권리와 자립을 보장하는 데 중점을 둔다. 특히 세계보건기구는 2002년 EU가 개최한 마드리드 국제행동계획(Madrid International Plan for Action on Ageing: MIPAA)에서 건강(health), 참여(participation), 안전(security) 영역에서 고령자의 삶의 질을 높이는 데 정책 목표를 두었다.

세 가지 정책목표 중 건강 정책의 주요 목표는 예방적 건강관리와 질병관리를 통해 신체적, 정신적 건강을 유지하는 것이다. 고령자들은 일상생활에서 자립을 유지하며, 활발한 사회참여와 독립적인 삶을 영위할 수 있다. 다음으로 사회참여는 은퇴 후에도 사회적, 경제적, 문화적 활동에 적극적으로 참여하고, 사회구성원으로서 역할을 지속하는 것을 의미한다. 그리고 안전은 고령자들이 신체적, 경제적, 사회적 보호를 보장받는 환경을 조성하는 데 중점을 둔다. 구체적으로는 안전한 주거 환경 제공, 폭력과 학대 방지, 경제적 안정 등 포괄적 지원이 포함된다.

국제적 흐름의 영향을 받아 한국에서도 건강, 사회참여, 안전을 포함한 통합적 접근의 필요성이 점차 강조되고 있고, 이와 관련된 법적 근거도 마련되었다. 구체적으로는 '노인복지법', '노인 일자리 및 사회활동 지원에 관한 법률', '고용상 연령차별금지 및 고령자고용촉진에 관한 법률', '저출산·고령사회기본법' 등 다양한 법률이 있다. 노인복지법은 노인의 보건복지 증진을 목표로 노인들에게 건강 유지와 자립적 생활 보장을 위한 조치를 규정하고, 노인의 사회참여를 촉진하는 다양한 프로그램을 지원하고 있다. 2024년 11월에 시행된 노인 일자리 및 사회활동 지원에 관한 법률은 노인이 일자리와 사회활동을 통해 활동적이고 생산적인 노후 생활을 영위할 수 있도록 지원함으로써 노인의 건강과 복지를 증진한다는 목적을 가진다. 고용상 연령차별 금지 및 고령자 고용촉진에 관한 법률은 5년마다 고령자 고용촉진을 위한 기본계획을 수립하여, 고령자의 고용촉진과 지속적인 노동시장 참여를 보장하고자 한다. 또한 저출산·고령사회기본법도 5년마다 기본계획을 수립하여 노년층의 삶의 질을 높이고 고령자의 경제적 자립을 도모하는 방향성을 제시하고 있다.

이와 같은 법적 근거를 토대로 한국은 활동적 노화 정책과 관련하여 고령자의 건강 증진, 사회참여 확대, 소득보장, 고령친화적 환경 조성을 주요 정책 방향으로 설정하였다. 최근 한국의 활동적 노화 정책은 경제적 자립을 촉진함과 동시에 고령자의 사회적 통합과 존엄성을 유지하는 데 중점을 두고 있다(문정화·유선치·고아라, 2020).

2. 정년제도

정년제도는 근로자가 특정 연령에 도달하면 고용 관계가 종료되는 제도이다. 이 제도하에서 근로자는 일정 연령에 이를 때까지 안정적인 고용을 보장받는다. 그러나 그 연령에 도달하면 본인의 의사와 무관하게 고용이 끝난다. 「국가공무원법」 제74조, 「소방공무원법」 제20조, 「교육공무원법」 제47조 등이 특정 연령에 도달한 공무원의 정년을 규정하고 있다.

이런 정년 규정은 「국가공무원법」 제74조, 「소방공무원법」 제20조, 「교육공무원법」 제47조 등에서 구체적으로 명시하고 있다.

국가	정년 연령	관련 법률 및 정책	특징 및 예외 사항
한국	60세 이상	고령자고용법	2016년부터 60세 정년 의무화, 임금피크제와 함께 운영 가능
일본	60세(최소)	고용안정법	65세까지 고용 연장 의무화, 정년 인상, 계속 고용제도 도입 등 선택사항
미국	정년 없음	고용연령차별금지법, 사회보장법	연금 혜택 연령 65~67세로 차등 적용
프랑스	62세	사회보장법	1983년 60세로 하향 후 2010년 개정으로 62세로 상향 조정
영국	정년 폐지	고용평등 규정	2011년 이후 정년퇴직 연령 폐지
러시아	남성 65세, 여성 60세	연금보험법	2019년 개정으로 연금수령 연령 상향
스페인	65세 10개월	근로기준법, 사회보장 기본법	2027년까지 67세로 연장 예정
베트남	남성 60세, 여성 55세	노동법전	2028년까지 남성 62세, 여성 60세로 점진적 연장 예정
중국	남성 60세, 여성 50세	노동보험 조례	퇴직연령을 65세로 연장하는 논의 진행 중
말레이시아	60세	최저 정년연령법	–
사우디아라비아	60세	사회보험법	개정하여 남녀 동일 정년 적용
인도네시아	57세(2019년)	사회보장제도법	65세까지 3년마다 1년씩 연장
태국	합의에 따름	근로보호법	60세 이후 정년이 없으면 근로자가 정년퇴직 의사 표명 가능

출처 : 세계법제정보센터(https://world.moleg.go.kr/법제동향)

정년 60세 의무제의 법적 근거는 「고용상 연령차별금지 및 고령자 고용촉진에 관한 법률」(약칭: 고령자고용법)에서 찾을 수 있다. 이 법은 2013년에 개정되어 2016년 1월부터 시행되었다. 개정된 조항에 따르면, 사업주는 근로자의 정년을 60세 이상으로 정해야 하며, 만약 60세 미만으로 정한 경우라도 법적으로 60세로 간주한다. 정년

의무화는 2016년부터 단계적으로 시행되었으며, 2017년 이후 모든 사업장에 확대 적용되었다.

한편 해외 국가들은 고령화와 연금재정 문제에 대응하기 위해 정년연장, 폐지, 계속고용 제도 등 여러 방식의 정년제도를 적용하고 있다. 구체적으로 보면, 한국처럼 정년을 60세로 규정하는 나라로는 말레이시아와 사우디아라비아가 있다. 베트남과 중국은 남성 정년을 60세로 설정하여, 여성보다 높은 연령 기준을 적용한다. 일본은 60세를 최소 정년으로 삼는 동시에, 65세까지 고용연장을 의무화하고 있다. 이 고용안정법에 따르면 사용주는 65세까지 고용을 보장하는 조치를 취해야 한다. 스페인은 65세 정년제를 운영 중이고, 러시아는 남성 기준으로 65세 정년을 시행하고 있다. 미국과 영국은 법적 정년제가 없다. 미국은 「고용연령차별금지법(Age Discrimination in Employment Act: ADEA)」을 통해 나이 차별을 금지할 뿐, 법적 정년은 명시하지 않는다. 대신 사회보장법에 따라 연금 수령 연령을 65세에서 67세로 올림으로써 간접적으로 은퇴 기준을 설정하고 있다. 영국은 2011년에 제정된 「고용평등(정년연령규정 폐지) 규정」으로 법적인 정년 연령을 없앴고, 연령을 이유로 하는 퇴직 강요를 금지하고 있다.

하지만 제도의 취지와 달리 현실적으로 정년제는 근로자의 직업 선택 자유와 사용자 권한 간의 충돌을 야기할 수 있다. 구체적으로 보면, 우선 일정 연령에 도달하면 근로자는 본인의 의사와 무관하게 퇴직해야 하므로, 헌법상 직업 선택의 자유가 제한된다. 또한, 사용자는 인력 구조조정을 통해 조직의 효율성을 높이고, 고령 인력으로 인한 임금 부담을 줄여 경제적 이익을 도모하고자 한다. 그러나 고령 근로자의 정년을 연장할 경우, 기업 내 고령층 비중이 상승하고 인건비가 늘어나 청년 신규 채용을 제한할 수 있다. 게다가 고령 근로자의 고용안정성이 강화되면, 그만큼 청년층의 승진 및 경력 발전이 지연될 가능성도 있다.

우리나라의 경우도 실제로는 제도의 취지와는 다른 결과들을 확인할 수 있다. 2019년 사업체 노동력조사 부가조사(고용노동부, 2000)에 따르면, 상용근로자 1인 이상 사업체 중 정년제를 실시한다는 응답은 22.6%에 불과하다. 대부분의 사업주들이 소극적 태도를 보이는 이유는 당연히 인건비 부담이 늘어나기 때문이다. 특히 정년제가 없는 사업장에서는 이 제도 도입 후 인력 감축이 일어나는 현상이 여러 연구에서 보고되었다. 정진호 외(2020)는 60세 정년 의무화로 인해 이런 사업장에서 고령 근로자 수가 감소했다고 밝혔다. 최형재(2024) 연구에서도 비슷한 문제를 지적했는데, 정년을 설정하지 않은 사업체에서 권고사직이나 명예퇴직을 활용한 고령 근로자 고용 감소가 더 뚜렷해졌다. 한편 청년고용도 영향을 받기는 마찬가지다. 김대일(2023)은 정년연장이 청년층 일자리를 약 6% 감소시켰다고 분석한다. 한요셉(2019)의 연구도 유사한 결론을 제시했다. 60세 정년 의무화로 고령층(55~60세) 고용은 늘었으나, 청년층(15~29세) 고용은 줄었다. 이처럼 정년제는 취지와 달리, 고령층 고용 보호와 청년층 일자리 사이에 대체 효과를 일으킨다. 사업주는 인건비 부담을 낮추기 위해 인력 구조조정을 택하고, 이는 고령층, 청년층 모두에게 부정적 영향을 주는 것이다.

정년제와 관련하여 또 하나 주목해야 할 쟁점은 소득 불평등의 심화 가능성이다. 고령 근로자는 정년연장을 통해 국민연금과 퇴직연금 가입 기간이 늘어나 노후 소득을 더 안정적으로 확보할 수 있다. 그러나 이는 임금 격차를 더 키울 수도 있다. 연공 임금체계에서 고임금 근로자는 정년이 늘어나면 임금과 연금수급액이 상당히 증가한다. 반면 저임금 근로자는 상대적 증가 폭이 작아 소득 격차가 벌어지게 된다. 김진수 외(2015)의 시뮬레이션 분석에 따르면, 정년을 3년 혹은 5년 연장했을 때, 노후 소득이 가장 크게 늘어난 집단은 평균 임금이 높고 고용 안정성이 높은 근로자들이었다. 즉 안정된 직장을 가진 이들에게는 정년연장의 이점이 커졌다. 반면, 고용 안정성이 낮은 저임금 근로자에게는 불리하게 작용하게 되므로 소득 불평등이 확장될 가능성이 커지게 된다.

한편 정년제 시행 이후, 고령 근로자 고용에 긍정적 영향이 확인되고 있다. 김준(2018)의 연구는 60세 이상 정년제도가 고령 근로자에게 더 오래 일할 수 있는 환경을 조성함으로써 실제 퇴직 연령을 높이고, 고용 안정성을 강화한다고 분석했다. 진성진 외(2023)의 연구도 고령자 노동시장의 수요 측면을 살핀 결과, 60세 이상으로 정년을 연장하면 고령 근로자의 노동시장 참여율이 높아지고 장기적 고용 안정성을 제공한다고 밝혔다. 또한 기업 입장에서는 숙련된 인력을 유지함으로써 조직 생산성에도 긍정적 효과를 얻을 수 있었다. 이는 고령 근로자의 경험과 노하우가 축적되어 기업 운영 전반에 이익을 주었기 때문이다.

3. 고용노동부의 고령자 재취업지원 정책 현황

「고용상 연령차별금지 및 고령자고용촉진에 관한 법률」은 기업이 정년 이후에도 고령 근로자의 고용을 보장하거나 연장하도록 유도하고 있다. 여기서 기업은 세 가지 선택지를 가진다. 정년을 연장하거나, 정년을 폐지하거나, 새로운 계약을 통해 재고용하는 방식이다. 핵심은 주된 일자리에서 고령 근로자가 더 오래 일할 수 있는 환경을 조성한다는 것이다. 정년연장과 계속고용은 고령 근로자의 고용을 유지한다는 공통점이 있다. 그러나 이들 간에는 중요한 차이가 있다. 정년연장은 기존의 임금체계를 유지하면서 정년을 늘리는 방식이기 때문에 모든 근로자를 일괄적으로 고용하게 된다. 이 경우 기업은 늘어난 인건비를 감당해야 하므로 부담이 커질 수밖에 없다. 반면 계속고용은 유연한 대안을 제공한다. 기업은 고령 근로자와 새로운 계약을 체결하거나 재고용을 통해 필요한 인력을 선택적으로 활용할 수 있다는 것이다. 이는 기업이 상대적으로 경험과 기술이 풍부한 인재를 유지하면서도 비용 부담을 줄이는 데 유리하다. 동시에 근로자의 생산성과 기여도에 따라 합리적인 조건을 설정할 수 있다는 점에서도 기업의 유연성이 강화된다. 계속고용은 임금피크제, 정년퇴직자 재고용제도, 근로시간 단축제도와 같은 정책수단을 포함하고 있다. 한편, 정년 폐지는 법적으로 정해진 정년(60세 이상)을 유지하면서도, 정년 이후 근로자를 자동 재고용하거나 계약을 통해 계속 고용하는 방식이다. 그러나 이 방식은 기업이 고령 근로자의 임금을 지속적으로 부담해야 하므로 현실적으로 활용하기 어려운 측면이 있다.

정부는 계속고용 방식의 실효성을 높이기 위해 고령 근로자의 고용 유지와 기업의 부담 완화를 동시에 고려하는 여러 제도를 운영하고 있다. 대표적으로 임금피크제, 고령자 계속고용 지원금, 일자리 및 고용지원 서비스가 이에 해당한다.

1) 임금피크제

임금피크제는 정년제를 보완하기 위한 제도로 도입되었다. 60세 이상 정년 의무화로 기업들은 추가적인 인건비 부담을 안게 되었고, 임금피크제는 이를 완화하는 해법으로 주목받고 있다. 이 제도를 활용하면 근로자를 정년까지 안정적으로 고용하면서 동시에 연공급 임금체계에 따른 고비용 구조를 줄일 수 있다. 2021년 조사에 따르면, 정년제를 운영하는 사업체 중 약 22%가 임금피크제를 도입했으며, 공기업 비중이 높은 산업군에서 도입 비율이 높게 나타났다(김영진, 2022). 그러나 임금피크제가 합리적 조건을 충족하지 못하면 근로자에게 불이익이 발생할 수 있다. 예컨대 연령을 기준으로 임금을 삭감하는 방식은 연령차별로 간주될 여지가 있으며, 임금 감소는 근로자의 생계에 심각한 영향을 줄 수 있다.

임금피크제는 정년보장형과 정년연장형 두 가지로 나뉜다. 정년보장형은 기존 정년을 유지하면서 일정 연령에 도달하면 임금을 감액하는 방식이며, 이를 통해 기업은 임금체계를 조정해 임금 부담을 덜 수 있게 된다. 정년연장형은 정년을 늘리는 대신 연장 전후 특정 시점부터 임금을 낮추어 인건비 부담을 줄인다. 이 과정에서 기업은 임금 감액 대상자를 위한 적합한 직무 개발을 병행해 운영상의 효율성을 높일 수 있다.

특히 계속고용은 임금피크제 외에도 정년퇴직자의 재고용이나 근로시간 단축제도를 통해 가능하다. 이병희(2021)의 연구에 따르면, 근로시간 단축제도와 정년퇴직자 재고용제도는 고령자 고용에 긍정적 효과를 미쳤다. 반면, 임금피크제는 55세 이상 고령 근로자의 고용을 낮추는 부정적 영향을 준 것으로 나타났다.

2) 고령자 계속고용 지원금

고용노동부의 대표적인 고령자 고용지원책은 사업주를 지원하는 고용보조금제도다. 과거에는 임금피크제, 장년 근로자 시간단축지원금, 고령자 계속고용장려금, 고령자고용지원금이 있었지만 대부분 중단되었고, 지금은 60세 이상 고령자 계속고용장려금만 유지되고 있다. 2012년에 도입한 고령자고용지원금제도는 2020년까지 운영되었다. 이런 제도들은 임금조정, 근로시간 단축, 정년 연장·폐지, 재고용 지원 등 다양한 방식으로 고령자의 고용을 촉진하기 위해 설계되었다.

한편 고령자 계속고용장려금과 고령자 고용지원금은 모두 고령자의 고용 안정을 지원하는 제도이지만, 지원 목적, 대상 요건, 지원 방식에서 차이점이 있다.

우선 지원 목적을 보면, 계속고용장려금은 정년이 설정된 중소기업과 중견기업을 대상으로, 정년퇴직한 고령자를 재고용하거나 정년을 연장·폐지하는 경우에 지원한다. 반면 고령자고용지원금은 기업이 신규 채용 또는 기존 고령 근로자의 고용유지를 통해 고령 근로자수를 확대할 경우, 이에 대한 인센티브를 제공하는 데 목적이 있다.

둘째, 지원 대상은 사업주와 근로자 기준이 다르다. 계속고용장려금은 정년연장, 정년폐지, 재고용제도를 도입한 중소, 중견기업과 정년 후 계속 일하는 근로자를 지원한다. 선별적 재고용이 아닌 정년도달 근로자 전원에게 적용하는 기업을 지원하므로 고용효과가 크다. 반면 고령자 계속고용지원금은 사업운영 기간과 고령자 수 요건을 모두 충족한 기업을 지원한다. 기존 고령 근로자 외에 만 60세 이상 신규 고용 또는 고용 인원을 늘린 사업주가 지원대상이 되며, 이는 사업운영 1년 이상 및 월평균 고령 근로자 수가 지난 3년 평균보다 증가해야 충족된다. 통계에 따르면, 2022년 기준 고령자 고용지원금은 약 8천 6백 개 사업체와 고령자 약 14만 2

〈표 14〉 **장년 고용안정지원금 지원**

구분	고령자 계속 고용장려금	고령자 고용지원금
목적	정년 이후에도 근로자를 계속 고용하도록 기업을 지원	고령자의 고용 증가를 유도해 안정적 고용을 지원
지원대상	·기업: 우선지원대상기업, 중견기업, 사회적 기업 ·사업주: 정년연장·폐지·재고용제도 도입 사업주 ·근로자: 정년도달 후 계속고용된 근로자	·기업: 우선지원대상기업, 중견기업, 사회적 기업 ·사업주: 고령자 고용이 증가한 사업주 ·근로자: 만60세 이상, 1년 초과근무한 근로자
지원내용	정년 이후 계속고용한 근로자 1인당 분기별 90만 원, 최대 3년 지원	증가한 고령자 1인당 분기별 30만 원, 최대 2년 지원
	(피보험자의 30% 이내, 최대 30명)	(피보험자의 30% 이내, 최대 30명)
사업기간	2020~계속	2012~2020

천 명에게 지원되었다(고용노동부, 2023).

셋째, 지원방식의 차이이다. 고령자 계속 고용장려금은 안정적으로 근로자가 근속할 수 있도록 장기적인 지원에 초점을 두는 반면, 고령자 고용지원금은 고용촉진을 유도하기 위한 단기적인 인센티브 제공에 중점을 둔다. 구체적으로 보면, 고령자 고용지원금은 증가한 고령자 1인당 분기별 30만 원을 최대 2년간 지원하는 데 비해, 고령자 계속 고용장려금은 정년 이후 계속 고용된 근로자 1인당 분기별 90만 원을 최대 3년간 지원한다(〈표 14〉 참조).

2020년 제도 도입 이후 고령자 계속고용장려금은 꾸준히 확대되었다. 2022년 108억 원, 약 3,000명 지원에서 2023년 268억 원, 8,193명으로 크게 늘었다.* 2022년 고용영향평가에 따르면, 수혜 사업장은 비수혜 사업장보다 60~64세 근로자 고용효과가 5.86%p 높았다. 유형별로는 재고용 77%, 정년연장 14.7%, 정년 폐지 8.3%로, 재고용 유형을 가장 많이 도입했다. 규모별로는 30인 미만 64.1%, 30~99인 29.4%로 소규모 기업의 비중이 크고, 업종별로는 인력 채용이 쉽지 않은 제조업(50.3%), 사회복지서비스업(18.7%) 등에 지원이 집중되었다.

3) 일자리 및 고용지원서비스 제도

앞에서 기술한 고용장려금제도와 더불어 고용노동부는 일자리

---

* 고용노동부(2023, 1월 18일). 〈2023년 '고령자 계속고용장려금' 신청하세요〉. https://www.korea.kr/briefing/pressReleaseView.do?newsId=156548438

와 고용지원서비스 제도를 운영하고 있다. 고용노동부는 대표적으로 신중년 경력형 일자리사업, 생애경력설계서비스, 신중년 재취업지원, 국민취업지원제도를 통해 고령자 일자리를 지원하고 있다. 각 제도는 목표, 지원 대상, 지원 방식은 다르지만, 모두 고령자와 중장년층의 경제적 자립과 지속 가능한 노동시장 참여를 돕는다는 공통된 목적을 가진다.

우선, 신중년 경력형 일자리사업은 50~65세 퇴직 전문 인력을 대상으로 사회서비스 분야에서 경험과 전문성을 활용해 가치를 창출한다. 이 사업은 단순 일자리 제공을 넘어 신중년의 경력을 공공과 민간을 잇는 징검다리 역할로 확장한다. 이 사업에 참여한 퇴직자들은 공공일자리 경험을 쌓을 수 있고, 이를 바탕으로 민간 일자리 재취업 기회를 가질 수도 있다. 실제로 보면, 지방자치단체가 주관하여 경영전략, 인사노무, 마케팅, 재무, 사회서비스, 문화예술, 교육, 상담·멘토링 등 13개 분야의 공공일자리를 제공한다. 일자리는 최저임금 이상의 보수와 4대 보험, 주휴·연차 수당이 보장되며, 참여자는 직무교육 및 훈련을 통해 민간 재취업으로 연계될 수 있다.

생애경력설계 서비스는 40세 이상 중장년층의 경력관리와 재설계를 지원하는 고용노동부 맞춤형 프로그램이다. 전국 31개 중장년내일센터에서 재직자(퇴직예정자 포함)와 구직자를 대상으로 재직자는 미래 경력설계를, 구직자는 재취업 및 창업준비를 지원받는다. 과정은 기초과정, 심화과정, 선택과정으로 구성되어 있다. 기초과정에서는 중장년기의 생애 과업을 이해하고 직업역량과 가치

〈표 15〉 **생애경력설계 프로그램 개요**

구분	기초과정	심화과정	선택과정
과정목표	· 중장년기 생애 과업 이해 · 직업역량, 가치관 분석을 통한 미래경력 대안 탐색	· 생애 과업에 따른 실천역량 강화 및 정보검색 · 미래경력을 위한 장·단기 능력개발 계획 수립	· 자산관리, 건강관리, 관계 형성 등
재직자	· 40대: 경력 전성시대 · 50대: 경력 확장시대 · 60대: 경력 공유시대	· 40대: 경력 관리, 변화 관리 · 50대: 생애 조망, 경력 대안 개발 · 60대: 삶의 균형, 가치 발견	· 건강, 재무, 여가, 관계 등
구직자	인생 들여다보기	인생 되돌아보기	제2 인생 계획 및 실행
시간	1.5~6시간	1.5~6시간	2~3시간

관을 분석하여 미래경력의 대안을 탐색한다. 심화과정에서는 생애과업에 따른 실천역량 강화와 정보검색, 미래경력을 위한 장단기 능력개발 계획을 수립한다. 이러한 과정을 마친 중장년은 더 나아가 선택과정에 들어가서 자산관리, 건강관리, 사회적 관계 형성 등 실생활과 밀접한 역량을 쌓을 수 있다(〈표 15〉).

한편 고용노동부는 희망하지 않는 퇴직을 맞는 50세 이상 근로자에게 재취업 지원 서비스를 운용하고 있다. 이 제도는 300인 이상 기업의 사업주가 재취업 지원 프로그램을 도입하도록 지원하며, 근로자는 구직기간을 줄이고 안정적인 일자리로 이동할 수 있다. 기업에는 컨설팅·운영, 교육·표준 프로그램을 제공하고, 근로자에게는 심리상담, 이력서·면접 교육, 네트워킹 등 실질적 취업기술훈련을 제공한다.

마지막으로 고용노동부는 고령자를 대상으로 특별히 설계된 것은 아니지만, 16세부터 69세까지의 모든 취업 취약계층에게 국민취업지원제도를 운영하고 있다. 이 제도는 고령자를 포함한 청년, 여성, 장애인 등 취업 취약계층에게 경제적 여건과 노동시장 진입을 위한 취업 활동을 지원하는 고용지원 서비스이다. 이 제도의 내용을 보면, 구직활동 지원금 지급(최대 월 50만 원, 최대 6개월), 취업활동 비용 지원, 직업훈련비(1인당 연 최대 500만 원) 등을 통해 기본적인 경제적 부담을 완화하고, 적극적으로 노동시장에 참여할 수 있도록 돕는다. 또한, 직업훈련 및 현장 일 경험 프로그램을 제공해 취업 역량을 강화하며, 단순한 금전적 지원을 넘어 취업 준비과정 전반을 체계적으로 지원한다. 특히, 이 제도는 취약계층의 사회적 안전망 역할을 수행하며, 경제적 안정을 넘어 개인의 능력을 개발하고, 자립할 수 있는 발판을 마련하는 포괄적 지원 시스템을 제공한다. 즉, 저소득층 구직자들이 실질적으로 노동시장에 안착할 수 있는 여건을 조성하고자 하는 것이다.

4. 보건복지부 노인일자리 및 사회활동지원사업

노인일자리 및 사회활동 지원사업은 2004년 도입된 보건복지부의 대표적인 고령자 일자리 정책으로, 2023년 「노인일자리 및 사회활동 지원법」 제정으로 독자적인 법적 근거를 갖추게 되었다. 이 사업은 퇴직 후 연금 수급 전 발생할 수 있는 소득단절을 방지

<표 16> 노인일자리 및 사회활동 지원사업 대상 및 지원내용

유형구분	사업명	정의 및 주요 내용	대상	지원내용
공공형	노인공익활동 지원사업	취약계층 지원 및 지역사회 공익증진 활동을 통해 소득보전	·65세 이상 기초연금 수급자, 직역연금수급자(일부 조건 충족 시 참여 가능) ·일부 사업: 60~64세 차상위 계층, 대기자 없을 경우 참여 가능	월 29만 원 활동비 + 연 18만 원 부대경비 지원 (연평균 11개월 참여)
사회서비스형	노인역량활용 사업	노인의 기술과 경험을 활용하여 지역사회 기여	·65세 이상 ·일부 사업은 60세 이상 참여 가능	월 63만 4천 원 인건비 + 연 212만 4천 원 부대경비 지원(연 10개월 참여)
	노인역량활용 선도모델 사업	외부자원을 활용한 맞춤형 사회서비스 제공	60세 이상	월 34만 원 인건비 지원(연 5개월 참여)
민간형	공동체사업단	노인이 상품 생산·판매 또는 서비스 제공을 목적으로 운영하는 사업단	60세 이상, 사업 특성에 적합한 자	1인당 연 267만 원 사업비 지원(연중 참여)
	취업 지원 (취업알선형)	일정 교육을 이수한 자를 수요처로 연계하여 임금 지급	60세 이상	1인당 연 15만 원 수행기관 사업비 지원 (연중 참여)
	현장실습 훈련 (시니어 인턴십)	기업에 인건비를 지원하여 60세 이상자의 취업 및 계속고용 유도	·(참여기업) 4대 보험 가입 사업장 ·(참여자) 60세 이상으로 교육 이수자	참여기업 인건비 및 수행기관 사업비 지원
	노인친화기업·기관	고령자 고용을 확대할 수 있는 기업을 지원	·(참여기업) 다수의 고령자를 고용하거나 추가 고용 계획이 있는 기업 ·(참여자) 60세 이상	기업당 최대 3억 원 지원

하고, 노인의 사회참여를 촉진하여 복지 향상에 기여하는 것을 목표로 한다. 참여 연령과 조건은 유형별로, 공공형은 기초연금 수

급자(65세 이상), 사회서비스형은 65세 이상, 민간형은 60세 이상이면 참여할 수 있다. 2024년 기준, 노인공익활동지원사업 참여자는 월 29만 원의 활동비를, 노인역량활동사업 참여자는 약 월 63만 원의 인건비를 받는다. 반면 민간형인 공공체사업단이나 노인친화기업·기관과 같은 유형은 사업수익구조에 따라 인건비가 달라지고, 취업지원과 현장실습 및 훈련은 기업이 요구하는 조건에 따라 급여수준이 결정된다. 2024년 전국의 목표인원은 총 103만 명이며, 사업별 계획된 참여인원은 노인공익활동지원사업 65만 4,000명, 노인역량활용사업 14만 1,000명, 노인역량활용 선도모델 1만 명, 공동체사업단 5만 8,000명, 취업지원(취업알선형) 9만 5,000명, 현장실습 훈련(시니어인턴십) 7만 명, 노인친화기업·기관(고령자친화기업) 2,000명이다. 이 사업에 투입된 재원(국비)은 2024년 기준 약 2조 2,000억 원으로, 해마다 계속 증가하고 있다.

5. 고령자 고용 관련 기관의 역할

고령화 사회에서 노인의 경제적 자립과 사회적 고립 방지는 중요한 과제이다. 이러한 도전 과제에 대응하기 위해 고용복지플러스센터, 중장년내일센터, 고령자인재은행, 한국노인인력개발원은 전국 단위에서 노인의 경제적 안정과 사회참여를 촉진하는 데 중추적 역할을 하고 있다. 이들 기관은 구직자와 기업을 연결하며, 생애 경력설계와 맞춤형 일자리 제공 등 다양한 서비스를 통해 노동시장 내에서의 새로운 가능성을 열어가고 있다. 각 기관의 특성을 간단히 살펴본다.

고용복지플러스센터는 취업 시장의 불균형 해소와 고용 안정성을 강화하기 위해 설립된 종합고용지원기관이다. 이 센터는 취업을 희망하는 모든 구직자와 구인기업을 대상으로, 취업알선, 직업정보 제공, 직업훈련, 구직급여 지원과 같은 다양한 서비스를 제공한다. 특히, 구인기업에게는 구인알선, 고용촉진, 고용안정 지원 등을 통해 노동시장의 공급과 수요를 안정화하도록 지원한다. 고용복지플러스센터는 2024년 기준으로 전국에 132개소가 운영되고 있으며, 지역에 상관없이 누구나 쉽게 접근할 수 있는 인프라를 갖추고 있다.

중장년내일센터는 생애과정의 전환점에서 다양한 위기를 겪을 수 있는 40대 이상 중장년층이 직면한 경력 위기를 해결하고, 생애설계를 재구성하는 것을 지원하기 위해 설립되었다. 센터는 중장년층이 직면한 다양한 위기 상황을 고려해 퇴직자, 재직자. 구직자 각각의 상황에 맞는 맞춤형 서비스를 제공한다. 또한 재취업과 창업, 심리적 지원 등을 통해 중장년층의 노동시장 재진입을 지원한다. 2023년 기준으로 전국에 31개소가 운영되고 있다.

한편, 고령자인재은행은 만 50세 이상의 고령 구직자를 대상으로 특화된 취업 알선과 취업 능력향상을 지원하는 기관이다. 이 연령대는 은퇴와 재취업 사이에서 경력 단절과 경제적 부담을 동시에 겪으면서 고용 시장에서 특히 취약한 연령대로 평가된다. 고령자인재은행은 이러한 어려움을 완화하기 위해 고령자 특성에 맞는 단기·시간제 일자리와 생활 밀착형 직종을 발굴해 제공하고 있다. 또한, 단기·시간제 일자리 제공에 그치지 않고, 고령자들이 지속 가능한 일자리를 확보할 수 있는 노력을 병행하고 있다. 취업능력 향상 프로그램을 통해 고령자의 직업 적응력 강화와 새로운 직종 전환을 지원한다. 2023년 기준으로 전국에 39개소가 운영되고 있으며, 고령자의 고용 안정성을 지원하는 기관으로 자리 잡고 있다.

한국노인인력개발원은 노인의 능력과 적성에 맞는 노인 일자리 및 사회활동 지원을 수행하기 위해 설치된 국가 차원의 기관이다.

〈표 17〉 고령자 고용정책 및 일자리 지원 기관

	고용복지플러스센터	중장년내일센터	고령자인재은행	한국노인인력개발원
소관 부처	고용노동부	고용노동부	고용노동부	보건복지부
목적	구직자와 구인기업을 연결하고 다양한 고용 서비스 지원	생애 경력 설계와 전직 지원을 중심으로 한 맞춤형 서비스 제공	고령자를 대상으로 취업 알선 및 취업 능력 향상을 지원	노인의 능력과 적성에 맞는 노인 일자리 및 사회활동 지원
서비스 대상	모든 취업 희망자	40세 이상 중장년	만 50세 이상 중장년 구직자	만 60세 이상 퇴직자
주요 기능	·구직자 대상 취업알선 및 직업정보 제공, 직업훈련, 구인구직 급여 지원 ·구인기업 지원 및 구인 알선, 고용촉진 및 고용안정 지원	·중장년 퇴직자, 재직자 및 구직자 대상 생애경력설계, 재취업 및 창업 등 전직 지원, 심리적 지원, 고용정보 제공 및 매칭 서비스 제공	·중장년 구직자 대상 취업 알선 ·취업 능력향상 프로그램 운영 ·고령자의 특성에 맞는 단기·시간제 일자리와 생활 밀착형 직종 중심 지원	·노인 일자리 및 사회활동 정책지원(사업기획 및 운영, 연구, 교육훈련 등) ·노인고용 촉진 및 사회참여 활성화
운영현황	132개소(24년)	31개소(23년)	39개소(23년)	광역단위 12개 지역조직(24년)

60대 이상의 고령자들은 퇴직 후 공적연금 수급까지의 소득 공백으로 인해 경제적 불안정을 겪게 되므로, 재취업을 통한 안정이 필요하다. 또한, 65세 이후에는 사회적 역할을 유지하고 건강한 노후를 위해 사회참여가 중요하다. 한국노인인력개발원은 이러한 경제적·사회적 과제를 해결하기 위해 60세 이상의 퇴직자를 대상으로 다양한 노인 일자리 사업과 사회활동 프로그램을 운영하며, 이를 통해 노인의 고용촉진과 사회참여 활성화를 도모한다. 2024년 현재, 광역단위 12개 지역조직을 통해 전국적으로 운영하고 있다.

〈표 17〉에서 살펴본 대로, 이들 4개 기관은 고령화 사회에서 노인의 경제적 안정과 사회참여를 촉진하기 위해 각기 다른 역할을 수행하고 있다. 이들은 구직자와 고용 기업 간 연결, 생애 경력설계, 맞춤형 일자리 제공 등 다양하고 특화된 서비스를 제공하면서 고령자들이 직면한 생애과정 상의 위기 대처와 삶의 질 개선에 기여한다. 하지만 이들 기관은 각 부처별로 독립적인 체계이므로, 서비스 지원 구조상 수요자 중심의 통합적 기능을 하기 어렵다는 한계가 있다. 실제로 부처별로 분산된 정보체계와 서비스의 유사 중복 문제로 인해 고령자 입장에서 적합한 일자리나 서비스를 충분히 인지하지 못하거나, 필요한 정보를 쉽게 얻지 못하는 문제점 등은 개선할 필요가 있다. 부처 간 협력과 통합적인 전달체계 구축을 통해 고령자에게 더욱 체계적이고 전문적인 서비스를 제공할 수 있는 방안이 모색돼야 한다.

EU의 활동적 노화 정책은 고령자의 노동시장 참여를 중심으로 추진되면서, 고령층이 더 오래 일하도록 강제하고 경제적 생산성에 초점을 맞추고 있다는 비판을 받았다(Walker, 2006).

이러한 정책 방향은 은퇴 연령을 늦추고 경제활동을 장려하는 데 중점을 두며, 노년층의 건강과 복지를 증진하는 통합적 접근이 부족한 문제점을 드러낸다. 대부분의 유럽 국가들은 일률적인 연금제도와 강제은퇴 연령에 기반한 정책을 펼쳤으나, 고령자들의 다양한 사회적 역할이 제한되었고 노동시장에서의 나이 차별 해소나 유연한 은퇴 제도, 평생교육과 건강 증진을 아우르는 포괄적 전략을 추진하는 데 한계를 보였다고 평가할 수 있다.

한국의 활동적 노화 정책 역시 지나치게 노동시장 참여에 초점을 두고 있다는 점에서 유사한 문제를 안고 있다(박영란, 2013). 유럽 국가들이 경제 중심의 생산적 모델에서 노후 생활의 다양한 영역을 포괄하는 정책 방향으로 전환한 것처럼, 한국도 유사한 전환의 필요성이 나타나고 있다. 특히 한국에서는 고령자의 경제활동 참여를 강조하며, 그 외 다양한 사회적 역할에 대한 선택권은 제한되는 경향을 보인다. 또한, 고용연장과 재취업 기회가 주로 비정규직과 저임금 일자리에 한정되어 있어 양질의 일자리가 부족한 상황이다. 결국 노동시장 내에 고령자에 대한 편견이 존재하는 현실에서, 많은 고령자들은 조기 퇴직으로 인해 비자발적 실업에 직면하기에, 한국의 활동적 노화 정책은 고령자들의 삶의 질 향상보다는 경제적 부담 완화에 집중된 모습을 보이고 있는 것이다.

고령화 사회에서 노인의 경제적 자립과 사회적 고립 방지는 중요한 사회적 과제이다. 따라서 고령자 고용정책은 소득활동의 의미에만 머무를 수는 없다. 실제로도 대다수 고령자들은 생애과정에서 안정적인 노동시장과 사회참여를 통해 건강한 노후를 유지하고 사회적 역할을 지속하기를 기대한다. 세계보건기구의 활동적 노화 정책은 고령자들에게 경제적 자립과 사회참여를 위한 수단을 통해 사회적 역할을 이어갈 수 있는 포괄적 지원을 강조한다. 하지만 한국의 고령자 고용정책은 높은 노인 빈곤율과 취약한 사회보장체계로 인해 소득 중심의 노동시장 참여에 초점이 맞춰져 있다. 그러다 보니 2016년부터 시행된 정년 의무화는 고령 근로자의 고용에 긍정적인 영향을 미쳤지만, 현실적으로 청년층의 고용 기회를 제한할 수 있다는 우려를 낳고 있다. 또한, 정년연장을 통해 공적연금의 취약성을 보완하고 안정적인 노후소득을 확보할 수 있는 환경 조성의 필요성도 제기되고 있다.

우리나라에서 고령자 고용정책은 생애과정을 고려한 다양한 지원제도를 통해 운영되고 있다. 실제로 중장년층이 경력을 체계적으로 관리하고 재설계할 수 있도록 돕는 한편, 원치 않는 퇴직 위기에 놓인 근로자에게는 재취업 지원서비스를 제공하고 있다. 또한, 계속고용장려금은 정년 이후에도 고령자의 고용을 유지하도록 사업주를 유도하는 핵심적인 역할을 하고 있다. 이와 함께 정부는 취업 취약 고령자에게 경제적 지원과 취업역량 강화를 목표로 국민취업지원제도를 운영하고 있다. 그리고 신중년 경력형 일자리사업과 노인일자리사업과 같은 직접 일자리 창출 프로그램을 통해 퇴직 인력이 공공 및 민간 분야에서 다양한 경험과 전문성을 발휘할 기회도 제공하고 있다.

그러나 고령자 고용정책 및 일자리 지원책은 몇 가지 한계를 안고 있다. 첫째, 부처별로 독립되어 운영하고 있는 전달체계로 인해 서비스 유사중복 문제가 발생하고 재정적 비효율을 초래한다. 둘째, 고령자를 위한 지속 가능한 양질의 일자리가 부족하고, 단기적 일자리 제공에 그치는 경우가 많다. 셋째, 지역 간 서비스 격차와 접근성 문제가 여전히 존재하며, 현실적으로 고령자가 적합한 정보를 얻기가 쉽지 않다.

이를 해결하기 위해 몇 가지 개선 방향을 제시해 본다. 첫째, 부처 간 협력을 강화하고 통합적인 전달체계를 구축하여 고령자에게 체계적이고 전문적인 서비스를 제공할 필요가 있다. 둘째, 고령자의 특성과 지역별 수요를 반영한 맞춤형 정책을 확대하고 지속 가능한 일자리 창출을 지원해야 한다. 셋째, 경제적 지원뿐만 아니라 고령자의 건강, 사회참여, 안전을 포함한 포괄적인 정책 접근이 필요하다. 결국 이런 정책들은 고령자가 단순히 노동시장에 참여하는 것을 넘어 건강한 노후를 유지하며 사회적 역할을 지속할 수 있도록 돕는 데 중점을 두어야 한다.

고령자 고용정책은 노인의 경제적 안정과 삶의 질 향상에 기여하며, 고령화 사회의 도전 과제를 해결하는 데 중요한 역할을 하고 있다. 그러나 효과적인 정책운영과 지속 가능한 발전을 위해서는 통합적이고 체계적인 접근이 필요하다. 이를 통해 고령자들이 노동시장과 사회에서 더욱 안정적이고 활발하게 활동할 수 있는 기반을 마련해야 한다.

PART 2

고령자
경제활동 사례

① 펜에서 펜치로 새로운 인생 도전

은퇴 후 학교 시설관리원으로 일하고 있는 강병구님.

예상하지 못한 은퇴

경기도 성남시 분당중학교에서 시설관리원으로 파견근무를 하는 세이프스쿨 소속의 강병구님을 만난 건 분당구에 위치한 사회적 협동조합 세이프스쿨* 사무실이었다. 누구에게든 은퇴 후 해보

---

* 세이프스쿨은 사회 취약계층의 일자리 창출을 위해 학교 시설관리업을 맡아서 수행하고자 창립된 사회적 협동조합이다. 창립 이후 100여 곳 이상의 경기도권 학교에서 시설관리 용역을 실시하면서 100여 명 이상의 사회 취약계층인 시니어들에게 안정적인 일자리를 제공하여 지역사회에 공헌하고 있다(사회적 협동조합 세이프스쿨 홈페이지 참조).

지 않았던 일을 시작하는 것은 큰 도전이 아닐 수 없다. 그것은 용기와 신념이 없다면 갈 수 없는 길이라고 생각한다. 강병구님은 차분한 어조와 친근한 목소리로 인터뷰에 응했다.

강병구님의 경력을 듣고 현재 시설관리 일과는 선뜻 연결되지 않았다. 그는 한국교원단체총연합회에서 32년간 직장생활을 했다. 우선 총연합회 산하기관인 한국교육신문사에서 기자를 시작으로 국장, 본부장을 거쳐 사장까지 역임하며 신문, 잡지, EBS 교재 등을 편집하고 발간하는 일을 했다. 그리고 이런 다양한 경력을 바탕으로 퇴직하기 전 4년간은 한국교총 사무국에서 본부장으로 교권보호 및 교원복지 강화를 위해 주로 국회 관련 활동을 맡았다.

"전 직장은 펜대 잡는 일이었어요. 한국교총인데, 신문사에 있다가 능력은 없지만 사장까지 했고, 나중에 사무국으로 가서, 로비단체다 보니 대국회 활동을 한 4~5년 정도 했습니다."

그는 2017년도에 한국교총이 재정위기를 맞으며 32년간 종사했던 직장에서 퇴직을 선택했다. 사실상 상황에 떠밀린 강제적인 명예퇴직이었다. "직원들 사이에 구조조정 얘기가 나오고 특위도 만들어지면서 제일 고참인 제 눈치를 많이 보더라고요. 20대에 입사해서 오랫동안 한결같이 지켰던 정든 직장을 떠나기로 마음먹고, 나 신경 쓰지 말고 당신들 살길 찾아보라고 했어요." 그리고 얼마 지 않아 명예퇴직 공고가 났다.

제2의 인생을 살아가기 위해 그는 환골탈태할 각오를 하지 않을 수 없었다. 은퇴 후 2~3년 동안 대인관계가 줄자 자신감이 떨어지고 불안감이 찾아오는 슬럼프를 겪었다. 경제적인 문제뿐만 아니라 사회와 동떨어져 사는 것에 대한 불안감이 밀려왔다. 친구나 주변 사람들도 너무 사회와 동떨어져 사는 것 아니냐는 반응이었다.

"펜대 하나 가지고 살던 과거는 좋은 기억만 남기고, 일단 새롭게 시작하기로 각오했습니다. 하지만 쉽진 않았어요. 친구들이 '요즘 뭐 하냐'고 물으면 '그냥 준비하고 있어'라며 얼버무렸는데 2~3년 그렇게 하니까 약발도 떨어지고 친구관계도 자신감을 잃더라고요."

펜을 놓고 펜치를 잡다

인터뷰를 하면서 그는 여러 차례 과거에 하던 자신의 일을 '펜대 만지는' 일이었다고 표현하며, 현재 일을 차별화해서 설명했다. 세이프스쿨을 처음 접하게 된 계기는 전 직장 동료인 교육팀장을 통해서였다. 분당중학교 시설관리 일을 2개월 동안 임시로 해보라는 팀장의 권유를 고민 끝에 받아들였다. 하지만 학교 시설관리 일에 전혀 지식이 없던 그였기에, 새로운 일에 대한 두려움이 클 수밖에 없었다. 특히 세이프스쿨에서 일하는 동료들이 쌓아 놓은 이미지를 훼손하고 누를 끼칠까봐 걱정이 많았다. 그러나 그는 절망보다 기대감과 호기심이 더 많은 사람이다. 새로운 일이 생소했지만, 인생의 변화가 나쁘지 않다고 생각하며 오히려 좋은 계기로 삼았다.

"제가 내성적이진 않아요. 지금까지 펜대로 먹고 살았지만, 앞으로 펜치 한 번 들고 살아보자는 생각도 있고, 뭐 제 인생의 변화를 위해서도 좋은 계기가 되지 않겠나 생각했죠. 어차피 할 거면 모든 걸 걸고 리셋해야 한다고 생각했어요."

행정안전부는 2013년 국가공무원법을 개정해 공무원 직종을 6개에서 4개로 통합했다. 기능직 공무원들이 일반직에 포함되면서 학교 시설을 관리하는 기능직 공무원이 줄어들자, 지역교육청은 지역교육청 소속의 시설관리 주무관이 1명당 몇 개의 학교를 맡는 식으로 학교 시설물을 관리하고 있다. 대신 교육청은 과거 '소사'라 불리던 상주 인력의 노무 업무를 대체할 용역 인력을 사용할 수 있도록 예산을 지원하고 있다. 강병구님은 교육청 소속의 정규 공무원은 아니지만 학교에서 부르는 공식적인 직함은 시설관리 주무관이다.

강병구님은 학교에 주 5일 하루 7시간씩 일하며 바쁜 일과를 보내고 있다. 근무시간은 8시 30분부터 4시 30분까지인데, 학생들이 등교하기 전 청소를 해야 해서 8시에 일과가 시작된다. 오전 9시에 수업이 시작되면 메신저를 열어 전날 교사들이 보낸 요청 메시지를 확인한다. 책걸상이나 창문 같은 사소한 문제는 혼자 가서 수리하지만, 사안에 따라 혼자 해결하기 어려운 문제들은 교육청 소속 시설관리 주무관들에게 문의한다. 주무관들은 1명당 6~7개 학교를 관리하는데, 학교별로 문제를 파악하고 해결 방법을 찾아주는 역할을 한다. 만약 예산이 부족해 학교에서 개별적으로 해결할 수 없는 문제는 교육청 주무관이 직접 학교로 출장을 나오기도 한다. 화장실 수리, 인터넷과 같이 외부업체에게 맡겨야 할 문제들이 생기면, 전문 기술자를 불러 해결하는 일도 그의 몫이다.

"만약 제가 고칠 수 있는 문제는 직접 해결하고, 안 되면 업체를 불러야 해서 며칠이 걸린다고 메신저로 답을 해줍니다. 시설관리

주무관은 몇 개 학교의 시설 전체를 관리하다 보니 신경 쓸 것이 많아요. 학기 초, 특히 개학하는 3월이면 진짜 힘들어요. 2월에 석면 공사가 있었는데 철거 작업이라 2개월 동안 이어졌어요. 공사는 끝났지만 손볼 것이 너무 많아서 업체를 부르기로 하고 제가 직접 수리도 하면서 정신없이 지냈어요."

새로운 일에서 찾은 보람

직접 수리도 한다는 말에 관련 자격증이나 교육을 받았는지, 아니면 손재주가 좋은지 궁금했다. 평생 사무직을 하다가 시설수리 일이 어떻게 가능한지 물었다. 그의 대답에서 새로운 기술을 익히는 데 망설임 없는 적극적 태도를 엿볼 수 있었다. "사실 집에서도 안 해 봤는데, 이 일을 하면서 남들이 하는 것에 관심이 생기고, 유튜브나 인터넷을 보면서 전문가들이 하는 대로 따라해 봅니다. 출입문에 디지털 도어락을 설치하는데, 업자한테 물어보니까 15만 원이 든다고 하더라고요. 제가 직접 뜯고 구멍 뚫어서 사진을 찍어 대조해 가며 진행 상태를 확인하면서 설치해보니 잘 되더군요. 이제 책상이나 부서진 것들은 정교하진 못해도 그럭저럭 고칩니다."

일에 대한 만족도는 전반적으로 높아 보였다. 무엇보다 왕성한 활동량을 요구하는 현재의 일에 만족해하고 있었다. 그는 행정실에 앉아서 인터넷 검색을 하며 일과시간을 보내기보다 현장에 나가 일하는 것이 더 좋다고 했다. "사실 이제는 사무직을 하라고 하면 지루할 것 같아요. 아침 청소만 해도 5~6천 보는 걷다 보니, 하루에 최소 1만 5천 보 정도는 걷게 됩니다."

강병구님은 자신이 맡은 일에 대해 책임감도 강한 사람이었다. 4시 30분이 퇴근시간인데, 업체들이 4시를 넘겨 올 때가 많아 자신이 책임져야 한다는 생각에 퇴근시간이 넘더라도 꼭 마무리 짓고 귀가한다. 또한 "지금 저는 급여 이상의 일을 하고 있다고 봐요"라는 그의 말에서 일에 대한 자부심도 느껴졌다. 그는 외부업체를 부르지 않고 그가 직접 해결하면 그만큼 열악한 학교 재정에 도움이 된다고 생각한다. 외부업체는 재료비에 기술비, 출장비까지 추가로 들기 때문이다. 그의 셈법은 당연할 수 있지만, 그러한 생각마저 학교를 위한 마음이 배어 있어 책임감이 느껴졌다.

그는 학교에서 일하며 만나는 사람들과의 인간관계는 원만하다고 했다. 그가 주로 학교에서 만나는 사람은 학생, 교사, 행정직원인데, 이들에게 가능하면 친절하게 대하려고 노력한다. "저는 항상 1차 고객은 학생, 2차 고객은 선생님, 3차 고객은 교장 선생님이나 행정실 직원이라고 생각합니다. 학교에서 가장 중요한 건 학생들 교육이니까요." 그는 고객들에게 의도적으로 친하게 지내려 하진 않지만 친절하게 대하려 노력하고, 특히 자신의 도움이 필요한 사람들의 요구를 가능하면 빨리 처리해 주려고 노력한다. 교사들의 요청은 대부분 급히 처리할 게 많지 않고, 정전 등 전기 문제 외에는 큰 도움이 필요치 않아 사람들과의 관계도 큰 어려움을 느끼진 않는다.

한 가지 아쉬움이 있다면, 퇴직하면서 새로운 직업에 필요한 기술을 체계적으로 배울 기회가 없었다는 점이다. 세이프스쿨에서는 안전교육 외에 실무에 필요한 교육훈련이 이뤄지지 않았다. 그가 가지고 있는 소방관리원 자격증은 쓸모가 적었다. 최소한 기능이라도 습득할 수 있는 체계화된 교육 프로그램을 정책적으로 지원해 주길 기대했다. 특히 직장인들은 직장생활을 하면서 교육훈련을 받기가 어렵다고 아쉬워했다. 강병구님은 갑작스러운 명예퇴직으로 은퇴를 준비할 시간이 부족했다. 정년이 보장됐다면 그 시점에 맞춰 은퇴를 계획할 수 있었겠지만 상황이 그렇지 못했다며, 국가 차원에서 재취업 교육훈련과 자격증 취득 지원을 확대해 주면 큰 도움이 될 것이라고 말했다.

그는 자신과 같은 베이비붐 세대가 퇴직 후 재취업할 다양한 일자리를 개발한다면 생산직에도 얼마든지 투입될 수 있다고 했다. "우리가 진짜 베이비붐 세대인데, 정년퇴직하는 경우는 많지 않을 거예요. 평균 수명은 높아지는데 명예퇴직, 조기퇴직으로 연금이나 건강보험료 문제가 생기지 않을 수 없습니다. 노인을 유휴인력 정도로 생각하지 말고, 이들이 경력과 경험을 되살려 사회에 기여하고 경제생활에 끊김이 없도록 국가 차원에서 일자리 정책을 개발해야 합니다."

강병구님은 준비되지 않은 퇴직을 맞으며 힘든 시기를 보내다가 새로운 출구를 찾았다. 32년간 헌신했던 직장에서 구조조정 되어 명예퇴직을 했지만, 그런 상황을 원망하지 않았다. 오히려 눈물을 흘리며 직장생활을 더 열심히 못한 걸 반성했다는 그에게 경의를 표하고 싶었다. 펜을 내려놓고 펜치를 잡은 드라마틱한 삶에서 새로운 도전을 주저하지 않는 그의 강인함이 엿보였다.

대기업에서 영세기업으로 재취업하다

면담 중에 활짝 웃는 이성천님.

고령자들의 노동시장 재진입 가능할까?

우리나라 중장년들은 일정한 연령이 되면 정년퇴직 시점이 아니어도 퇴사하는 경우가 적지 않다. 게다가 기업들은 경제상황이 어려울 때는 경영 차원에서 경력자들을 대상으로 더 적극적인 구조조정을 하기도 한다. 하지만 고령인력 조기퇴직의 불합리함을 얘기하는 전문가들은 노동시장에서 세대 간 공생이 가능한 방안을 찾아야 한다고 주장한다. 특히 연령집단의 인구수가 상대적으로 많은 베이비붐 세대의 경우, 산업화과정에서 헌신적으로 일했던 경험을 살려 노동시장에 재진입해야 한다는 의견도 적지 않다. 하지만 그런 주장들이 실현되기도 전에 베이비붐 1세대(1955~1963년)는 어느새 70세를 바라보고 있다.

이런 논쟁의 핵심은 결국 노동시장의 총인력풀에서 고령자들의 지속고용이나 재고용은 젊은 세대의 취업기회를 제한하고 그에 따른 세대 간 갈등을 유발할 수 있다는 것이다. 하지만 실제 노동현장에서 젊은 인력이 기피하거나 관련 경력이 없는 직종이라면 고령인력의 노동시장 재진입은 총량의 법칙과 무관하다. 예를 들면 중소도시의 영세기업들은 기업 자체의 경쟁력과는 무관하게 젊은 노동력이 기피하는 경향이 있다. 그 이유는 대도시 대비 문화적 격차, 교육격차, 의료 인프라 부족, 상대적으로 낮은 기회와 급여 등이다. 이런 실정에서 정부는 젊은 인력들을 유인하기 위해 인센티브를 제공하거나, 그것조차 안 되면 신중년 인력을 고용하는 기업주에게 인센티브를 제공하는 등의 정책을 통해 영세기업들의 인력난 해소와 지역산업의 경쟁력 확보를 위해 노력하고 있다.

이런 조건에 해당하는 신중년 인력을 인터뷰 대상으로 발굴하기 위해, 경상남도 김해시 소재 경총지부에 문의하여 사례를 추천받았다. 그는 경상남도 창원시에 있는 대기업인 LG전자 생산직에서 평생을 일했고, 명퇴 후 지금은 직원 10명 남짓한 김해시 지내공단의 작은 회사 삼원정공에서 일하는 이성천님이다.

젊은 인력 구인난은 영세기업의 현실

이성천님과의 면담시간을 잡기 위해 삼원정공 부장님과 여러 차례 통화한 후, 약속한 날 회사를 방문했다. 사장님도 가능하면 만나고 싶다고 사전에 요청했더니, 감사하게도 시간을 내줬다. 이운우 사장님은 영세기업의 현실에 대해 하고 싶은 말이 많은 듯했다. 다른 약속이 있다기에 이성천님 면담 전에 먼저 마주 앉았다. 그는 영세기업 전반에 대해, 그리고 인력채용의 애로에 대해 많은 얘기를 했다.

기계부품을 생산하는 삼원정공 이운우 사장님은 1975년부터 동일 업종에서 일했다. 그리고 55세이던 2014년, 동일 업계에서 공동 사업자로 회사를 설립했다. 이 회사의 생산 아이템은 전력 주변기기로, 설립 당시에는 직원이 2명이었다. 현재는 직원 수가 15명인데, 그중 외국인은 25세 베트남인 한 명이다. 나머지 직원들은 60년대생이 7명, 70년대생 2명, 80년대생 3명, 90년대생이 2명이다. 연령별로 보면 신중년이 9명인데, 그중 일부는 경총이 시행하는 「김해시 신중년 채용 정책사업」을 통해 연결되었다.

사장님은 당연히 생산직으로 젊은 인력을 선호하지만, 구인광고를 해도 청년들이 잘 오지 않는다고 했다. 이처럼 회사가 영세하기에, 김해시의 신중년 관련 정책이 시행되기 전에 이미 신중년을 채용했다. 면접을 보고 여러 사람 중 2명을 채용했는데, 역량보다는 긍정적인 태도 때문에 채용했단다. 그전에도 61년생 2명을 채용했던 적이 있는데, 시력과 손떨림 때문에 일을 해내지 못하고 회사를 떠났단다. 하지만 "앞으로 우리 회사는 신중년과 외국인 노동자 비율이 증가할 수밖에 없어요"라고 살짝 흥분해서 말을 이어갔다.

사장님은 그나마 청년들이 영세기업에 입사하는 이유를 이렇게 설명했다. "청년들은 대부분 「청년 내일채움 공제사업」과 연계해 취업하는데, 이 사업과 연계되면 청년들은 3년 적금에 가입하고 정부지원금과 합해 소득을 적립하게 됩니다. 이 기간 동안 기술도 습득하게 되니 주로 사회 초년생들이 이 사업과 연계하여 우리처럼 영세한 기업에 취업하는 경우가 많지요. 현재 첫 직장으로 우리 회사에 취업한 청년들은 모두 3명입니다(외국인 1명, 한국인 2명)."

"하지만 현실적으로 우리 같은 소기업들은 다품종 소량생산 위주로 공장을 가동해 대기업에 납품하는 구조로 운영하고 있지요. 그래서 청년들은 첫 직장으로 정부지원을 받고 들어왔다가, 2년이 지나면 경쟁력 있는 다른 직장으로 옮겨가는 경우가 많아요"라고 한숨을 지었다. 이어서 청년들이 옮겨가는 이유는 영세기업은 대기업보다 급여가 낮기 때문에 붙들어둘 수가 없다며 소기업의 구조적 한계와 낮은 급여에 대해 설명하였다.

「청년 내일채움 공제사업」은 정부가 작은 도시의 고용인력난을 해결하여 대기업의 배후도시로서 부품생산을 할 수 있도록 지원하는 사업이다. 예를 들면 김해/양산/창원은 그런 배후도시인데, 현실적으로 인력난에 직면해 있다. 고용노동부는 이런 지역에 경총 지역본부가 시행하는 프로젝트성 사업을 만들어, 청년과 신중년 노동력을 흡수하여 지역경제를 살리고 대기업 자재공급의 배후

이운우 사장, 전점순 부장, 이성천님과 필자.

도시로 키워나가는 정책을 시행하고 있다. 그러나 청년들은 결국 국적을 가리지 않고 이 사업 기한이 끝나면 회사를 떠나려 한다.

"젊은 인력을 채용해 2년간 잘 교육해 놓고도 더 길게 고용하자니 급여를 대기업만큼 줄 수 없어 떠나는 걸 붙잡을 수가 없어요. 청년고용을 지속가능하게 작동하려면 2년이라는 조건 외에 작은 기업에 오래 근무할 수 있는 더 효과적인 정책을 제시해야 합니다. 아니면 재교육이나 다른 교육기회를 제시하든지…"라며 어려움을 토로했다.

"그래서 우리 회사는 스마트공장 설립을 위한 지원을 받아 시스템을 구축하고 있습니다. 이런 (첨단) 정책이 청년들을 유인하는 동기가 될 수 있으니까 노력을 해야죠"라고 희망적인 말도 덧붙였다.

신중년 이상 노동력 채용의 현실

"신중년들은 교육 없이 바로 투입할 수도 있습니다. 하지만 우리 회사에 필요한 기술인 CNC 선반을 제작하려면 기술교육이 필요해요. 그래서 회사에서 자체적으로 교육을 하고 있습니다"라며 회사에 대한 자긍심을 보였다. 그렇지만 젊은 사람들은 비전이 없는 중소기업에서 오래 일하지 않으려 해, 앞으로 사업을 물려줄 후진양성이 어렵다며 안타까워했다.

"외국인 중에는 불법체류자도 있어 단속 때문에 데리고 있지도 못해요. 이 사람들이 불법적이거나 나쁜 쪽으로 가지 않는다면 오히려 쉽게 채용할 수 있는 노동력인데도요. 또 외국인 청년이 F7 비자를 갖고 있으면 최저시급보다 더 높은 급여를 줘야 합니다. 이런 경우는 내국인 청년들이 역차별을 받는 거지요."

이런 현실적인 문제 때문에 경영주들은 회사를 운영하기가 어렵다. 현재 청년인력 대신 신중년을 채용하면 경총에서 기업에 지원금을 준다며, 설명을 이어갔다.* 그는 이제는 60, 70대(장노년)라도 노동 가능하면 채용할 수 있도록 지원해야 한다고 덧붙였다.

---

* 「김해인생이모작지원센터」는 고용노동부 지원사업을 경총이 위탁받아, 위기산업에 대한 대응전략을 마련하고자 한 사업이었다. 2020년도에 5개년 프로젝트를 시행해 경상남도가 사업을 받아 주관했다. 경상남도에서는 김해시와 사천시가 지원을 받았고, 3개 산업(자동차, 항공, 기계산업) 분야에서 '대기업 흔들림과 중소도시 기업이 무너지는 것'을 막자는 목적에서 「고용안정선제대응지원센터」를 설치하여, 2020년부터 2024년까지 운영하는 사업이었다. 청년의 경우, 지원금은 취업하는 청년에게 주어지는데, 이 프로젝트성 사업에서는 중장년을 고용하는 기업을 지원했다. 예산은 고용노동부 80%, 나머지 20% 중 경상남도 10%, 해당 지자체 10%로 마련하였다(김해 고용연장선제대응지원센터 송정미 선임연구위원과 면담한 내용 중 일부).

장노년의 생산력이 떨어지면 그 만큼 임금을 낮춰 고용할 수 있다는 것이다.

외국인들도 훈련시켜 놓으면, 결국 시급을 비교해보고 나간다. 그래서 현재 고용한 외국청년들에게는 열심히 하면 임금을 올려주기로 했다. 검증되지 않은 외국인을 채용해 일을 가르치느니, 있던 직원을 계속 고용하고 싶다는 것이다. "우리 회사의 좋은 사례를 말씀드리면, 현재 10년 근무한 외국인에게 주5일 근무제로 하고 내국인 급여를 줍니다."

오늘 면담하는 이성천님은 업무 외에도 스스로 기계 주변 청소도 할 만큼 매우 협조적이란다. 사장님은 회사에 정년이 없으니, 시력과 활동력이 있으면 계속 일할 수 있다고 강조했다. 그리고 임금과 근무조건을 조절해서 지속적으로 일하면 좋겠다는 말도 덧붙였다.

사장님은 인력난에 대해 거의 성토하듯 얘기하며, 약속한 30분을 훌쩍 넘기고야 면담을 마칠 수 있었다.

마지막으로 사장님에게 '노년기의 일'에 대해 어떻게 생각하는지 묻자, "건강이 최고입니다. 그래야 내 의지대로 살 수 있지요. 체력이 안 되면 일할 수 없습니다"라고 강조했다. 쉽고 단순한 말 같지만, 원한다고 누구나 다 이룰 수는 없는 이치다.

대기업에서 영세업체로

이성천님은 2022년, 57세 때 삼원정공에 입사했다. 그는 32년간 LG전자 창원 2공장 모터사업부 OP 생산라인에서 평생직장으로 일하다가(로봇 투입하여 일했음), 2021년 만56세에 명예퇴직을 했다. 명퇴하면 퇴직금을 더 주는 제도가 있어 조기 퇴사했다고 깔끔하게 언급하였다. 많은 고령자들과 인터뷰를 했지만, 이성천님처럼 젊고 에너지가 넘치는 사람과 마주 앉은 건 흔하지 않다.

"저는 퇴사 후 1년간은 경제활동을 하지 않은 대신 부동산중개인 자격증을 취득했고, 부동산회사에 가서 3개월간 실무도 익혔어요"라며 거침없이 말했다. 퇴직 전에 이미 제2의 인생을 계획했던 것이다. 실제 고령자들 중에는 부동산중개업의 문턱이 낮다고 생각하는 사람이 많고, 그중에는 퇴직 후 첫 번째 자격증으로 부동산중개인 자격증을 취득한 경우도 제법 있다. "그런데 코로나19가 전국을 뒤덮었던 시기라 부동산 경기가 없어서 그만두고, 요양보호사 자격을 땄습니다. 실제로 어머니가 몸이 좋지 않으셔서 돌봐드리기 위해 시작한 거지만요."

요양보호사와는 그다지 어울리지 않는 모습의 이성천님은 조기퇴직 후 이것저것 기웃거려 본 것 같다. 평생을 대기업 생산라인에서 일했으니 타업종에 대해 알기도 쉽지 않을 뿐더러, 실현 가능한 노후계획을 세우기 위한 정보도 부족했을 거라 생각한다. 그러니 가장 만만한 것이 부동산중개인과 요양보호사 자격증이었다.

퇴직 전 노후준비계획

이성천님은 퇴직 이후를 준비하면서 재직 중에 1차 통선반 컴퓨터 응용(CNC) 시험을 통과했고, 퇴직 후 쉬는 동안 2차도 합격했다. 생산직의 퇴직연령이 낮기 때문에 미리 준비한 것이다. "저는 기술을 가진 덕분에 현재 직장에서 주로 CNC 선반 보조역할을 해요. 다른 퇴직 예정자들도 미리 계획을 세워서 퇴직 후 바로 일자리로 연결될 수 있도록 준비해야 해요." 명예퇴직을 결정하는 과정에서 가족들도 여러 가지 조건을 비교해본 후 퇴사를 권유했다.

조심스럽게 수령한 퇴직금이 얼마인지 알려줄 수 있냐고 물었다. 그는 전혀 망설임 없이 "퇴직할 때 퇴직일시금으로 (통상임금 기준으로) 5억 원을 받았어요. 거기에 명퇴 인센티브로 3억5천만 원을 더 받았어요. 그런데 제가 중간정산을 했기 때문에 1억5천만 원을 공제했고요"라고 말했다. 큰 금액이었지만 30년 넘게 일한 직장에서 받은 퇴직금이니 당연히 그 정도는 되어야 할 거라 짐작했다.

그는 거듭되는 질문에 전혀 불편해하지 않고 말을 이어갔다. "퇴직금은 모두 은행 정기예금에 맡겨두었어요. 이자도 찾지 않고 그대로 적립해 둡니다. 필요한 돈은 지금 일해서 받는 월급으로 쓰지요." 그리고 부인이 일을 하기에, 자신이 퇴직하고 쉬었을 때도 부인의 피부양가족으로 건강보험에 적용되어 별 문제가 없었다고 덧붙였다. 이성천님의 얘기를 들으며, 퇴직 전에 적극적인 계획을 세운 것과 현재 하고 있는 일에 대한 열정 등이 인상적이어서 궁금함이 더해졌다. 게다가 퇴직 후 부동산이나 요양보호사 자격증까지 취득한 걸 보면, 이중 삼중으로 퇴직 후의 경제활동을 계획한 것 같았다. 그에게 특별히 지금 직장인 '삼원정공'을 택한 이유가 있었는지 물었다. "명퇴 후 다시 일할 계획은 이미 세워 두었죠. 회사를 찾다 보니, 마침 '삼원정공'이 걸어다닐 정도로 가까웠어요. 워크넷으로 검색하다 찾았지요"라며 자신만만하게 말했다.

퇴직 후 재취업, 또 다른 세계

그에게 새로 일을 하면서 보람된 점이 무엇인지 물었다. 예상과 달리, "새로운 분야를 익히면서 일한다는 겁니다. CNC 기계에 능숙하지 못해 집중하려고 지금도 주중에는 금주하고 있습니다." 다시 한 번 일에 대한 철저함과 열정을 느낄 수 있었다.

이 회사에서 일 해 본 소감을 묻자, "여기 직원들은 대기업과 달리 평생직장 개념이 없더군요. 언제든지 떠날 수 있다는 불안감을 안고 있어요"라고 아쉬워 했다. "직원은 서로 가족처럼 생각해야 합니다. 현재 제 나이가 제일 많습니다. 그래서 직원들과 술자리도 청해볼 생각이에요. LG 있을 때 직원들과 술자리를 했던 것처럼요. 저는 친화력이 있어서 누구와도 잘 어울리거든요. LG에서는 월 4회 회식을 했는데, 여기서는 회식이 없네요"라며 영세기업의 분위기에서 느낀 점을 솔직하게 말했다.

현재 그에게는 자신이 배우지 못했던 기술을 익히는 것이 필요하지만, 육체적인 에너지도 중요하다. 그래서 앞으로 얼마나 더 일할 수 있을지 물었더니 아프지만 않으면 오래 일하고 싶다고 한다. "회사에서 다니라고 할 때까지 일할 생각이에요. 이 회사는 정년이 없어서 오래 일할 수 있을 것 같아요. 앞으로 자격증도 더 딸 계획입니다. 저는 나이가 들어도 더 일할 수 있어요. 그러나 대기업의 기업주는 연령차별을 하지요"라며 대기업의 퇴직연령에 대해 아쉬움을 드러냈다. 그는 정년퇴직을 앞두고 명퇴를 했기에 생체나이와 제도적 나이와의 현실적인 차이를 얘기하고 싶은 듯했다.

면담 중에도 보니, 운동으로 다져진 그의 어깨와 팔뚝 근육은 젊은이와 다를 바 없어 보였다. 운동도 일만큼 열심히 할 거라 짐작해 본다.

이 회사에서 처음 일을 배울 때 혹시 그만두고 싶은 생각이 있었는지 묻자, 단호하게 아니란다. "MCT 기계를 포함해 공장 내의 일을 다 알고 싶다"라고 의욕적으로 말했다. 한 달 근무시간은 주

기계를 만지고 있는 이성천님.

48~52시간이라 과거 직장의 근무시간보다 줄었단다. 덕분에 그는 퇴직 후 걷기 등 운동을 많이 하게 됐다. 이 부분에서 사장님이 많이 챙겨준다고 좋아했다.

퇴직자들을 면담하거나 설문조사를 해보면, 과거 직장 동료들과 교류나 모임을 빈번하게 하는 경우가 그리 많지 않다. 그런데 이성천님에게는 전직장 LG기업 출신 9명의 모임이 있다고 했다. 그중 3명은 계속 일을 하고 있고, 6명은 텃밭을 일구고 있다. 아무튼 9명 모두 활동을 한다는 공통점이 있다. 이 모임에서는 나중에 여행 가기 위해 돈을 모으고 있단다. 또 그는 국민연금이 나올 때까지는 저축할 생각이다. 노후계획을 잘 실천하고 있는 듯했다.

중소도시 영세기업의 한계

청년인력이 부족한 김해지역에서 신중년이 이렇게 일하는 것은 어떤 의미를 가질까? 우리나라의 여러 작은 도시에서는 이미 인력부족과 이를 대신할 외국인 노동력 유치가 공통적인 현상으로 나타나고 있다. 정부는 이런 상황에 대응하기 위해 청년인력을 유치하기 위한 대책을 마련하였다. 경영자총연합회에서 실시하는「청년도약프로젝트」가 그중 하나다. 청년들이 이 지역에서 3년을 근무하면 그 기간 동안 정부가 인센티브를 제공한다. 그러나 현실을 보면 그 기간을 채운 청년들은 대부분 회사를 떠난다.

김해지역은 자동차산업이 주된 산업인 창원의 배후도시로서, 7개 공단이 있고 '삼원정공'처럼 자동차부품을 생산하는 작은 회사들이 많다. 그러나 이런 소규모 회사와 작은 도시들은 청년들을 장기간 고용할 만큼 비전을 제시하지 못하는가 보다. 그래서 이 자리를 메우는 인력 중 대다수는 외국인 청년노동자들이다. 김해시 통계를 보면, 2024년 기준으로 24개국에서 온 외국인노동자 수가 8,866명이나 된다.

게다가 청년노동자들의 빈 자리를 메우는 인력으로 신중년들*의 비중도 점차 높아지고 있다. 신중년들은 우리나라 1, 2차 베이비부머에 해당하는 인구집단이기에, 그 연령대의 인구비중이 높다. 이들은 더 고령인 인구집단에 비해 학력이 높고 산업현장에서

---

*   고용노동부 기준 50~65세 미만

일한 경험이 있는 인구도 많으며, 건강도 좋은 편이다. 김해지역 통계를 보면 최근 몇 년간 신중년 인구가 노동현장에서 차지하는 비중이 점차 높아지고 있다. 인구 50만 명을 갓 넘긴 김해시의 경우 2024년 기준 7,982개 기업 중 90% 이상이 영세기업이다. 그래서 이직이 잦은 청년보다 양질의 노동력인 신중년을 채용하는 비중이 높아지는 것이다. 이런 추이를 권장하는 차원에서, 고용노동부는 경영자협회를 통해 신중년을 채용하는 기업에게 인센티브를 제공하고 있다. 청년들에게는 당사자들에게 인센티브를 제공하는 것과 달리, 기업주에게 인센티브를 제공하여 신중년 또는 중장년 노동력을 채용하도록 권장하는 것이다.

물론 모든 신중년들이 재취업을 원하는 것은 아니다. 그러나 재취업을 원하는 이들을 위한 교육과 훈련 등이 더 활성화되면 이성천님 같은 신중년들이 재취업을 통해 노동력이 부족한 영세기업들과 윈윈할 수 있는 기회가 많아지리라 기대해본다. 이성천님의 사례는 많은 신중년들에게 희망을 줄 수 있을 것이다. 특히 대기업의 생산직에 있는 많은 인력들에게는 퇴직 후에도 지속적인 취업의 기회가 될 것이다.

'삼원정공'은 자동차 부품을 만드는 회사다. 물론 주변에 있는 여러 영세기업들의 공통된 문제겠지만, 이런 기업들은 여러 부품을 '다품종 소량생산'하여 대기업에 납품하고 있다. 따라서 생산라인이 10개 이내라서 자동화하기가 어렵단다. 따로 인터뷰에 응해준 사장님과 부장님은 인터뷰 시간 내내 영세업체의 어려움을 토로했다. 현재도 소도시의 산단에는 정부가 제시한 인센티브 기간이 끝나면 언제 떠날지 모를 한국 청년들과 3년 계약으로 취업한 외국인 청년들과 함께, 재취업한 신중년들이 생산라인을 힘겹게 지키면서 우리나라 산업 역군의 한몫을 하고 있다.

인생2모작의 일상

길어진 면담시간에도 이성천님은 지친 기색 없이 많은 애기를 했다. 분위기를 바꿀 겸 개인적인 질문을 이어갔다. 우선 건강을 어떻게 챙기는지 묻자, 주3회 이상 탁구클럽에 나가고, 주말에는 부인과 등산을 한단다. 가끔 여행도 가는데, 최근에는 친구들과 부부동반 여행도 다녀왔다. 건강하고 적극적인 성향 덕에 산악회에 가입하여 등산을 즐기고, LG 퇴직자들과 정기모임도 한다. 형제 계, 친구 계, 동창 계 등 친목모임도 여럿 있고, 그 덕에 술도 자주 마신다며 웃었다. 동갑내기 이웃들과는 매월 5만 원을 내고 맛집을 찾아다닌다. 그의 시간과 활동들은 생산적 노화를 기반으로 활기찬 노화를 그대로 보여주는 교과서같다는 생각이 들었다. 그에게는 외로움을 느끼거나 아플 시간조차 없지 않을까 짐작해 본다.

이성천님은 이번 저서의 면담대상자 대부분이 그러하듯이, 부인과 단독가구를 이루고 있으며, 자녀는 아들, 딸 각각 1명인데 모두 독립했단다. 그는 가사도 일부 돕고 있어서, 청소나 쓰레기 처리는 본인 몫이란다. 하지만 요리는 아내가 하며, 자신은 전부터 하지 않았단다. 노후 생활보장의 핵심인 연금에 대해 물어보자, 그는 공적연금인 국민연금에 가입해 있고, 개인연금도 있다고 했다. 그러나 연금은 40대 중반에 한번 정산을 했기 때문에 나중에 받을 연금액은 얼마 되지 않을 거라고 하였다. 그래도 앞으로 경제활동을 꾸준히 하면 나중에 받을 연금액은 다소 높아질 것이다.

답을 예상하기는 했지만 준비해간 질문대로 이성천님이 퇴직 후 다시 일하는 것에 대해 가족이나 친구들이 어떻게 생각하는지 물어보니, "모두 잘했다고 해요"라며 만족스런 표정을 지었다. 집필 대상을 섭외하는 과정에서 퇴직 후 재취업한 분들을 직접 또는 전화통화로 만났지만, 이성천님만큼 적극적으로 인생2모작을 하는 분은 만나지 못했다. 그러면서 그는 또 새로운 목표를 정해 기술 자격증 취득을 위한 공부도 하고, 주말이면 가족이나 형제, 과거 직장 동료, 또는 이웃들과 어울리면서 인적 교류도 매우 활발하게 하고 있다. 특히 퇴직 후에 과거 직장동료나 후배들과 지속적으로 교류하는 것은 그가 같은 생산라인에서 밀접하게 일했고, 또 성격이 매우 사교적이기에 가능하지 않을까 짐작해 본다.

그의 일상생활에 대해 물었다. "주중에는 저녁 7시 30분에 귀가해 저녁에 운동을 하거나, 술을 마시거나, 자격증 공부를 해요. 공부하는 날은 새벽 1~2시까지 합니다. 그리고 요즘은 곧 있을 자격증 시험을 위해 3주간 금주하며 공부하고 있습니다." 그 정도로는 만족스럽지 않았는지, "자격증을 따고 나면 역사와 영어도 공부할 생각입니다"라고 말했다. 부지런하고 자기주도적인 이성천님의 노력과 실천은 끝이 없을 것 같다. 이처럼 그는 매우 활동적이고 부지런하며 목표지향적이니, 평생직장에서 퇴직하고도 아주 적극적으로 활동하고 있다. 이런 목표를 실천하기 위한 자기관리는 건강한 노년기를 더 오래 유지하는 촉진제가 될 것이라 생각해 본다.

고령자의 재취업에 대한 생각

마지막으로 고령자들이 노년기에 일하는 것에 대해 물었다. "제가 다니던 회사의 생산직 정년은 61세, 희망퇴직은 59세로 정해져 있어요. 그런데 95% 정도가 희망퇴직을 합니다. 조기퇴직 하는 이유는 퇴직금 외에도 인센티브가 있어 딱히 정년까지 일하는 이점이 없지요." 바꿔 말하면 기업들은 퇴직예정자들에게 인센티브를 지급하고, 그 자리에 젊은 인력을 채용하는 것이 더 유리하다고 생각하는 것이다. "그렇지만 노년에도 가능하다면 어떤 일이든 계속하는 것이 좋지요." 즉, 하던 일이 아닌 새로운 일이라도 능력껏 할 수 있으면 해야 한다는 것이다. 이를 위해서 본인은 새롭게 도전하고 자기개발도 해야 한다고도 강조했다. 그래서 그는 현재 CNC 기술을 배우고 있고, 해당 자격증을 따기 위해 공부도 하고 있다.

"주변에 명예퇴직하고 일을 그만두고 싶어하는 사람들도 있지만, 계속 일하고 싶어하는 사람들도 많아요. 그렇지만 현실적으로 중장년들은 일자리 구하기가 어려워요. 기업주 입장에서는 효율성이 떨어진다고 보는 거지요. 일 속도가 느리고 손떨림 같은 문제가 있고 계속 서서 일하기가 어렵다고 생각해요. 이런 취약점 때문에 과거에는 고용조건이 50세 이하이기도 했고요. 아무리 구인이 어려워도 고령자는 채용하지 않는다는 거지요." 그는 자신의 관점에서 주로 생산직 위주의 고령 노동력에 대해 말했다. "이런 점들을 극복하고 일하려면 건강해야 합니다. 그래서 내가 더 일할 직장을 선택할 수 있어야 해요. 하지만 과거 대기업 출신들은 퇴직 후 더 작은 생산현장에서 일하는 것에 소극적이었어요"라며, 대기업 출신 퇴직자들의 일반적인 생각도 추가했다.

공식적으로 정년이 늘어나는 것에 대한 개인적 생각도 물어보았다. 그는 과거와 달리 현재 고령자들은 퇴직연령이 되어도 건강하니까 정년이 연장되어야 한다고 말했다. 앞서 언급했던 젊은 세대의 취업에 대한 태도 등을 보면, 굳이 고령층이 노동시장에서 더 오래 일하는 것을 제로섬의 논리만으로 설명하지 않아도 된다. 우선 2025년 기준 한국인의 건강수명이 72.5세인 점을 고려한다면, 퇴직 후 경제활동을 주도적으로 더 할 수 있는 사람도 많고, 경제활동을 연장하여 후기 노년기를 준비해야 할 사람도 많다. 또한 젊은 세대가 선호하지 않는 직종 중에는 이미 구인난에 직면한 것도 있는 게 현실이다. 초고령사회를 앞둔 우리 사회에서 이런 사실들은 고령자 경제활동의 필요성을 강조하기에 충분한 근거가 된다.

3. 유스호스텔의 시설을 책임지는 열정적인 노년 기사

백팩에 티셔츠를 입은 박현수님(좌)과 필자. 건장한 청년의 모습이다.

타는 듯한 더위가 땀으로 흐르는 8월 하순, 학교 인근의 그랜드
모먼트 유스호스텔(Grand moment Youth Hostel)을 찾았다. 부산 KBS
방송문화사업국 부장으로 은퇴한 후 새롭게 개장한 그랜드모먼트
유스호스텔 시설팀에서 일하고 있는 박현수님과 인터뷰를 하기 위
해서다. 새로 개장한 호스텔이라 전반적으로 시설이 깨끗하고 정
갈해 보였다. 박현수님은 2020년 3월 31일 KBS 부산총국에서 은퇴
했다. 양력으로 1960년생이라고 하니, 2023년 8월 현재 63세로 아
직 노인복지법상으로는 노인이 아니다. 밝은 표정으로 필자를 맞

아주는 박 선생님은 건장하고 활기가 넘쳤다. 얼핏 청년과 마주한 느낌이었다. 자신을 경북 의성 출신이라고 소개하는데, 진한 경상도 사투리가 특히 인상적이었다.

박 선생님은 유스호스텔의 시설관리 업무를 담당하고 있다. 시설팀은 6명으로 구성되었는데, 그들은 호스텔에서 계약한 외주 업체에 소속되어 있다. 담당하는 주요 업무는 호스텔의 전체적인 시설관리이며, 그는 기술직으로 일을 하고 있다. 명함에는 건축, 전기, 포장, 상하수도, 도장, 방수, 인테리어, 시설 유지관리 등 건물의 시설관리에 요구되는 다양한 분야가 적혀 있었다. 은퇴 전 KBS에서도 방송과 관련된 장비 운전, 전파의 송·수신 등 기술 관련 업무를 담당했다. 이런 경력이 은퇴 후 빌딩관리에 관련된 다양한 기술을 배워 새로운 직장을 구하는 데 도움이 되었을 것이다.

퇴직 준비와 다양한 시도

그는 퇴직준비를 언제부터 시작했을까? 이전 직장인 KBS의 직장 내 문화를 보면, 보통 퇴직 5년 전쯤에 퇴직 후 무엇을 할지에 대한 고민을 시작하고, 동료나 선후배 직원 간에 이에 대한 의견을 나눈다고 한다. 박현수님 또한 그렇게 준비하려고 했음에도 불구하고, 5년 정도의 시간이 금방 지나갔다며 아쉬워했다. 동료들 가운데 준비를 잘한 사람들은 주로 부동산 관련 자격증, 전기 관련 1급 자격 등 전문적인 분야를 준비했다. 그는 준비 분야가 좀 더 다양한 편이었다. 그래서 전기, 굴착기, 지게차, 트레일러 운전 등 은퇴 전·후에 계속 도전하여 다양한 자격증을 취득했다.

  은퇴 후 짧은 기간이지만 몇몇 분야를 두루 경험한 것을 보면, 매우 역동적이고 부지런하게 은퇴 후 생활을 하고 있는 듯했다. 외모에서 풍겨오는 활기에 걸맞은 의욕을 현실에서 다양하게 시도하고 실현하려는 적극적인 모습이 인상적이었다. 의욕과 실행력은 영락없는 청년이다. 부산항에서 항만 컨테이너를 나르는 트레일러 운전도 했고, 친구 소개로 무더운 여름철 3개월간 삼성전자 서비스센터에서 에어컨 설치 아르바이트도 해보았다. 심지어 막노동을 하는 등 매우 적극적으로 대응해 왔다. 그는 얘기 중에 고된 항만 일에서 70~80세 고령자들이 겪는 고충과 건강 문제에 대한 우려를 격정적으로 표하기도 했다. 실제 그가 언급한 일자리 중에는 젊은 사람도 감당하기 힘든 것임에도 은퇴자들이 건강을 해치면서 일하는 사례가 있었다.

  "원래 젊을 때 컨테이너에 투자할 생각이 많았어요. 그런데 그 일은 위험해서 KBS에 입사하면서 포기했죠. 컨테이너 운반을 한 5~6개월 했나? 근무 여건이 많이 힘들었어요. 차가 커서 출근시간에는 차를 돌리기 어려우니 그쪽 직원들이 출근하기 전에 오라는 거예요. 그 시간 맞추려면 새벽에 출발해야 해요. 그분들 나이가 70, 80 되는 사람들 많아요. 20, 30대부터 그 일을 해서 건강이 안 좋지."

  "삼성전자 서비스 하던 친구에게 아르바이트를 부탁했죠. 에어컨 서비스가 6월부터 8월까지 민원이 몰려서 아르바이트를 고용하거든요. 제가 그 일도 3개월 해봤죠. 근데 그거는 '9 to 6'가 가능해요."

이렇게 열심히 다양한 일을 섭렵한 그는 현재 유스호스텔에서 시설관리를 하고 있음에도 불구하고 계획하거나 준비한 만큼 은퇴 후 생활이 진행되지 않더라고 자평했다. 보기에는 건강하고 매우 적극적으로 일에 임하는 성품임에도 불구하고, 하루 8시간 동안 강도 높게 일을 한다는 것을 매우 힘들게 여겼다. 은퇴 후에는 시간적으로 좀 더 여유로운 생활을 하는 것이 바람직하다는 관점에서 상대적으로 자신의 생활을 박하게 평가하는 것 같았다.

새로운 일에 대한 희망과 진입 장벽

그는 향후 건축 등의 분야에서 '감리직'을 희망하고 있었다. 나이가 더 많아지므로 육체적 능력이 덜 필요하면서 전문적 판단이 필요한 일을 하고 싶어 했다. 박현수님이 이를 '격조 있는 일'로 표현하는 것으로 보아 육체노동을 피하고 싶은 욕구가 엿보이기도 했다. 하지만 감리직은 진입 장벽이 존재한다. 바로 연령이다. 초점은 엄격한 수치적 나이 제한보다는 조직문화에 의해 작동하는 장벽이다. 감리직에 진입하려 해도, 나이 어린 사람들은 자기보다 나이 많은 어른이, 그것도 은퇴한 어른이 직원으로 들어오는 것을 부담스러워 하거나 거부감을 가진다는 것이다. 다음의 대답에서 그런 조직 구성원의 부정적 반응이 물씬 느껴졌다.

"자기보다 나이 많은 사람, 직급이 높은 사람이 여기 앉아 있으면 본인이 올라갈 자리가 막히는 것도 있고, 또 모시기도 부담스럽고…."

이러한 조직문화를 극복하고 잘 적응하기 위해 그는 더 적극적으로 다가가고 지속적으로 친밀하게 관계 맺는 것을 중요하게 생각했다. 나이 많은 선배 입장에서 맡은 일을 책임감 있게 하고, 항상 먼저, 10번을 만나도 만날 때마다 인사를 하는 등의 노력을 한다. 여기서 중요한 점은 인사 행위처럼 친밀해지고자 하는 노력만이 아니다. 오히려 젊은 사람 못지않게 맡은 일을 분명히 하려는 책임감과 그것을 위해 능력을 발휘하는 것이다. 즉, 은퇴한 노인이 자신이 맡은 일을 하지 못하고 그 부담을 젊은 직원에게 전가하는 것이 조직의 불만을 확대하는 가장 큰 요인이 될 수 있기 때문이다. 그는 이를 매우 잘 인지하고 있는 듯했다.

은퇴 후의 생활

박현수님이 원래 50세 전후 때 노후에 가장 하고 싶은 것은 중형 버스를 사서 숙식이 가능한 레저용 캠핑카로 개조해 전국을 돌아다니는 것이었단다. 거기에 손주들을 태우고 여기저기 캠핑 여행을 할 계획을 꿈꾸었다. 중간에 여관방을 이용하여 피곤도 풀고 따뜻한 물에 목욕도 하는 등 나름대로 치밀하게 생각하고 있었다. 이러한 얘기를 하는 그의 표정에서 낭만적 내면이 은근히 드러났다.

문제는 돈인데, 은퇴 전 직장 동료가 1년간 휴가를 내고 유럽과 호주를 다녀오는 데 대략 1억 원 가까이 소요됐다고 했다. 박현수님은 외국은 아니라도 크기가 조금 작은 버스를 개조하여 초등학교 다니는 손주들과 지리산, 한라산, 소백산 등을 가고 싶었다. 하지만 손주들은 방학이 되어도 학원에 입시에 바빠서 '개조 버스 여행'은 현실적으로 포기하고 있는 듯했다. 여행을 좋아하는 중년 남성이라면 한 번쯤 꿈꿔 봄 직한 낭만적인 그림이 서서히 바래지는 것 같아 듣는 필자 역시 아쉽고 씁쓸했다.

50대 중반 무렵에는 귀농해 농사를 지을 생각도 했었다. 고향인 경북 의성에 물려받은 3천 평 정도의 땅이 있는데, 특히 밭에 마늘 농사가 아주 잘 된다고 한다. 그런데 막상 퇴직 무렵이 되니 여기저기 아프고, 고향에는 농사를 도와줄 이도 없었다. 농사, 신체적 건강, 은퇴시기 등 모든 요소들이 적절한 함수로 연결되지 않아 결국 생각을 바꾼 것으로 보였다. 많은 고민 끝에 내려진 은퇴 후 생활에 대한 꿈이 여러 현실적인 이유로 바뀌거나 중단되는 것을 보면, 은퇴 이후를 준비하고 노후에 맞는 일을 만들어가기란 어렵고 운도 따라야 하는 것 같다.

그런데 천 평 정도 정원을 가꾸며 성공적으로 정착한 친구의 권유도 거절했던 그가 지금 김해에서 농사를 짓고 있다며 웃었다. 어릴 적 경험한 농사에 대한 애착을 버릴 수는 없었나 보다. 김해에 땅 300평을 마련해 농막을 지어놓고 농장을 운영하고 있다. 지금도 직장에 다니면서 시간을 내 다닌다고 하니 참 부지런한 분임에 틀림없다. 잡초가 너무 빨리 자라서 어려움은 있지만, 이제 재미를 느낀다며 해맑고 부드럽게 웃음 짓는데 필자의 기분도 덩달아 좋아진다.

김해에서 하는 농장은 농사라지만 전문적인 상업농은 아니다. 주말농장으로 이용하려는 사람에게 분양해 필요한 것들을 지원하고 있다. 하지만 농장 운영마저도 규모나 일거리가 많아져 부담스럽단다. 은퇴자들에게 나이가 많아진다는 것은 매우 현실적인 장벽이다. 그는 향후 과일나무 등을 더 심고 집도 좋게 지어서 사용하다가 농사지을 형편이 안 되면 적당한 구매자에게 팔 생각이다. 아니면 제주 사는 아들이 살겠다고 하면 줄 계획이다. 그는 항상 계획을 갖고 있는 듯했다.

박현수님의 부인도 처음에는 농사일을 좋아했던 것 같다. 그래서 소똥 뿌리는 일을 돕는 등 적극적이었다고 했다. 하지만 시골 출신인 그와는 달리 부인은 서툴고 힘들어했다. 요령을 알려주다가 부부간에 티격태격하기도 하는 등 여러 갈등이 있었다. 결국 지금은 박현수님 혼자 농장일을 한다. 도시생활에 익숙한 여성이 거친 농사일을 하기에는 큰 결심이 필요하다. 은퇴 후 도시에 거주하는 아내와 떨어져 혼자 시골에 가서 농사를 짓는 은퇴자들이 주변에 제법 많은데, 이런 문제 또한 귀농을 고민하는 은퇴 남성들이 넘어야 할 과제다.

또 처음에는 집에서 배우자와 같이 있어 좋기도 했지만, 하루종일 붙어있게 되니 마찰이 생기기 시작했다고 덤덤하게 말했다. 세 끼 밥을 차려야 하는 아내도 많이 힘들어 했단다. 그러다가 에어컨 수리나 현재의 시설관리 등을 하며 출퇴근하게 된 것은 매우 즐거운 일이었다. 분명히 큰돈을 버는 일은 아니다. 하지만 새로운 것을 배우면서 서비스가 필요한 사람들에게 도움이 되는 것 같아 보람을 느끼고 있었다.

은퇴 후 힘든 점들

박현수님은 은퇴 후 일을 구하는 과정에서, 그리고 일하는 직장에서 문제가 있다고 생각하는 것들을 몇 가지 말했다. 때로는 안타까움이, 때로는 분노가 감지되기도 한다. 그만큼 느끼고 고민한 것이 켜켜이 쌓인 것 같다.

우선, 나이 제한에 대한 일자리 현장의 문제점을 언급한다. 상당히 화가 난, 그러면서도 단호한 어조가 느껴진다. 그의 경험에 의하면, 막노동은 나이 60세면 일자리를 구하기 힘들단다. 에어컨 수리작업도 마찬가지로 60살이 되면 꺼린다고 한다. 요구하는 교육을 받고 관련 증서를 가지고 있어도 나이로 인해 취업하기 힘든 경우가 많다.

"노가다도 60이 넘으면 안 써줘요. 그것도 아는 사람이 있어서 억지로 갈 수는 있는데 노가다 일하러 갈 때 리스트, 에어컨 하는 친구 같은 경우 에어컨 리스트를 딱 열어주면 나이 많아서 다 아웃이에요. … 주민등록번호 딱 보고 … 안전교육 등 교육을 받고 수료증, 자격증을 가지고 있어야 하거든. 가지면 뭐해, 나이로 이거 딱 잘라버렸는데…"

은퇴하고 나이 든 사람이 젊은 사람들의 조직에 재진입하는 것에 대해 문화적 거부감이 있을 것이란 예상에 대해 박현수님도 상당히 공감하고 있다. 하지만 좀 더 현실적인 이유는 사고 가능성과 사고 처리 과정의 어려움 때문에 젊은이를 선호하고 나이 든 사람을 꺼린다는 것이다. 즉 젊은 사람에 비해 고령자의 경우는 같은 사고라도 치명적이고 부상의 정도가 심한 경우가 많으며, 고용주 관점에서 산재처리 등 부담이 증가한다는 점이 나이 제한의 배경으로 작동하고 있다. 이런 점은 나이를 넘어 현실적으로 부정하기 힘든 요소이기 때문에 마냥 부정하기도 힘들다. 씁쓸할 수도 있지만, 이런 요인들이 이것저것 쌓여서 고령 세대의 노동시장 진입에 장벽으로 작용한다고 이해할 수 있다.

"그게 한 군데 아는 분이 그러는데, 나이 든 사람 안 쓰는 이유가 첫째는 젊은 사람이 넘어지면 타박상인데, 나이 든 사람은 너무 심하게 다친다. 젊은 사람이 골절이면 나이 든 사람은 사망이고. 그럼 산재로 처리하면 복잡해지는 거지."

다음으로 더 화나는 문제는 나이를 제한하여 고령자의 일자리 진입을 거부하는 것이다. 그러나 이렇게 나이 제한을 적용하지만 정작 젊은이들은 일하러 오지 않는다. 은퇴자의 입장에서 보면 정말 충분히 화가 날만한 상황이다. 그는 일에 대한 젊은 세대의 태도에 대해 상당히 비판적인 의견을 피력하였는데, 이것이 은퇴 후 일자리를 구하는 과정에서 느끼는 불편한 감정이다. 냉동기술이나 에어컨 서비스 기술은 젊은이들이 재미없고 힘들어도 3년 정도 고생하면서 일하고 배우면 어느 정도 수준급 기술자가 되고, 그러면 하루 30만 원 정도의 수입을 얻을 수 있단다. 그는 에어컨 냉동차의 예를 들어 설명한다.

"에어컨 냉동차도, 기본적으로 그쪽 일을 하는 사람들은 거의 건당 25만 원에서 30만 원. 그게 맨날 있는 건 아니지만 …"

그러면서 노조에 대한 불만도 제기한다. 그는 평상시 겪은 노조

운영의 부정적 측면을 이것저것 지적하면서 은퇴자들에게 노조가 신경을 쓰지 않는다고 역정을 섞어 어려움을 토로한다. 노동조합이 재직 근로자들만 챙기고, 은퇴하는 사람에게는 전화 등 연락도 없고 다른 아무 것도 없다는 불만을 푸념과 섞어 쏟아낸다. 현직 노조 회원 중심으로 활동하니, 은퇴 근로자에 대한 관심이 없다는 지적이다. 노동조합마다 차이가 있겠지만, 노조는 은퇴 근로자들과 마음을 열고 함께 고민할 필요가 있을 것 같다. 박현수님은 노동시장은 물론 은퇴 노동자를 바라보는 노동조합의 관점 전환, 그리고 활동 방식에 대해 새로운 접근이 절실한 요구되는 현실을 은퇴자의 시각에서 냉혹하게 평가한 것이다.

은퇴자의 일을 위한 제안

그에게 정부나 사회에 바라는 점을 물으니 자연스럽게 60세인 정년을 65세 정도로 높여야 한다고 제안했다. 은퇴자의 경험과 지혜를 사서 사회에 재사용하라고 호소했다. '제발 써 달라'고 말하는 모습에서 60세 전후 은퇴자들의 항변이 귀를 때렸다.

"건설 현장에서 65세라도 거뜬히 일하거든요. 건설 현장의 채용 기준을 65세로 높여달라는 거죠. 건장한데도 나이제한 때문에 현장엔 가보지도 못해요."

그러면서 은퇴자의 태도에 대한 지적도 이어졌다. '체면을 버려야 한다'는 점을 재차 강조했다. 아파트나 공장 경비라도 체면을 버리고 기꺼이 하겠다는 자세가 필요하다는 지적이다. 그리고 그런 일을 하다 보면 나름 여유도 생긴다며 경험을 덧붙였다.

"좋은 데 있던 사람들은 체면을 봐, 체면…. 대기업이나 학교에서 좀 높은 자리에 있던 사람들은, 경제적으로 여유 있다고 맨날 골프 치고 등산 갈 수는 없잖아요. 뭔가 하긴 해야 하는데, 전에 내밀던 명함과 비슷한 데 가려면 못 들어가요. 자리도 없지만 그 월급 맞출 수 있는 회사도 없고."

"과거 지점장, 교장하던 지인들이 지금은 경비하고 있어요. 아파트나 공장 경비는 사람 만날 일이 없잖아요. 그게 좋대요. 나이 든 사람들에게 그런 일자리 만들어 주는 게 필요하다고 봐요. 주변 동료들은 하지 말라고 하는가 본데, 경비가 어때서요. 난 존경해요."

그러면서 일반 직장에서도 안식년을 줘야 한다는 파격적인 제안을 했다. 다소 의외의 제안에 이유를 들어봤다. 은퇴 전 직장에서는 안식년이 있었지만, 은퇴 1년 전에 주는 바람에 미래에 대해 진지하게 고민하거나 준비하는 데 한계가 있었다. 안식년은 50세, 즉 은퇴하기 약 10년 전쯤 1년간 주어지는 게 바람직하다는 것이다. 그러면서 실제로는 쉬라는 의미도 있지만, 퇴직 후를 준비하라는 의미로 주는 것이 더 의미있다고 강조했다. 안식년의 취지를 분명히 설정하고 적용 시기를 조정하는 것은 상당히 일리 있는 아이디어라고 생각했다.

"20년 가까이 직장생활을 하는 동안 회사를 위해서 일했지, 퇴직 후에 대해서는 생각할 겨를이 없었어요. 만약 안식년을 주고 '10년 후 어떻게 생활할지 계획을 세워라'라고 하면 퇴직 전에 충분히 준비할 수 있을 거라고 보거든요."

인터뷰 막바지에 향후 계획을 물었다. 답은 예상대로 명쾌했다. 70세가 넘어서도 계속 경제활동을 하고 싶단다. 물론 현실적 조건이 만만치 않을 것이라는 단서를 달았지만, 경제활동에 대한 의지는 강했다. 아울러 사회봉사 기회도 확대되길 기대했다. 주위에 많은 지인들의 사회봉사 활동을 긍정적으로 생각하고 있었다.

그는 손주들이 중학교에 진학할 즈음에는 사회봉사를 계획하고 있다. 그전에는 경제활동에 더 무게를 두려 했다. 사회봉사는 지금 다니는 교회에서 준비하고 있는 남아프리카 선교활동에 참여하고 싶다는 의향이 강했다.

어느덧 인터뷰를 마칠 시간이 되었다. 이미 밖에는 어둠이 짙어졌고, 도심의 네온사인이 화려하게 빛나고 있었다. 배도 고파지기 시작했다. 그가 잘 아는 맛집이 있다며 손을 이끌었다. 은퇴 전 방송국에 다닐 때 단골로 이용하던 돼지국밥집인데, 일반인들은 잘 모르지만 아주 잘한다고 칭찬이 넘쳤다. 사람들이 분주히 퇴근하며 집으로 향하는 골목길 어귀에 자리 잡은 허름한 집이었다. 하지만 돼지국밥과 수육, 그리고 각종 젓갈과 반찬은 전형적인 시골맛이다. 박현수님도 고향의 입맛을 그리워하며 단골로 이용했을 것이다. 둘이서 소주를 마시면서 오랜만에 고향 생각도 하고, 은퇴 후의 생활에 대해 두서없이 대화를 나누었다. 한 잔을 마실 때마다 추억 하나, 결심 하나, 계획 하나가 등장하고 사라졌다. 이미 시각은 9시를 넘고 있었다. 그의 노후 생활이 계획대로 술술 풀리기를 바랐다. 생각과 에너지가 넘치는 분이니 잘 실천할 거라 믿는다.

요양보호사로 다시 찾은 보람

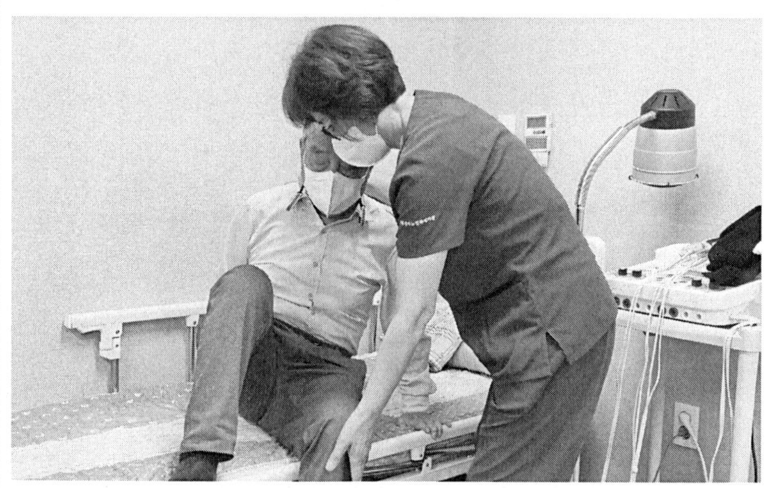

주간보호센터에서 노인을 돌보는 박일례님.

노인주간보호센터에 재취업하다

노인요양시설 종사자의 정년은 60세다. 하지만 갈수록 장기근속하는 요양보호사들이 줄어들고 있어 시설들은 직원채용에 어려움을 겪고 있다. 허약한 노인을 돌보는 일에는 상당한 체력이 필요한데, 상대적으로 젊은 인력은 이 일을 선호하지 않아 장년의 인력이 퇴직을 하면 인력 공급이 잘 되지 않기 때문이다. 부산에서 노인돌봄사업으로 역사가 깊은 '사회복지법인 애광'은 이런 문제에 대한 대안으로 정년퇴직하는 요양보호사 중에 계속 일하기를 희망하는 사람들과 1년 단위로 계약을 맺고 지속고용이나 재고용을 하고 있다. 애광의 이지연 원장은 돌봄인력의 수급문제는 특정 지역만이 아니고 이미 전국적인 문제가 되었다고 한다.

이 원장은 지속고용 또는 재고용을 한 요양보호사와의 인터뷰를 요청하자 박일례 요양보호사를 추천했다. 요양시설에서 인터뷰 대상자를 찾는 것은 다른 분야에 비해 쉬운 일은 아닌 것 같았다. 인터뷰 날짜를 조율하던 중, 이 원장이 한 사례를 더 추천해 왔다. 돌봄 업무를 하지 않는 시설관리자란다. 면담 대상자들과 시간약속을 하고 애광을 방문했다. 이 원장의 안내를 받아 치매노인 주간보호센터 1층을 거쳐 상담실로 갔다. 주간보호센터에는 여러 노인이 앉아 요양보호사들과 얘기하거나 각자의 활동을 하고 있었다. 근무 중이던 박일례님이 상담실로 들어서며 가능하면 빨리 면담을 마치고 노인들에게 가야 한다고 말했다.

박일례님은 1994년 애광에 입사해 노인 돌봄을 시작했다. 그는 돌봄 일이 자신에게 맞아서 재밌었다. 2000년 이후 우리나라 노인 인구 비율이 7%를 넘자, 공식적인 노인돌봄이 많은 관심을 받으면서 노인돌봄 관련 인력양성은 사회적 이슈가 되었다. 특히 인구고령화가 가속화되는 우리나라는 노인장기요양보험제도를 시행하여 노인돌봄 인력의 양성과 현장 배치도 빠른 속도로 진행했다. 제도가 시행되자 노인요양시설에서는 기존의 간병인들을 요양보호사라는 돌봄인력으로 공식화하였다. 시설들은 제도의 기준에 부응하기 위해 기존 간병인들에게 요양보호사 자격과 사회복지사 3

급 자격을 취득하게 하는 움직임이 빠르게 가시화된 것이다. 박일 레님도 요양보호사는 물론, 2010년 사회복지사 3급 양성과정을 거쳐 사회복지사 자격도 취득했다.

돌봄 역할이 공식화된 후로도 긴 세월이 흘러, 박일레님은 2014년 12월에 20년간 일했던 요양원에서 만 60세로 정년퇴직을 했다. 그는 "제가 퇴직할 때 요양원으로부터 금 2돈과 상패를 받았어요. 그리고 딸과 손녀에게 꽃다발을 받았지요"라며 살짝 웃었다. 이 요양원에서만 20년간 일했는지 묻자, 자신만만하게 '그렇다'라고 대답했다. 대단히 확고한 분이라는 인상을 받았다.

정년 후 일하는 어려움과 만족감

"저는 퇴직 후 5개월을 쉬다가, 2015년 6월에 다시 입사해서 치매노인주간보호센터에서 8년간 일하고 있습니다. 당시 퇴직을 하고 애광을 떠나야 하는 것이 너무 아쉬웠고, 기회가 되면 더 일하고 싶었답니다. 지금은 고용연장 조건으로 일하고 있어요." 퇴직 후 고용을 연장해 8년간이나 꾸준히 일하고 있다는 얘기를 듣고, 다시 한 번 대단하다고 생각했다.

박일레님에게 퇴직 후 다시 일하면서 느끼는 돌봄노동의 장단점을 물었다. 그는 우선 이 정도 나이가 되어도 일할 수 있는 업종이라는 게 큰 장점이라고 했다. "우선 월급을 주니까 경제적으로 도움이 되고, 일함으로써 저 자신도 건강하게 노년을 보낼 수 있어서 좋아요. 실제로 주위 친구들은 일하는 저를 부러워한답니다. 하지만 돌봄 일의 특성상 노인들이 연명하실 때나 임종 시에는 마

음이 좋지 않아요. 그리고 제게 근골격계 장애가 생겼지요. 옛날에
는 시설에서 노인들이 온돌바닥 생활을 했기 때문에, 모두 내 몸으
로 수발할 수밖에 없었답니다. 그러니 문제가 생겼지요." 박일례
님은 우리나라 노인돌봄의 산증인인 듯했다.

"현재 만족스러운 점도 있어요. 우선 우리 센터가 금정산 자락
에 있어서 공기가 참 좋아요. 또 직원들이나 원장님과 관계도 좋
아서 오래 일할 수 있는 친숙한 분위기죠." 실제 어떤 직종이든 퇴
직 후 고용을 연장하는 경우, 일이 자신에게 맞지 않거나 젊은 세
대와 어울리기 쉽지 않은 등 어려운 점들이 보고되고 있다. 하지
만 노인돌봄 현장에서는 경력이 풍부한 요양보호사들이 더 숙련
되어 있다. 그래서 자신의 경력에서 쌓인 노하우로 서비스를 제공
한다는 이점도 있다. 물론 앞으로 돌봄에 AI 기술을 활용한 도구
들을 사용하게 되면, 기계에 익숙하지 못한 고령의 요양보호사들
은 힘들어질 수도 있을 것이다. 하지만 긍정적으로 보면, 노인돌
봄 기기에는 주로 낮은 기술(low technology)이 적용될 것이므로, 그
들도 훈련을 통해 기기사용이 익숙해질 것이다. 그래서 돌봄 일 일
부를 사람 대신 기계가 한다면 일이 좀 수월해질 수 있을지 물었
다. 그는 어떤 일을 기계가 할 수 있을까 생각하더니 목욕 트레이
를 썼던 기억을 떠올리며, "트레이는 쓰기에 위험해요. 사람 손이
다 필요합니다"라고 했다. 결국 돌봄 기기는 상대적으로 젊은 인
력이 더 잘 사용할 거라 짐작된다. 그렇다면 노인돌봄 현장에 기기
들이 적극 도입되면, 젊은 세대에게 일자리 창출의 기회가 될 수도
있고 시설은 인력확보에 어려움이 덜할 수도 있을 거라 생각된다.

주간보호센터에서의 애로사항

"최근에는 체력이 떨어졌다는 느낌이 들어요. 하지만 일하는 데는 문제가 없습니다"라며 베테랑 요양보호사 박일례님은 웃었다. 그는 운동기기인 레드코드로 매일 노인들에게 운동을 시키는데, 노인들의 반응이 좋단다. 이 기기는 첨단기술이 적용된 것이 아니므로 박일례님이 작동하기에 수월한 듯하였다. 또 주간보호센터를 이용하는 치매노인들은 대체로 거동이 가능해서 요양시설에서 근무할 때보다 일이 수월하단다. 즉, 자신도 칠순을 바라보는 노인이지만, 주간보호센터에서 일하는 데는 아직 무리가 없단다.

주간보호센터에서는 이용 노인 24명을 직원 6명(노인 4명당 요양보호사 1명), 사회복지사 1명, 간호사(겸직) 1명이 관리한다. 그중 요양보호사는 이동 및 화장실 보조, 건강 프로그램(건강체조, 재활) 실시, 인지치료(사회복지사의 보조), 생활일지 기록, 가족상담 등을 수행한다. 그는 자신이 돌보는 노인들의 행동이나 상황을 관찰하고 기억하는 것에 숙련되어 있어 돌보는 동안은 메모하지 않아도 된다고 했다. 또 경험상 노인을 빨리 파악하면서 주간 시간에는 노인에게만 집중한다. 그래도 하는 일 중 힘든 것을 묻자, 중증 남성 노인의 보행보조나 인지기능이 있는 남성 노인의 뒤처리를 들었다.

"노인들의 여러 가지 문제행동 때문에 요양보호사 수가 지금의 1 대 4보다는 1 대 3 정도가 되어, 한 사람이 돌보는 노인 수를 줄여야 합니다. 예를 들면 갑자기 일어나는 노인을 붙잡지 못한다거나, 휠체어나 워커 또는 지팡이를 사용하는 노인이 낙상한다거나,

노인이 폭력적이거나 얌전하다가도 갑자기 공격적인 행동을 하는 등 대처하기 어려운 상황들이 많아요.” 그는 요양보호사 한 명당 돌보는 노인 수를 줄여야 한다는 현장의 목소리를 그대로 전했다.

또 다른 어려움으로 안전성, 효율성, 쾌적함을 위해 센터의 공간이 더 넓으면 좋겠다고 했다. “휠체어로 이동할 때 서로 부딪치거나, 실내 환기가 잘 안 될 때가 있어요. 주간보호센터는 1, 2층으로 운영되는데, 현재 1층에는 중증 치매노인을 포함해 상대적으로 더 의존적인 노인 22명(남9, 여13)이 이용하고 있습니다. 그러니 인력이 더 있으면 좀 수월해지겠지요. 2층에는 24명(남3, 여21)이 이용하는데, 1층에 비해 공간이 넓고 노인들도 다소 건강한 편입니다. 그래서 1층보다는 좀 쾌적합니다.” “노인(가족)이 입소를 신청하면 사회복지사인 주간보호센터장이 상담을 거쳐 입소 결정을 하고, 어느 층에 모실지를 정합니다. 그리고 대기자도 있으니, 안전이나 쾌적함 등을 위해 공간을 확장하면 좋겠습니다”라고 덧붙였다. 물론 주간보호센터들이 노인장기요양보험법에 근거해 시설규모를 확보하고 정원을 정하지만, 실제로 돌봄서비스를 제공하는 현장에서 볼 때는 공간의 쾌적함에 아쉬움이 있다는 것이다.

센터를 이용하는 노인들은 정도의 차이는 있지만 모두 병약하고 의존적이므로 직원들은 그들을 관리하는 데 민감한 것 같았다. 직원들이 의료 관련 서비스로 노인들에게 무엇을 제공하는지 물었다. “노인들이 아침에 센터에 도착하면 매일 혈압과 체온을 체크합니다. 갑자기 혈압이 올라가거나 위급한 상황이 발생하면 의료인이 긴급처치를 하고 병원으로 모시고 가지요. 이때 우리가 동

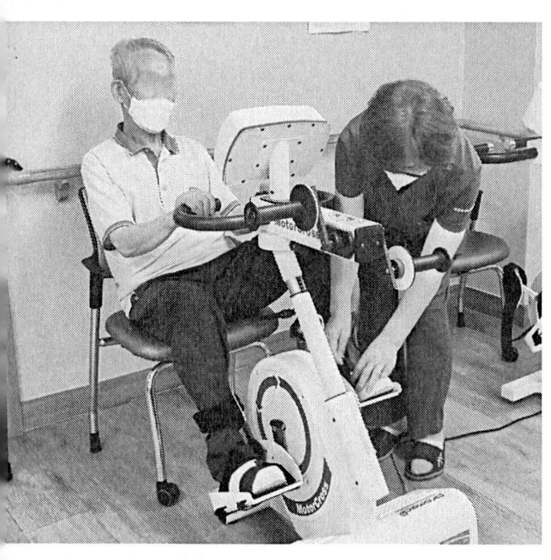

운동을 하는 노인을 돌보는 박일례님

행합니다”라며 긴장을 늦추지 못하는 환경에 대해서도 말했다. 그리고 실내자전거처럼 재활기기들이 더 늘어나면 좋겠다고 덧붙였다. 하지만 기기사용에는 늘 위험이 예상되므로 직원들의 집중관리가 뒤따를 것이라 짐작했다.

센터에서는 매일 이용노인들을 위해 등하원 버스를 운행한다. 버스 운행 때는 요양보호사 한 사람이 운전을 하고, 다른 한 사람은 보조자로 동승한다. 노인들 기준으로 스케줄을 보면, 등원 첫차는 오전 8:20에 센터에 도착하고, 하원 마지막 차는 오후 5시 10분에 센터에서 출발한다. 박일례님은 월요일부터 금요일까지 오전 8시 30분에 출근하고, 오후 5시 30분에 퇴근한다. 연장근무를 할 때는 오후 6시 20분에 퇴근하는데, 월 11회 연장근무를 한다. 이 시간에는 저녁식사를 하는 노인들이 남아 있어서 식사지원을 해야 한다. 그리고 월 2회 토요일에 근무하는데, 그 시간만큼 대체휴가를 받는다. 그때는 병원이나 절에 간다고 했다.

그에게 급여를 묻자, 장기요양보험제도 시행 후 과거의 호봉제가 없어져 급여가 더 낮아졌단다. 지금은 계약직으로 일하므로 최저시급 기준으로 한 달에 220만 원을 받는다. 그는 매년 새로 계약하고 일하는데, 6월 말이면 계약이 종료된다. 그는 이제 힘이 들어 재계약하지 않고 쉬었다가 애광 산하의 방문요양서비스 일을 할까 생각 중이란다. 앞서 질문했던 '언제까지 일할 생각인가?'에 대한 답인가보다. 즉, 일할 수 있을 때까지는 자신의 역량에 가능한 일을 하겠다는 것이다. 박일례님은 사회복지법인 애광에서 돌봄 일을 시작하여 평생을 애광에서 일해 온 소신파이며, 모범적인 직원이라 평하고 싶다.

노년기 일의 의미

박일례님에게 노년기의 '일'에는 어떤 의미가 있는지 물었다. 그는 자신의 예를 들면서, 원한다면 평생 해왔던 일을 퇴직 후에도 하는 것이고, 이것은 그간의 노하우를 실천하는 것이라고 했다. 덧붙여 일할 기회가 주어지는 것은 감사한 일이라고도 했다. 또 퇴직 후 지속적으로 일하는 것은 자신의 건강을 지키는 데도 도움이 된단다. 공식적인 정년을 늘리는 것에 대한 의견을 물었더니, 건강한 고령자들이 많으니 경력을 사장하지 않고 일하게 하는 것이 필요하다고 강조했다. 그리고 어떤 고령자든 건강이 허락하고 기회가 주어진다면 일하는 것이 좋다고 덧붙였다. '건강과 기회'는 다른 인터뷰에서도 공통으로 언급되는 단어다.

이어서 그의 개인적인 생활에 대해 물었다. 그는 퇴근 후 매일 수영장에 들렀다가 집으로 간다. 저녁 9시에 집에 도착해 저녁밥 먹고 TV 보며 휴식하다가, 그날 기록할 일들을 확인한다. 돌봄이라는 힘들고 반복되는 일을 하고 있지만, 자기관리를 잘하는 박일레님에게 '평생 현역'으로서의 건강한 모습이 보였다. 60대 후반인 그는 고혈압과 근골격계 질환을 갖고 있다. 그리고 1개월 전에는 담낭염 수술을 했고, 현재 회복 중이다. 이는 비록 만성질환을 갖고 있어도 돌봄 일을 할 만큼의 건강과 기술, 열정이 있으면 60세 정년퇴직 후에도 더 일할 수 있다는 것을 보여주는 좋은 사례다.

그는 휴일에는 손녀와 수영장이나 목욕탕에 간다. 가사는 주로 본인이 맡아서 하며, 컨테이너 수리회사의 검수원으로 일하다 퇴직한 입이 까다로운 남편을 위해 전복죽과 삼계탕을 자주 만든다. 그들은 결혼한 딸과 가까이 살고 있고, 아들은 분가해서 부산에 따로 산다. 성년이 된 자녀들과 적당한 거리에서 자주 만나며 친밀한 관계를 유지하고, 건강을 지키면서 생산적인 노화를 실천하는 박일레님의 활기찬 노년은 결국 성공적인 노화라는 목표를 실현해 가고 있는 것이다.

이어서 박일레님은 친목이나 취미 모임 등에 대해서도 말했다. 그는 규칙적인 일과 외에도 가끔 평일 저녁에 동창들과 밥 먹고 카페에서 차도 마신다. 때로는 직장 동료들과 금정산 둘레길을 걷기도 한다. 가족이나 지인들은 모두 그가 퇴직 후 다시 일하는 것을 잘 결정했다고 말한단다. 다시 채용되었다는 것은 그가 평생직장인 애광에서 일을 잘했다는 것을 의미한다. 물론 건강이 허락했겠지만, 동료들이나 고용주에게 인정받았다는 것이다. 돌봄 일이 결코 수월하지 않기에, 이제는 3교대인 요양시설보다 상대적으로 수월한 주간보호센터에서 다시 8년간 꾸준히 일하고 있는 박일레님은 '다시 일하는' 베이비붐세대를 대표하는 인물이라 평하고 싶다.

그와 함께 일했던 동료들 중에 퇴직한 사람들은 대부분 일을 하지 않고 지낸단다. 아마 허약한 노인을 돌보는 일은 신체적 부담이 크기 때문일 것이다. 이런 이유 때문에 우리나라에서도 최근에는 노인돌봄 일에서 '사람이 사람을 들지 않아야 한다(no lift)'는 주장이 제기되고 있다. 그래서 사람을 대신하는 AI 기술을 돌봄에 적용한 기기들이 돌봄 제품 시장에 많이 출시되고 있다. 하지만 우리나라 요양보호사들, 특히 고령의 요양보호사들 대다수는 기계보다는 몸으로 수발하는 것을 편해 한다. 그 이유는 기계를 사용하기 위해 사전에 세팅해야 하는 게 불편하고 수발시간도 더 많이 걸리니, 자신의 몸으로 빨리 일을 처리하는 게 낫다고 한다. 아마 이런 생각들은 한 세대를 지나 젊은 요양보호사들이 현장에서 주류가 되면 바뀔 거라 기대한다.

박일례님과의 인터뷰를 마치면서 더 오래 건강하게 일하기를 바란다는 인사를 건넸다.

애광 노인요양원의 시설관리를 맡고 있는 강대길님

사회복지법인 애광은 노인요양시설, 치매전담실, 노인재가센터, 치매노인주간보호센터 등 여러 시설을 한 울타리 내에서 운영하고 있다. 시설관리자인 강대길님은 다른 직원 한 사람과 함께 애광 산하의 여러 시설을 관리하고 있다. 상담실에서 만난 그는 인터뷰에 익숙하지 않은 듯 약간 긴장하여 짧게 대답을 하더니, 인터뷰가 진행되면서 점차 편한 표정으로 말을 했다.

그는 2019년에 공채로 애광에 입사했다. 과거에는 개인사업으로 주택이나 빌라 신축, 배관공사 등 건축 일을 했단다. 그러던 중 2015년 건설경기가 나빠지면서 폐업을 하고, 4년간 시간제로 일을 하며 지냈다. 그때 일했던 곳 중 한 곳이 부산에 있는 한 장애인복지관이었다. 그것을 계기로 애광 공채에 응모하여 채용된 것이다. 그는 시설에서 주로 건물 하자보수를 담당하고 있다. 변기, 수도, 전등, 힘쓰는 일, 물건 드는 일 등 모든 일을 동료 한 사람과 함께 처리한다. 계약직인 그는 최저임금 기준에 맞춰 주 40시간씩 4주 일을 하고, 월 급여는 220만 원 정도 받는다. 이 금액이 전직에 비하면 낮은 편이지만, 나이가 있으니 당연하다고 했다.

일과 여가를 배분해 재미있게 산다

강대길님에게 노인요양시설에서 일하는 것이 어떠냐고 물으니 매우 보람된다고 답했다. "입소하신 노인들이 모두 내 부모 같고, 그분들이 사용하는 곳을 수리해 드리는 일은 매우 중요하지요." 그의 진솔한 표정에 울컥함을 느꼈다. "저는 한 1년 정도 더 일할 생각입니다. 요즘 일이 조금씩 버거워지는데, 그건 제가 나이가 있기 때문이겠지요."

일이 버거워진다는 말에 이어서 건강에 대해 물었다. 그는 혈압이 높아서 치료를 받고 있고, 다른 만성질환은 없다고 했다. 주말에는 부인과 야외로 나가거나, 퇴직 후 사회에서 만난 친구들과 골프를 치며 지낸다. 현재 부부만 살고 있고, 자녀는 모두 성장하여 집을 떠났다. 아들이 3명인데 모두 결혼해서 외지에 살고 있고, 손자도 6명이나 된다. 부인은 화장품 판매업을 하고 있는데, 수입이 좋다고 말하며 크게 웃었다. 그래서 자신이 청소나 세탁 같은 가사일을 맡아서 하고 있다며 계속 미소를 머금었다.

그는 오전 9시에 출근해서 오후 5시에 퇴근한다. 주중에는 새벽에 골프 연습장에 가서 운동 삼아 연습을 하고, 주말에는 필드에 나가는 경우가 많다고 했다. 함께 필드에 나가는 친구들은 사회생활 중에 만난 사람들로, 은행지점장, 개인사업자, 교사 등 다양하다. 면담이 계속되자 그의 말수가 점점 많아지면서 감사하게도 자신의 생각을 적극적으로 얘기해 주었다.

노년기 일에 대한 생각

그에게 현재 일하는 것에 대해 가족이나 주변 사람들이 어떻게 생각하는지 묻자, 당연히 좋게 생각한다고 간단히 말했다. 다른 면담자에게 하던 동일한 질문으로, 노년기에 일하는 것이 어떤 의미인지도 물었다. 그는 짧고 명료하게 "노년기에 일이 주어지는 것은 살아가는 힘이 되고, 경제적으로도 도움이 되지요. 저는 월급으로 술도 마시고 여가생활도 할 수 있습니다. 그래서 저는 내년까지 열심히 일하고, 그다음에는 귀촌해서 TV에서 보는 '자연인'으로 살 계획입니다"라며 약간 흥분된 얼굴에 미소를 보였다. 이어서 공식적으로 정년이 늘어나는 것에 대한 개인적 생각을 물었더니, "요즘은 다들 젊은 노인이지요. 옛날에는 노인들이 일을 안 했지만, 지금은 일할 수 있습니다. 나이만 먹었지 젊어요"라며 매우 적극적으로 말했다.

말수가 적은 강대길님과의 인터뷰는 다소 짧게 마무리되었다.

마지막으로 그에게 혹시 시설 직원들에게 바라는 것이 있는지 물었다. 직원의 대부분은 돌봄서비스를 직접 제공하는 사람들이어서 다른 시각에서 그들을 어떻게 바라보는지 궁금했다. "시설 직원들이 모두 자기 일처럼 해주면 좋겠어요. 모시는 분들을 자기 부모처럼 생각하면서 세심하게요. 저는 입사한 후로 어른들을 보면서 매일 울었답니다." 그는 솔직하게 말하고는 약간 감정이 북받치는 듯하더니, 바쁘다면서 먼저 자리를 떴다. 필자도 찡한 감정으로 혼자 앉아 녹취내용을 정리하고 자리에서 일어났다.

시설 거주노인들을 위해 필요하다면 뭐든지 만든다

한 달 정도 지나서 다시 애광을 방문했다. 첫 면담 때 강대길님이 어색해해서 사진을 찍지 못해 재방문하기로 약속했기 때문이다. 우선 이지연 원장의 안내로 그가 손수 만든 여러 가지 것들을 둘러봤다. 이 원장의 얘기를 들으니 그의 솜씨가 보통이 아닌 듯했다. 우선 치매요양시설 건물 1층 로비에 설치된 큰 어항와 나무 의자들은 기성품인 줄 알았는데, 그가 손수 제작한 것이었다. 특히

로비 중앙에 있는 큰 어항과 앞마당 정원 등 시설 곳곳에 강대길님의 손길이 닿아 있다.

강대길님은 뒷산을 산책할 수 있도록 데크 길과 정자를 만들었다. 데크 길이 놓이자, 거동 가능한 노인들과 직원들이 산책을 가게 되었고, 정자도 쉼터 역할을 하게 되었다.

나무로 프레임을 짠 고급스러운 유리 어항은 너무 커서 맞춤 제작한 것이라 생각했는데, 강대길님이 만든 것이었다.

그가 만든 작품은 한두 가지가 아니었다. 치매요양시설 정문으로 나가면 바로 앞에 예쁜 정원이 있다. 나무 울타리로 둘러싸인 정원에는 긴 나무 의자와 둥근 나무 테이블이 놓여 있고, 옆으로는 항아리들이 여럿 있다. 울타리 위의 화분대에는 화분들이 정겹게 놓여 있으면서 계절마다 꽃을 보여준다. 이 정원에는 입소노인 중 거동이 가능한 분들이 나와서 꽃구경을 하고 풀향기도 맡고 하늘도 보면서 자연과 접하게 한다고 이 원장이 말했다. 노인들이 여기 나와 앉으면 아마도 옛날 자신이 살던 집의 앞마당을 기억할 수도 있겠다는 생각이 들었다. 그런데 이 정원도 강대길님이 제작하고 꾸몄단다.

원장님의 안내로 약간 산 쪽으로 이어지는 오솔길을 걸어 데크로 된 다리 위로 올라갔다. 이 다리는 길고 둥그렇게 애광의 건물들을 감싸 안으며, 노인들이 거주하는 건물로 연결되어 있었다. 놀랍게도 이 길고 높은 데크 길과 다리도 강대길님이 다른 직원 한 사람의 도움을 받아 직접 제작했단다.

은퇴 후의 재취업 현장에서 또 다른 미래를 꿈꾼다

우리는 허약한 노인을 돌보는 시설에는 직접서비스를 제공하는 직원들만 일한다고 생각한다. 그러나 강대길님처럼 자신의 재능과 기술을 살려 시설환경을 개선하여 여러 사람을 편안하고 즐겁게 해주고, 자신도 부모를 모시는 심정으로 일하면서 심리적 보상을 얻는 직원도 있다는 것을 새삼 알게 되었다.

우리나라 고령자들이 퇴직 후 일하는 이유 중 가장 많은 비율은 생계유지를 위해서라고 보고되고 있다. 하지만 강대길님의 경우는 배우자가 아직 현직에서 일하므로 자신은 생계 주책임자가 아니어서 다소 여유롭게 일하는 것 같다. 그리고 계약직으로 최저임금을 받고 일하지만, 그 일에서 보람을 찾고 은퇴 후의 또 다른 노년을 꿈꾸고 있다. 자연인처럼 살고 싶다는 그의 희망은 그대로 실현되리라 믿는다. 아마 아담하고 소박한 집을 직접 짓고, 동심을 살려 앞마당도 만들고, 자급자족하기 위한 텃밭도 만들 거라 짐작해본다. 그의 자녀들은 모두 성장하여 독립하였고, 부인이 생계의 주책임을 맡고 있다. 그러니 그는 귀촌하여 여유롭게 노년을 보낼 멋진 그림을 그리고 있다. 건강을 유지하면서 취미활동을 같이 하는 사람들과 탄탄한 관계도 유지하고 있는 그에게 현재의 일은 여전히 퇴직 전 마지막 일이 아닐까 생각해 본다.

5 사무직 예비 은퇴자의 임금피크제 적응기

인터뷰 중인 조일원님(좌).

한여름으로 치닫는 7월 초의 주말은 매우 덥고 습하다. 비를 머금고 있는 하늘 때문인지 서울역에 도착하는 KTX의 성능 좋은 에어컨에서 벗어나는 것이 못내 아쉬운 주말 저녁이다. 그래도 서울은 서울인가보다. 서울스퀘어 건물의 식당을 찾아가는 짧은 거리였지만 행인들의 분주한 모습이 눈에 들어온다. 서울의 주말 밤 분위기가 서서히 깨어나는 저녁이다. 약속한 식당은 매우 정갈하고 조용한 분위기다. 녹음을 해야 하는 인터뷰에 좋은 장소라고 생각되어 내심 마음이 놓인다.

인터뷰의 주인공인 조일원님은 서울에서 대학을 졸업하고 생명보험협회에서 30년 가까이 근무한 57세의 전형적인 장년의 모습이었다. 비영리 민간기관으로 1950년 2월에 설립된 생명보험협회는 회원사인 보험사들의 공동이익 증진과 회원 상호 간의 업무협조 유지, 생명보험 문화의 확산 등 생명보험사업의 건전한 발전에 기여하기 위해 사단법인으로 출범한 민법상의 조직이다.

생명보험협회의 정년연장형 임금피크제는 1962년생부터 적용되어 현재에 이르고 있다. 즉, 55세에 임금피크제를 적용하고 정년을 60세로 연장하는 것이다. 이는 근로기준법의 정년이 만 55세에서 만 60세로 바뀐 것에 기초하고 있다.* 임금피크제가 적용되면, 보험협회는 일정 비율로 임금을 차감해 적용하는 형태로 운영하고 있다.

고용 및 노동 조건의 변화

우리 사회에서 도입한 임금피크제의 명분은 이 제도를 도입하여 줄어든 임금으로 일자리를 창출하여 청년들에게 일할 수 있는 기회를 제공하는 것이다. 하지만 생명보험협회의 사례에 국한하면, 청년을 위한 일자리 창출 효과는 없다고 판단된다. 고용한 근로자 수가 많은 대규모 사업장은 다를 수 있지만, 소규모 사업장인 생명보험협회는 임금피크제 도입 이후에도 젊은 층의 고용은 특별

---

* 우리나라의 근로기준법 19조는 정년퇴직 나이를 60세로 정하고 있으며, 사업주가 근로자의 정년을 60세 미만으로 정한 경우에도 정년을 60세로 정한 것으로 본다.

히 증가하지 않았고, 결과적으로 비용을 줄이는 수단으로 운영되는 것으로 보인다. 조일원님은 임금피크제로 생긴 신규 고용을 사업장의 의무가 아닌 자율 영역으로 규정한 것이 비용을 줄이는 수단으로 이용되는 한 이유라고 인식하고 있었다.

"현대자동차나 삼성 같은 대기업을 보면, 임금피크제로 고용을 더 늘렸느냐 하면 그건 아니죠. 의무가 아니니까."

그는 생명보험협회의 임금피크제 임금에 대해 "98755"로 매우 간단하게 답했다. 암호 같은 숫자의 비밀은 임금피크제가 적용되는 5년간의 임금적용 비율이다. 즉 55세 임금총액을 기준으로 연차마다 90%, 80%, 70%, 50%, 50%를 적용한다는 의미다. 비율은 정해진 것이 아니다. 임금피크제를 적용하는 회사마다 계약 내용과 조건이 다를 수 있기 때문에 다양한 임금제도가 적용된다. 예를 들면 기준연도를 고정하거나, 전년도 임금을 기준으로 삼을 수 있을 것이다. 임금 감소율은 직종과 그에 따른 전문 기술의 수준, 대체인력 확보의 가능성 등 다양한 요인이 작용할 수도 있다.

또한 협회의 경우, 기본적인 임금 산출방식에 더하여 업무에 대한 개별적 평가제도를 적용하여 성과급 성격의 급여를 차등화시키고 있다. 평가결과에 따라 정해진 임금에 대해 덜 받는 사람, 더 받는 사람, 기본급을 받는 사람이 생긴다. 예를 들어 90%를 받는 1년차 직원의 경우, 평가결과에 따라 90% 기본급에 추가되거나, 감소하거나 그대로 유지되는 경우로 나뉜다.

그는 임금피크제가 적용되면서 물리적 업무 환경이 열악해졌다고 했다. 일단 관리직으로서 지위를 상실하고 사무직원의 지위를 갖게 되면서 다른 일반 직원과 동일한 물리적 환경으로 하향 조정된다. 책상이 달라지고 개인 방이 있던 직원의 경우는 공동 사무실로 이동한다. 그러다 보니 당연하게도 간부로 근무했던 직원들의 물리적 근무환경의 변화가 특별히 크게 드러나 보인다.

임금피크제가 적용되는 기간에 임금이 차감된다면 업무량도 같이 줄어들까? 회사에 따라 다양한 양상을 보이겠지만, '동일노동 동일임금'이라는 측면에서 본다면 업무량이 감소하는 것이 상식적일 수 있다. 하지만 조일원님의 답은 예상과는 다소 달랐다.

"해당하는 사람이 몇 명이냐에 따라 달라지겠지만, 우리 같은 경우는 워낙 소규모라 저만 봐도 실제 실무자가 하는 일을 그대로 하고 있어요. 결코 업무량이 줄어들지는 않았지요."

그의 답을 보면 동일노동에 대하여 동일임금을 지급한다는 상등의 원리가 무시되고 있음을 알 수 있다. 이는 단순히 임금피크제 대상자에 국한되는 문제가 아니다. 이들의 업무량이 줄지 않기 때문에 신규인력을 충원해야 하는 사업장의 동기도 사라지게 된다. 인건비의 절감을 통해 젊은 층의 신규 충원을 증가시키고자 하는 임금피크제의 원래 명분은 약화된 것으로 보인다. 세대 간의 일자리 나누기는 사라지고 기업과 조직의 효율성과 이익만이 작동하고 있음을 알 수 있다.

그럼에도 불구하고 임금피크제 대상이었던 그의 동료 4명 모두 임금피크제를 수용했다고 했다. 임금피크제를 제시받은 근로자 입장에서 선택은 자유다. 그대로 퇴직하거나 이직하거나 창업하거나. 하지만 대상자 모두 임금피크제를 받아들일 수밖에 없을 정도로 선택의 여지가 제한되어 있었던 것으로 보였다.

"제도가 있긴 하지만 다른 선택을 할 수가 없어요. 다른 직장을 구해놓든가, 상속 재산이 많든가, 아니면 다른 길을 확실히 준비해 놓았어야 나가죠. 금융이나 무역회사 같으면 지점 형태로 창업할 수도 있겠죠. 기술이라도 있으면 그걸 살릴 수도 있을 텐데 대부분 그렇지 못하죠."

이러한 현상은 생명보험협회라는 소규모 조직의 특성일 수도 있다. 직종의 특성, 기술적 특이성, 미리 준비된 계획 등 다른 선택이 없으면, 근로자는 임금피크제 제의를 불리한 조건에도 수용할 수밖에 없다. 은퇴가 가까워지는 근로자는 자녀가 재학중이거나 취업 준비중이라면 임금피크제를 받아들이고 버티는 것이 최선일 수 있다. 그는 '존버'*라는 유행어를 사용하며 쓴웃음을 짓기도 했다.

그렇다면 임금피크제가 적용되는 근로자들은 업무를 성실하게 수행하고 있을까? 다른 말로 하면 임금피크제는 사업장의 노동생산성을 저하하지 않을 것인가에 대한 우려가 생긴다. 동일노동-동일임금의 원칙이 무너지고 임금이 줄어드는 상황에서, 업무량이 크게 줄어들지 않는데도 여전히 책임을 다하면서 업무를 수행할 것인가? 그의 대답은 의외로 빠르고 명료했다. "개인마다 다르다." 본인은 매우 성실하게 일하는 편이라는 자평이다. 자신은 임금이 90%로 감소한 경우라도 업무는 변함없이 100% 수행하고, 정

---

* '어떻게 해서라도 참고 견디면서 버틴다'는 의미의 비속어.

직원 한 명의 임무를 수행하고 있다고 자신 있게 답했다.

노동에 대한 태도와 관련된 그의 말을 요약하면, 평소 성실하게 일을 하고 성품이 근면하고 책임감이 있는 사람은 그런 태도나 생산성이 임금피크제라고 해서 크게 차이 나지는 않는다고 한다. 물론 성품이라는 것을 정량적으로 표준화할 수 없기 때문에 사람마다 모두 다른 모습을 보일 수밖에 없을 것이다. 또한, 생명보험협회의 인사관리가 임금피크제 대상자의 업무수행에 대하여 엄격하게 개입하거나 관리하는 문화가 아니라는 조직 특성도 일정 정도 작용하는 것으로 짐작된다. 그렇지만 성실하게 임하는 임금피크제 근로자는 타고난 성품대로 소수의 사례임을 추정할 수 있다.

사회적 관계의 변화

임금피크제가 진행되면서 후배들과 서로의 관점에서 불편함이 생기는 것은 어쩔 수 없는 것 같다. 물론 개인에 따라 혹은 관계에 따라 불편하지 않거나 불편하더라도 그 정도가 상당히 다를 수 있을 것이다. 그럼에도 불구하고 임금피크제가 시행되면서 불편함이 구조적으로 형성되는 것은 어쩔 수 없는 현상인 것 같다.

후배 입장에서 임금피크제 선배들이 불편할 수밖에 없는 가장 큰 이유는 임금피크제 선배들에게 실질적인 지시 권한이 없다는 것이다. 일반적으로 조직에서 직위에 따라 부여되는 지시 권한은 결재권과 같이 묶이는 힘이다. 생명보험협회의 경우, 임금피크제가 적용되는 근로자는 주요 결재권자의 지위를 상실하고 리더의 역할보다는 주어진 업무를 수행하는 일반 직원(실무자)의 지위를 갖게 된다.

"대부분 보직 간부의 지위가 떨어지는 거예요. 그냥 실무자로 돌아가는 겁니다. 그래도 선배는 선배인데 말이죠."

하지만 후배의 눈에는 여전히 상급자로 모시던 선배들이니 아무리 지시 권한이 없더라도 무시하거나 신경을 쓰지 않을 수 없다. 그러니 관계 자체가 불편하고 어색해질 수 있는 것이다. 그는 옆에 있는 것만으로도 후배들이 불편해 할 것 같다고 했다. 여기에 임금피크제 선배들이 기존처럼 지시나 갑질의 태도를 조금이라도 보인다면, 그 불편함은 더욱 가중될 수 있다. 그는 후배들에게 불편함을 주지 않으려고 노력하는 편이라고 했다. 임금피크제로 인한 관계상 불편함은 후배들만의 몫은 아닌 것 같다. 권한 없이 여분의 기간을 부여받아 근무하고 급여를 받는 처지에서 그런 어색하고 불편함을 초래하는 상황의 당사자로서 갖게 되는 근본적 불편함도 토로했다.

"아직도 어깨에 힘이 들어가서 꼰대처럼 잔소리하는 선배들이 있거든요. 나는 그렇게 안 하려고 노력해요. 그래도 옆에 있는 것 자체가 불편한 것 같아요. 그럼 임금피크제 근로자들은 불편하지 않냐, 우리도 불편하죠."

이러한 상황을 고려하면, 조직 내에서 임금피크제 적용 시 인사관리 차원에서 기존의 고용, 임금, 근로조건 등에 대한 영역을 넘어 임금피크제 대상자와 후배 직원 간의 관계를 관리할 수 있는 조직의 지침이나 문화를 만들어 가는 것이 매우 중요할 것으로 보인다. 임금피크제라는 새로운 근무형태가 도입됨에 따라, 앞서 살펴본 것처럼 조직문화에도 충격을 주고 새로운 변화를 만들어 낼 수 있다. 대규모 사업체 같으면 새로운 규범이나 규칙을 회사 차원에서 마련하여 교육하고 관리를 강화함으로써 대응할 수 있을 것이다.

하지만 그에 따르면 생명보험협회는 사업체 규모가 작아서 특별히 사업장 차원의 대응책은 없고, 임금피크제를 적용받는 사람 수도 적어 자연적으로 새로운 규범들이 자리를 잡아가는 과정으로 보인다. 임금피크제 시행으로부터 발생하는 자연스럽고 불가피한 불편 및 갈등은 새로운 조직문화를 만들어내면 해소될 것으로 보인다. 연차적으로 경험이 쌓이고 임금피크제 당사자와 다른 조직 구성원 간의 상호작용을 통해 갈등, 화해, 조정 과정의 규범과 균형을 찾아내고 새로운 조직문화를 만들어가는 시간과 노력이 필요하다고 생각한다. 어찌 보면 인위적인 규칙을 만들어 적용하는 것보다 이것이 훨씬 자연스럽고 효과적일 수 있다.

"어쨌든 선배니까 일을 많이 안 시키는 경우도 있고, 그리고 이제 속된 말로 애들이 다 '선배들과 일하는 것을 기피하니까' 아예 안 시키는 것도 있고 그런 거였죠. 그런데 임금피크제 근로자로서 업무를 대하는 태도들은 초창기보다 조금씩 나아지고 있는 건 분명해요. 대상자들도 성실도 면에서는 조금 나아져 나름대로 자리 잡혀가고 있죠"

임금피크제에 미치는 영향과 만족도

조일원님과의 인터뷰를 통해 생명보험협회가 시행하는 임금피크제에 영향을 주고 있는 요인들을 알 수 있었다.

임금피크제 근로자들의 태도와 적응의 다양한 스펙트럼에는 개인의 성품 차이, 노동윤리 혹은 소명감의 차이가 작동한다. 또한, 그 사람이 임금피크제 이전 정규직이었을 때 어떤 일을 했는지, 그리고 어느 정도의 역할을 했느냐에 따라서도 영향을 받는다. 특히 후배들이 선배들의 업무와 기능을 대체하기 어려운 일은 오히려 임금피크제 선배가 하는 게 더 효율적일 수도 있겠다. 이런 경우 임금피크제 당사자들은 후배들과 훨씬 좋은 관계를 유지하거나 조직에서 존중받으며 생활할 수도 있다.

좀 더 거시적으로는 사업장이 도입하는 임금피크제의 제도적인 내용이나 전체적인 관리 방식이 직간접으로 영향을 주고 있는 것으로 보인다. 이에 대해 그가 특히 강조한 것은 최고 관리자(CEO)의 영향이다. 결국 CEO가 임금피크제를 바라보는 관점과 기저에 깔린 철학이 중요하다는 것이다. 왜냐하면 이에 따라 임금피크제의 성격과 운영의 성패를 좌우하는 방침이나 조치가 다양하게 나타날 수 있기 때문이다.

조일원님은 개인적으로 임금피크제에 대해 어떻게 생각하고 있을까? 만족할까? 일단 그는 임금피크제 시행을 매우 긍정적이고 다행스럽게 받아들이고 있었다. 그 이유 역시 매우 현실적이다. 정년이 60세로 연장된 것이 가장 중요하고 긍정적인 만족 요인이며, 일종의 덤으로 생긴 '플러스 알파($+\alpha$)'로 생각하고 있었다. 개인 차원에서 노동이 연장되면서 소득이 5년간 추가로 보장된다는 점이 매우 현실적으로 다가온다고 했다. 아마 임금피크제를 경험하는 사람들 대부분의 마음일 것이다. 특히, 그는 두 자녀가 대학에 다니는 시점에서 현실적인 경제적 요인이 중요하게 작동하는 것 같다. 여기에 우리나라 장년들이 직면한 '노후 준비'에 대한 보편적 고민이 임금피크제를 바라보는 데 긍정적으로 반영되고 있다.

"직장생활로 얻은 경험과 경력을 활용해 제2의 인생을 설계하고 경제생활을 연장시켜 풍요로운 노후생활을 할 수 있는 사람은 통계상 매우 적을 거예요. 만일 가능하다면 누구나 정년연장 자체는 반기겠죠. 줄어든 급여에 비해 업무 강도는 그대로인 걸 불평하는 것은 개인 차원인거고, 적어도 나는 그렇지 않은 것보다 훨씬 낫다고 생각해요."

직장을 그만두고 이직하거나 창업한 것이 아니기 때문에 임금피크제가 가족들에게 큰 충격을 주지는 않는 것으로 보였다. 계속해서 같은 직장을 다니고 근무시간이나 업무량도 비슷하기 때문에 출근과 퇴근이 일정하다. 이런 상황으로 인해 가장의 임금피크제가 가족들에게는 특별한 이슈를 만들지 않는 것으로 판단된다. 다만 가족 사이에 차이가 있다고 한다. 자녀들은 아빠의 직장 내 변화를 전혀 모르거나 임금피크제를 정확하게 인지하지 못하고 있다고 한다. 반면 배우자는 가계에 대한 논의와 계획을 하고 은퇴 이후의 노후 설계를 해야 하므로 임금피크제에 대해 어느 정도 이해하고 관심이 있다고 한다.

이러한 가족들의 인식 상태는 특별히 조일원님의 경우에만 적용되는 것은 아니며 대중적 인식 수준 역시 유사하다고 할 수 있다.

즉, 자신이나 가족이 직접 경험하지 않는 한 임금피크제에 관심을 갖고 정확하게 이해하고 있는 사람은 많지 않을 것이라는 점에서 그와 필자는 동감했다.

임금피크제에 대한 냉정한 평가

임금피크제에 많은 도움을 받고 있고 현실적으로 만족하고 있음에도 불구하고, 그는 개인적 차원을 넘어 일반적으로 임금피크제가 건강하게 정착하기 위한 비판을 냉정하게 제시했다.

첫째, 임금피크제 기간 동안 급여 감소에 따라 노동강도와 노동시간도 같이 줄여야 한다. 앞서 언급한 것처럼 현재 임금피크제의 임금과 업무량은 동일노동-동일임금의 원리와 충돌한다. 이 주장은 은퇴를 앞두고 노후를 준비해야 하는 근로자들에게 중요한 의미일 수 있다. 임금이 감소하는 만큼 노동강도와 시간을 줄인다면 여가시간을 늘려 노후를 좀 더 여유 있게 준비하는 데 도움이 될 것이다. 취미나 제2의 소득 수단을 준비하고 새로운 사회적 관계를 맺는 등에 시간을 투자할 수 있기 때문이다.

둘째, 임금피크제의 명분으로 삼았던 신규일자리 창출 기회에 대한 비판이다. 임금피크제를 통해 절감한 비용으로 신규인력을 충원하는 등 일자리 기회를 젊은 층에 확대한다는 것은 거짓이란다. "은퇴 연령을 연장하고 동일한 일을 시키면서 추가로 일과 일자리가 어디서 생기냐"는 것이다. 그는 순수하게 신규채용이라는 관점에서만 보면, 냉정하게 '유휴인력'의 활용으로 해석될 수 있는 임금피크제가 없어져도 웬만한 사업장은 큰 지장이 없을 거라는 의견을 밝힌다. 필요하면 저렴한 신규인력을 충원해 활용할 것이기 때문이다. 이러한 견해는 임금피크제가 오히려 사회적으로 젊은 층의 노동시장 진입에 장벽을 치는 기능을 한다는 해석도 가능하다.

임금피크제에 대한 그의 이러한 냉정한 평가는 개인적으로 도움이 되고 유용한 것이 반드시 거시적 사회경제 차원에서도 긍정적으로 기능하는 것은 아니라는 점을 보여준다. 어떻게 보면 그에게 임금피크제는 개인적 긍정성과 집합적 부정성이 결합한 이중적이고 모순적인 '은퇴로의 이행과정'으로 이해될 것으로 보인다.

조일원님과의 인터뷰를 마치고 나온 서울역 인근은 이미 야경으로 화려하다. 모두 각자 바쁘게 움직이고 있는 것은 초저녁과 다름없었다. 하지만 각자의 사정은 모두가 상이하고 저 화려한 불빛도 다른 의미로 채워질 것이다. 은퇴와 노년이 멀지 않은 그의 임금피크제에 대한 의견과 느낌도 개별적인 사례의 하나일지도 모른다. 하지만 수많은 행인들의 흐름도 여러 개의 흐름을 만들어 내듯이 임금피크제를 경험하는 수많은 장년들도 공통적인 느낌과 의견을 만들어가고 있을 것이다. 그저 하나의 점 같은 의견만은 아니라는 것이다. 적어도 임금피크제에 대한 그의 냉정한 평가는 임금피크제에 대한 일정한 사회적 의견을 반영한다고 믿고 싶다.

앞으로 얼마나 많은 사람이 임금피크제를 수용하고 적응해야 할지 현재로서는 가늠하기 어렵다. 임금피크제가 장년을 위한 노동시장의 성공적인 고용 프로그램인지도 아직은 명확하지 않다. 향후 진화하는 과정을 살펴봐야 할 것 같다. 그럼에도 불구하고 인터뷰를 마친 지금 하나의 생각으로 가득하다. 근로자의 임금에 피크가 필요하다면, 상응하여 노동 역시 피크가 필요하고 임금피크와 노동피크가 연동되는 것이 바람직한 원리가 아닐까? 바라건데 임금피크제가 은퇴와 노후준비를 위한 시간을 제공하고, 임금과 노동과 여가 사이에서 적절한 균형점을 찾아가는 방향으로 발전하면 좋겠다. 개개인의 장년에게 노동시장에서 급격하게 퇴출하기보다는 적절한 조정과 타협 속에서 미래를 위한 워밍업을 할 수 있는 기간이 주어진다면 바람직할 것이다.

밤에도 여전히 습하고 덥다. 임금피크제는 장년에게 시원함이 될까 아니면 무더위가 될까? 부디 시원한 바람이길 바랄 수밖에.

6

공무원으로서의 인생 재도약

법인센터장에서 5급 공무원으로 재취업한 김향숙님.

　노년기 경제활동의 재취업 사례로 사회복지현장에서 퇴직한 이후 부산시 행정 5급 공무원으로 채용되어 기존의 경력과는 또 다른 사회적 역할을 활기차게 하고 있는 김향숙님을 소개받았다.

　부산시청에서 근무하고 있는 그를 만나기 위해 부산광역시 연제구에 위치한 부산시청으로 향했다. 부산시청은 지하철 1호선 출구에서 바로 이어져 있고, 시청 주변에는 부산지방경찰청, 국민연금공단, 미국영사관, 부산고용노동청, 부산고용복지플러스센터, 금융감독원 등 다양한 관공서와 공공시설들이 모여 있다. 부산시청

1층 로비에 들어서면 최근에 만들어진 어린이복합문화공간 '들락날락'이 눈에 들어온다. 기존의 정형화된 도서관의 모습이 아니라, 확 트인 개방적 공간을 살리면서 독서와 쉼, 체험을 함께 할 수 있는 세련되고 따뜻한 느낌의 장소다. 그 옆에는 많은 시민들이 자유롭게 이용하는 카페가 있다. 딱딱한 관공서의 모습에서 탈피해 시민친화적인 공간으로 거듭나고 있는 느낌이다. 김향숙님과는 그 카페에서 만나 인터뷰를 진행했다.

부산시 공무원인 그는 인터뷰 시점 기준으로 66세 여성이다. 차분한 말투와 아담한 체구에 지적이면서도 강단 있는 모습이었다. 그는 2022년 6월까지 사회복지법인 여성지원센터의 소장으로 일하다 정년퇴직을 했고, 그 후 몇 달 지나지 않아 부산시 일반임기제 행정 5급 공무원 조사팀장 채용 공고에 응모하여 채용되었다. 일반임기제 공무원은 연령 제한이 없기에 정년퇴직을 한 고령자여도 지원이 가능했다. 사실 이런 경우는 업무의 특수성에 따른 흔치 않은 채용사례이기에 그는 본인이 노년기 경제활동 사례로 소개되는 것에 대해 다소 부담스러워했다. 물론 우리 사회에서 일반적으로 볼 수 있는 사례는 아니지만, 재취업을 통해 정년퇴직 이전의 경제활동에 준하는 무게감을 갖는 일을 한다는 의미에서 특별히 소개할 만한 가치가 있다고 판단했다.

인터뷰에 앞서 대략적인 예상질문을 보냈는데, 그는 놀랍게도 각각의 질문에 대해 미리 답을 적어서 가지고 왔다. 이런 모습에서 그의 성실함과 철두철미함이 느껴졌다. 그는 재취업 이전의 경력에 대해 상세하게 밝히고, 현재의 일과 그 의미, 일로 인한 변화 등에 대해 담담하게 얘기를 이어갔다.

정년퇴직까지의 발자취와 재취업

김향숙님은 사회복지현장에서 다양한 근무경험을 갖고 있었는데, 의외로 대학에서는 법학을 전공했단다.

"제가 대학을 다니던 70년대에는 여대생이 아마 전국의 2%도 안 될 정도였는데, 대학 가서 취업을 하거나 대단한 일을 하려고 간 건 아닌 것 같아요. 어쨌든 저는 (서울에 있는) 모대학 법학과를 가게 되었고, 4학년 때 한국가정법률상담소에 실습을 나갔어요. 그때 15개 사례를 상담 선생님 밑에서 듣고, 문제와 가족법, 민법에 준해서 그 내용을 적어가는 과제를 했었어요. 대학교 때까지는 세상을 모르고 살다가 15개 사례를 선생님 옆에서 듣는데 당시 '선데이서울'이라는 잡지나 '세상에 이런 일이'에 나올 정도의 얘기들을 듣게 된 거죠. 상담도 조금 맛보고. 그러고 나서 이 일을 해야 되겠다는 결심이 섰어요. 고부간 갈등, 가정폭력, 혼인빙자간음, 간통 같은 문제에 대해 고민하다 보니까, 이런 문제를 예방하고 싶은 마음이 들게 됐어요. 가정에 법이 들어오면 가정이 깨지거든요."

법학 전공자였지만, 법률적인 접근보다는 가족관계의 측면에서 접근하여 가족문제를 예방하는 부분에 더 큰 흥미를 느끼게 됐다. 이후 부산가정법률상담소에서 상담간사로 5년간, 사회복지사 자격증 취득 후 사회복지관에서 6년간 근무했다. 이후 어린이집 원장으로 12년, 노인복지시설로 이직해 2년간 근무했고, 그 가운데 모대학 사회복지학과에서 박사과정을 수료하는 등 일과 학업을 병행하기도 했다.

2004년 성매매특별법* 시행으로 전국 각지에 성매매피해자지원시설의 필요성이 대두되자 ○○현장상담센터를 개소해 성매매 피해여성의 인권 회복과 사회 복귀를 지원하는 일을 했다. 그 후 2005년에는 사업을 확장해 성매매 피해자를 위한 일반지원시설인 '부산여성의 집'을 개소해 대략 18년 정도 열정적으로 일해 왔다.

여성복지 분야는 다른 사회복지 분야에 비해 환경이 상대적으로 열악하다고 할 수 있는데, 그는 그런 현장을 개척하고 리드해 온 장본인이라 하겠다. 지금까지 다양한 사회복지 영역을 거쳐 왔고, 그중에서도 여성복지 현장의 최전선에서 본인 경력의 절대 시간과 에너지를 투입해 온 그는 그야말로 '일하는 여성'의 전형이다.

노년층이 재취업을 하면 본인의 주요 경력과는 무관한 업종에서 낮은 수준의 임금을 받으며 일하게 되는 경우가 대부분이다. 그럼에도 일부는 퇴직 전의 경력을 높이 평가받아 관련 업무를 이어가거나 경력을 살릴 수 있는 업무를 하게 되는 경우도 있다. 재취업에 성공한 김향숙님의 경우, 후자에 해당한다. 특히 그가 열정적으로 일해온 성매매 피해자 지원 분야는 사회적으로 매우 예민한 분야라서 장기간 헌신적으로 일하는 것이 결코 쉽지 않다. 그

---

* 성매매특별법은 '성매매알선 등 행위의 처벌에 관한 법률'과 '성매매방지 및 피해자보호 등에 관한 법률'을 통칭하여 일컫는 표현이다. 기존에 '윤락행위 등 방지법(1961년 제정)'이 있었으나, 2000년대 초반에 발생한 성매매업소의 화재 사망 사건이나 미국 국무부에서 발행한 인신매매 보고서에서 우리나라가 최하위인 3등급을 받은 것 등을 계기로, 새로운 성매매규제법의 필요성이 제기되었다.

런 의미에서 그간의 노고와 경력을 더욱 높이 인정받은 것이 아닐까 추측해 본다.

그는 18년간 성매매피해상담소 소장으로 근무하면서 성매매 예방과 근절을 위해 공공의 지원을 받아 예방교육사업을 실시해 왔고, 각종 폭력예방교육 자격증을 취득한 후 폭력예방교육 강사로서 풍부한 강의 경력을 쌓아 왔다. 그러한 경험들이 바탕이 되어 각 기관에서는 폭력 예방 및 사건 관련 자문이 가능한 전문가로 손꼽히게 되었고, 이런 역량이 현재의 재취업에 긍정적으로 이어진 것 같다.

현재의 일과 일의 의미

그가 현재 부산시청에서 수행하고 있는 업무는 업무 성격상 구체적으로 밝히기 어려운 부분이 있다. 대략적으로 말하자면, 부산시 내 공공기관에서 일하는 공무원을 포함한 다양한 인력들을 대상으로 직장 내 행동에 대한 폭력예방적 관점에서 조사하는 업무다. 시청 입장에서는 조직 내부에 대한 조사가 필요한 경우도 있기 때문에, 해당 업무를 맡을 인력으로 기존의 조직 내 인사보다는 외부 인사 영입이 더 적절하다고 판단했을 수 있다. 이에 따라 그는 외부 임기제 공무원으로 채용되었고, 이는 매우 특별한 사례라고 할 수 있다. 현재 그가 소속된 조직에는 단장을 위시하여 총괄팀장, 조사팀장 및 각 팀의 팀원들이 포함된 11명 정도가 있다. 그는 조사팀장으로서 행정 5급 임기제 공무원이며, 1년 계약으로 임용되어 재계약하면 2년씩 최장 5년까지 활동할 수 있단다. 그는 시에서 당신을 필요로 하고 건강이 허락해서 5년을 끝까지 채운다면 연령이 70세가 되기에, 대체로 이 정도 연령이면 그만두기 적절한 시점이 아니냐고 웃으며 말했다.

그는 새로운 일을 시작하고 난 후 경험한 인상적인 에피소드로 공무원이기에 겪는 상황들을 예로 들었다. 태풍이나 호우경보가 발생했을 때 부산시청 전 직원의 1/6이 순서대로 비상근무에 투입되어 밤샘 근무를 했던 일이라든지, 토, 일, 공휴일 등에도 남녀 구분 없이 당직근무를 했던 일 등이다.

과거 여성의 대학 진학률이 2~3%에 불과했던 시절, 고향인 부산을 떠나 서울까지 올라가 법학을 전공한 60대 중후반 여성의 수십 년의 인생 궤적을 듣는 것만으로도, 필자는 그에 대한 일종의 선입견이 생기는 듯했다. 가족에 대한 헌신과 희생으로만 점철되기 쉬운 전통적인 여성상과는 다른 진취적인 면모가 있는 여성이지 않을까 하는 짐작이었다. 대학 졸업 후 일을 하더라도 자녀출산과 더불어 자의반 타의반으로 경력단절이 되고 가정으로 복귀하는 여성들이 많았던 시절을 거쳐 왔기에, 평생에 걸쳐 일하고 또 재취업에 성공하여 여전히 생산적이고 활기찬 노후를 보내고 있는 김향숙님의 삶에서 '일'이란 어떤 의미로 다가오는지를 묻고 싶었다. 이에 누구나 인생을 의미 있게 살고 싶어 할 거라며, 빅터 프랭클의 말을 인용했다. "의미 있는 삶을 살기 위해 실천할 수 있는 세 가지 공식은, 첫째, 일을 만들거나 행동하라. 둘째, 마음을 사로잡고 내면의 자아를 일깨워줄 일을 하거나 그런 사람을 만나라. 셋째, 살면서 겪게 될 피할 수 없는 도전과 시련에 긍정적인 태도를 가져라”라고 언급하며, 이 일이 현재 자신의 삶에 큰 의미를 부여하고 있다고 답했다.

"제 나이에 공무원이 된다는 것은 대단한 행운이라고 생각해요. 나이가 젊은 분들과 함께 움직이면서 활력 있게 사니까 그렇죠. 사실 일이라는 건 보람 있을 때도 있지만, 힘들 때가 많잖아요. 어떨 때는 숨을 몰아쉴 때도 있고, 어떤 때는 억울할 때도 있고, 어떤 때는 부당할 때도 있고요. 그럼에도 불구하고 저는 타고 나기를 집에서 살림하는 것보다는 일이 더 좋았던 것 같아요. 집을 아기자기하게 꾸미는 거는 젬병이고, 나와서 일하는 건 시간 가는 줄 모르게 할 수 있거든요. 그런데 그건 사람마다 너무 다르잖아요. 저는 좀 그런 성향인 것 같아요."

그의 일에 대한 열정과 태도는 그가 진취적 여성일 것이란 필자의 선입견을 충분히 뒷받침했다.

일을 통한 삶의 변화

그는 정년퇴직 후에도 자신이 설립한 사회복지법인에서 계속 대표이사로 일하고 있었다. 그러니 젊어서 일을 시작한 이후로 일을 하지 않은 기간은 거의 없었던 듯하다.

그럼에도 지금까지와는 다른 영역, 다른 직급으로 새로운 일을 시작한 이후로 자신의 삶에 어떠한 변화가 생겼는지 물었다. 그는 무엇보다 이 나이에도 일할 수 있다는 것에 감사한 마음이 든다는 말과 함께, 새로운 업무에 맞닥뜨리게 되니 새로운 역할을 하게 되고 새 일터에서 새롭게 경험하는 일들을 잘하고 싶은 마음에 긴장감을 가지고 학습하게 되는 점을 먼저 꼽았다. 또한 건강관리에도 더 신경 쓰게 되니 건강유지 면에서도 긍정적이며, 새로운 사회적 관계를 맺게 되어 매일 새로운 경험을 하는 것 등을 꼽았다. 노년기 경제활동의 긍정적 효과와 관련한 그의 답변은 마치 노인복지론 교재에서 노년기 사회참여활동 파트를 읽는 듯한 착각을 불러일으켰다. 뿐만 아니라, 5급 사무관 직급이기에 급여도 높아서 노후준비에도 도움이 된다고 덧붙였다.

새롭게 재취업을 한 것은 더없이 좋은 일이지만, 어려움을 겪지 않은 건 아니었다. 공무원 일은 처음이어서 적응하는 데 서툰 점이 많았다. 담당 업무가 지금까지 해 오던 분야와는 달라 공부할 것이 많은 것은 신선했던 반면, 부담스럽기도 했던 것 같았다. 그러나 새로운 도전이라 여기고 열심히 노력하고 있다고 힘주어 말했다.

고령의 나이에 새로운 직장에서 강도가 높은 일을 하는 것이 체력적으로 버거울 것 같았지만, 그는 타고난 체력인 것 같다고 말할 정도로 건강을 잘 유지하고 있었다. 아침에 스트레칭을 하거나 점심식사 후 1시간 정도 걷기 등으로 체력을 관리한다고 했다. 그리고 가족이나 친구, 지인들도 그가 일을 사랑하고 열정적으로 임하는 삶의 태도를 알기에 응원과 지지를 해주고 있다고 했다.

그는 평소에는 밀린 집안일, 지인들과의 만남, 주일에는 미사참례, 휴식 등으로 조용한 시간을 보내는 평범한 일상을 보내지만, 일에 있어서만큼은 누구보다 열정이 가득한 모습이었다.

"노년기가 점점 길어지기 때문에, 은퇴 후 무슨 일이라도 할 수 있다면 하는 것이 의미가 있을 것이고, 수입이 생긴다면 더 좋겠지요. 저는 평생 현역으로 살고 싶습니다."

노년기의 일에 대한 확신에 찬 의미부여는 단지 노년기가 도래한 현재 시점에서의 일의 의미라기보다는 그의 삶 전체를 관통하는 연속적인 느낌, 일하는 여성으로서의 정체성과 같은 느낌을 주었다. 그는 평생 일만 했고 일밖에 모르다 보니 지금까지도 일하고 있는 것일 뿐이라며, 필자와의 인터뷰가 어색하고 부끄럽다고 말했다. 그러나 필자는 그 겸손의 표현 뒤에 평생에 걸쳐 일하는 여성으로서의 강단과 인내, 열정을 느낄 수 있었다.

이 인터뷰는 노년기 재취업에 초점을 맞췄기에 그 내용이 주가 되었다. 김향숙님의 일생의 일과 열정, 시대가 요구했을 전통적 여성상의 수용과 대립, 일과 가정의 양립의 지혜와 장애물 등을 인터뷰 안에 충분히 담아내진 못했기에 다소 아쉬움이 남는다. 노년기에도 생산적인, 활기찬 시간을 보내고 있는 그를 진심으로 응원한다.

7

평생현역으로 일하는 50년 경력의 미용사

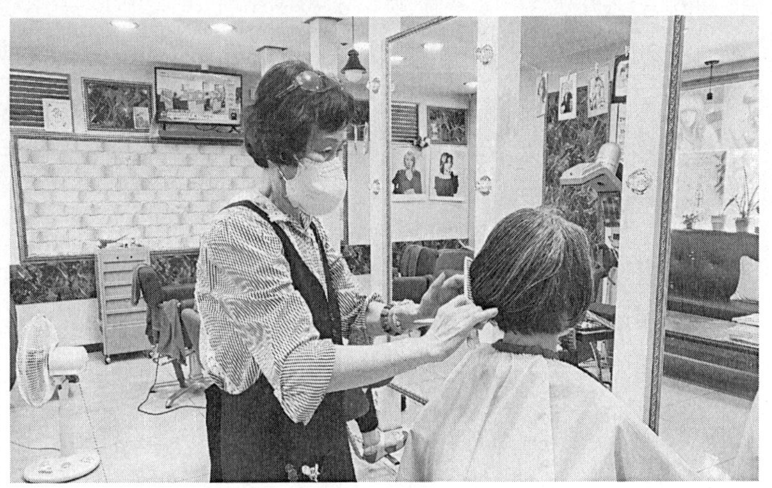

칠순의 나이에도 지칠 줄 모르고 일하는 베테랑 미용사 김수영님.

예림미용실 원장 김수영님은 부산 해운대구의 어느 대단지 아파트 상가에서 미용실을 운영하고 있다. 처음 미용실을 방문해 인터뷰를 제안했을 때, 그는 자신의 얘기를 책에 담고 싶다는 말에 다소 어색해하는 듯했다. 인터뷰 약속 날짜에 방문해 혼자 미용실을 지키고 있던 김 원장과 마주 앉았다.

미용사로 성장하면서 힘들었던 시절

그는 필름을 돌려보듯이 지난 50년간의 인생 스토리를 차분한 말투로 얘기했다. 그는 22살이던 1980년대 초반, 부산의 번화가인 광복동의 고급 미용실에 보조로 입사했다. 처음에는 간호를 배우려고 했는데, 제대로 훈련받으려면 많이 힘들다는 지인의 말을 듣고 미용일을 하게 됐다. 요즘에는 상상이 되지 않겠지만, 그 당시에는 기술을 배우기 위해 월급 없이 취업했다. "처음 일을 시작했을 때 원장님이 손을 보자고 하시더니, '돈이 먼저가 아니고 기술이 먼저다'라고 하셨어요. '그래, 기술은 돈 주고도 못 사지'라고 생각하며 손발이 부르틀 정도로 미용실 청소와 손님들 외투를 받아 거는 일 등 허드렛일을 2~3년 했지요." 그 후 미용사 한 명이 퇴사하자, 원장이 자신의 머리를 샴푸해 보라고 한 것을 시작으로 머리를 만지게 되었다. "원장님이 허락해 주시자, 그때부터 손님들에게 샴푸를 해주게 되었어요. 그렇지만 다른 미용사들처럼 파마 말고 하는 일은 어림도 없었지요. 미용업계에서는 성장단계를 '시다, 중급, 중상급, 디자이너'로 엄격하게 구분했거든요."

그는 인터뷰가 진행될수록 기억을 되살려 가며 많은 얘기를 했다. "손이 부르트도록 일을 하는 다른 미용사들이 부러웠지만, 중간 언니들이 안 시켜주더라고요. 그 후에 원장님이 한번 해보라며 앞에서 포인트를 잡고, 저는 뒤에서 이리저리 따라 해봤어요. 그러고 나니 중상급 미용사들이 함께 일하자고 하더군요. 같이 일하면서 실수도 많았어요. 한날은 잘못했다고 선배 언니가 꼬리빗으로 찌르더라고요. '너는 뱃속에서 배워 나왔냐, 두고보자'면서 화장실에서 많이 울었지요. 제 잘못은 모르고 혼자 화를 삭이고 다시 나와서 일했지요. 그러면서 여기까지 온 겁니다."

그 시절, 미용사는 도제식으로 매우 엄격하게 훈련받았고, 장인 격인 원장의 인정을 받아야만 머리를 만질 수 있었다는 얘기를 아주 재미있게 했다. "요즘 같으면 시험을 치르고 자격증을 주는데, 옛날에는 원장이 인정하면 어느 미용실 출신이라는 것이 자신의 실력을 대변하던 그런 시기였지요."

숙련된 미용사로 우뚝 서다

그는 처음 일했던 미용실에서 실력을 쌓은 후, 광복동과 이어진 남포동 번화가의 또 다른 유명 미용실로 옮겼고, 꽤 실력이 쌓일 만큼 오래 근무했다. "거기서 제법 오래 일하다 보니, 원장님이 기능대회에 나가라고 하셨어요. 부산에서 열린 지방대회였는데, 제가 그 대회에 나가서 1등을 했어요. 전국 기능대회는 나이 제한이 있어서 미용실의 더 어린 사람이 나갔지요. 그때 저는 나이가 좀 있었거든요." 그 후로도 남포동에서 큰 미용실 몇 곳을 옮기며 실력 있는 디자이너로 자리를 굳혔다. "사람이 욕심이 생기잖아요. 당시 우리는 서울로 연수를 가곤 했는데, 거기서 정보를 얻어 이직하기도 했답니다. 때로는 재료상을 통해 정보를 얻기도 했고요." 아날로그 시절의 구직을 위한 정보교류 방법이었는가 보다.

"그 뒤에 서울로 옮겨가서 한 미용실에서 일하고 있었어요. 어느 날 제가 있던 곳을 어떻게 알았는지 부산에서 친구들이 찾아왔다기에 보니 부산에서 함께 일하던 동료들이더군요. 그 사람들은 당시 부산의 또 다른 번화가인 서면의 큰 미용실에서 일했는데, 제가 없으면 안 되겠다며 데리러 온 거죠. 그 후 이런저런 기회로 부산에서 큰 미용실을 옮겨가면서 일했답니다." "옮길 때는 뭐라도 더 좋은 기회가 있을 거라 기대하고 이직을 하지만, 어디나 여러 사람이 일하는 곳이라 늘 굴곡이 있었어요"라고 덧붙였다.

그러다 동료의 제안으로 중산층 거주지에서 동업으로 미용실을 열었다. 그 후로도 친구 2명과 함께 근처에서 동업을 하는 등 미용사로서 자리를 굳혀갔다. 인생에서 사업이 가장 절정기였을 때는 단독으로 개업해 미용사 몇 사람을 고용할 정도의 큰 규모로 운영했다. 그때 나이가 40대 중반이었다.

그는 현재 상가를 분양받아 두었다가, 몇 년 전에 여기서 다시 동업을 시작했다. 하지만 코로나 팬데믹 이후 경영이 어려워져, 지금은 보조인력 없이 혼자 운영하고 있다. "그럭저럭 하다 보니 세월이 가고, 이제 혼자서 일하고 있네요"라며 살짝 웃었다. 아침 9시에 출근해 오후 5~6시에 문을 닫는데, 대부분 예약제로 하다 보니 혼자 일해도 별로 어려움이 없다고 했다.

그는 "마음은 편해요. 육신은 좀 고달프지만 …"이라고 편하게 답했다. 누구든지 평생 사업을 하다 보면 수많은 어려움이 있을 거라고 거들자, "모든 것을 내가 부족한 탓으로 여기며 여기까지 온 겁니다"라며 작은 체구에 당찬 표정을 지어 보였다. 김 원장은 체격이나 목소리는 작았지만, 과거의 업력을 얘기할 때는 눈빛이나 표정에 오랜 경륜에서 묻어나는 카리스마가 언뜻언뜻 보였다. 아주 당찬 분이라는 생각이 들었다.

변함없는 일과와 일하며 겪는 보람과 어려움

그는 자신이 인정받는 헤어 디자이너로 지금까지 일할 수 있었던 것을 차분한 어조로 말했다. "나름 정성을 다했더니, 한 번 하고 가신 고객들 소개로 다른 고객이 오시더라고요. 그럴 때 보람은 말로 다 표현할 수가 없지요. 저를 인정해준 것 같아, 바로 이일이 내 인생이고 내 '달란트'구나 라고 생각하지요. 인정받는 게 굉장한 에너지를 만들어 다시 즐겁게 일하도록 해주죠." 50년 가까이 한 업종에서 일한 고수의 이미지가 그대로 보였다.

미용일을 하면서 힘들었던 사례를 들려달라고 부탁했다. "때로는 고객이 (머리 스타일 등등) 마음에 안 들어 할 때가 있어요. 그럴 땐 무조건 제 잘못이라고 몇 번이고 사과하지요. 또 예약한 고객보다 먼저 온 고객에게 시술을 했다가 예약한 고객이 기다리게 되어 불쾌해 하며 가버린 경우도 있었어요. 그 예약 고객은 지금도 안 오시지요. 예약시간까지 끝낼 수 있겠다 싶었는데, 제 생각이 짧았죠. 그런 것이 너무 마음 아프고 힘들었어요."

이제 70대 고령인데, 신체적으로 힘든 부분이 있는지도 물었다. "이 나이도 고령이라고, 오래 서 있으면 이제는 다리가 저려요. 이것이 바로 세월이구나 싶지요. 그래도 일할 때는 절대 고객에게 내색을 하면 안 됩니다. 내가 이 일을 할 때까지는 항상 맡은 일을 저 나름대로 충실히 하려고 합니다"라며 웃었다.

"요즘은 나이가 들어선지 새벽에 잠이 깹니다. 그러면 일어나서 새벽기도 갔다가 아침 9시경에 출근해 손님을 맞고, 늦은 오후에는 사랑방이 된 미용실로 친구들이 모여 함께 밥도 먹고 놀다가 집에 가는 게 일상이지요. 낮에 손님이 없을 때는 한참을 졸기도 해요. 건강을 위해 따로 운동을 하지는 않지만, 지하철을 타고 출퇴근하며 몸을 움직이지요." 이런 것이 종일 일을 하는 70대 미용사의 건강유지법인지도 모르겠다. 새벽기도 가고, 본업에 충실하면서 경제활동을 하고, 저녁에는 좋은 사람들과 만나서 먹고 얘기하고. 혼자 운영을 하는 그에게 저녁 무렵 거의 매일 만나는 친구들과의 시간은 그에게 친밀한 사회적 관계를 유지하는 적절한 기회가 아닐까 생각했다.

단골 고객이 몇이나 있는지 물었다. "현재 꾸준히 오는 사람이 50명 정도는 됩니다. 제가 미용실을 옮길 때마다 따라다니던 사람들도 이제는 나이가 들어 못 오는 경우도 많고요. 또 코로나 팬데믹 이후에 고객들이 제법 줄었지요. 그래도 미장원이 아파트 단지 상가에 있으니까 젊은 엄마들과 아이들도 많이 옵니다. 또 상가 내에 학원이 있다 보니 학생들도 오지요."

칠순의 나이에도 고객이 오면 피곤한 줄 모르고 성심껏 일하는 베테랑 미용사의 자세를 충분히 엿볼 수 있었다. "요즘은 일을 많이 하려는 욕심은 없고, 그냥 흘러가듯이 일하고 있습니다"라며 간결하게 말했다. "어느 남자분 머리를 손질해줬더니 마음에 들지 않았는가 봐요. 속으로 '다른 데 가서 해보라지'라고 생각했지요. 그런데 한참 지나서 다시 왔더군요. 아무 말 않고 손봐드렸지요." 우리는 함께 웃으며, 여러 가지 에피소드를 나누었다.

노년에도 변함없이 미용실을 운영하다

김 원장에게 이 일을 언제까지 할 계획인지 물었다. "언제 손을 뗀다는 생각은 아직 해보지 않았고, 아프지 않으면 그냥 흘러가는 대로 큰 욕심 없이 계속한다는 생각만 하고 있어요. 말씀드린 대로 저는 지금 굉장히 즐겁게 일하고 있습니다. 그리고 흐름에 따라가려고 미용협회에서 실시하는 교육도 받으러 갑니다." 그리고 그는 고객의 머리 손질을 마치면 시원하게 안마도 해준다고 했다. 어디서 그런 기운이 나오는지 묻자, 일하다 보면 저절로 기운이 난단다. "고객들에게 가끔 보리밥만 드시지 말고 쌀밥도 한번 드셔보세요"라며 다른 미용실도 가보라고 권하지만 이내 다시 오는 고객들이 많다고 자랑삼아 말했다.

그는 미용실 청소를 고객이 없는 시간에 직접 한다. 시술용 의자가 6개나 되는 적지 않은 규모의 공간을 다른 사람 손 빌리지 않아도 혼자서 관리할 수 있다고 쾌히 말했다. 우리는 미용업 종사자라면 당연히 젊은 사람일 거라는 선입견을 가지고 있을지도 모른다. 하지만 김 원장의 사례에서 보듯이, 평생을 일해 온 장인(?)이면서 여전히 건강하게 업을 유지할 수 있으니, 이것은 곧 자영업의 이점일 것이다. 그리고 건강하고 역량이 있는 고령자라면, 충분히 시장 경쟁력을 갖고 일할 수 있는 직종들이 있음을 이해할 필요가 있다.

그는 가족으로 남편과 아들이 있다고 했다. 건축업을 하던 남편은 자신보다 몇 살이 많아서, 이미 하던 일을 접었다. 그 후로 남편은 지금까지 약 10년간 초등학교와 고등학교에서 경비일을 하고 있다. 먼저 초등학교에서 4~5년 일하면서 최저임금 정도의 급여를 받았다. 그 후 지금 일하는 고등학교에서 계속 일하는데, 현재는 파트로 일하면서 월 100만 원 정도를 받는다. 남편은 70대 중반인데도 계속 출근하니 월급이 적어도 만족한단다. 아들은 아버지처럼 건축업을 하고 있다. 이제는 그가 가사일을 전적으로 할 수는 없고, 남편이 청소와 쓰레기 버리기 등 일부 가사일을 돕는다. "마침 남편에게 집필 인터뷰에 응했다고 말하자, 당신은 인간극장에 나와도 되는 사람이야"라고 하더라면서 크게 웃었다.

영원한 일터이자 만남의 장소가 된 미용실

애기를 듣고 보니, 미용실은 그가 성실하게 일하는 영원한 일터라는 생각이 든다. 그리고 요즘은 친구들과 함께 시간을 보내는 놀이터이기도 하다.

그는 자영업자라서 칠순이 넘어도 일할 수 있고, 젊은 시절부터 엄격한 기술훈련을 받았고, 지금도 한두 달이나 적어도 석 달에 한 번은 교육을 받으러 갈 정도로 열정이 여전하다.

김 원장을 70대 초반의 고령이면서도, 언제나 '현재가 인생의 전성기'인 것처럼 일하는 대단한 분이라고 평하고 싶다. 그런 그에게 노년기에도 계속 일하는 것에 대해 어떻게 생각하는지 물었다. "경제적인 것을 떠나서라도, 수명이 길어졌으니까 더 일해야겠지요"라고 말했다. 노년기 일의 의미를 이렇게 간략하게 설명할 수도 있구나라는 생각이 잠시 들었다. 평생을 한 가지 일에 전념했던 그가 노년기에 들어서도 자영업이라는 일의 특성상 쉼 없이 일

할 수 있고, 병이 생기지 않는 한 앞으로도 당연히 계속할 생각이
라는 말에 '큰 욕심 없이 흘러가듯이 일한다'는 그의 표현이 틀림
이 없어 보였다.

8 퇴직 후에도 빛나는 길, 시니어취업컨설턴트의 여정

현장에서 시니어취업컨설턴트를 하는 김상훈님(출처: 노인일자리 브이로그).

주된 일자리 경험

한국노인인력개발원* 서울지역본부에서 시니어취업컨설턴트로 일하고 있는 김상훈님은 취업을 희망하는 60세 이상 고령자에게 상담, 정보제공, 교육기관 안내, 노인일자리 사업 안내, 민간기

---

* 2004년부터 보건복지부에서 시행하는 노인일자리 개발 및 보급, 노인일자리사업 종사자의 교육훈련, 노인일자리에 관한 조사 및 연구, 노인일자리 종합정보시스템과 노인인력 데이터 베이스 구축 및 운영, 지역노인일자리 전담기관에 대한 지원 및 평가. 일자리와 연계된 노인 사회참여 활성화 등의 역할을 수행하는 공공기관이다.

업 취업알선 등을 지원한다.

그는 주류회사인 H기업에서 34년간 근무하고 퇴직했다. 주된 일자리에서 기획, 마케팅, 영업부서까지 두루 경험하며 많은 성과를 냈고, 퇴직한 이후에도 외국계 컨설팅 회사에서 주류 마케팅 자문을 요청받을 정도로 상당한 전문성을 보유하고 있다.

"한 2년 전까지는 주로 외국계 컨설팅 회사에서 저한테 컨설팅을 요청하는 경우가 제법 있었어요. 주류 마케팅에 대한 자문 요청건이었는데, 유통전략이나 영업부문, 아니면 M&A 관련 자문도 있어서 퇴직한 이후 작년까지 그런 일을 제법 했던 것 같아요."

그는 차분해 보였으나, 말투는 명료하고 힘찼다. 지금까지의 생활 습성이 배어 여전히 일 중심으로 살고 있는 성실한 사람으로 보였다. 퇴직을 준비하며 만난 멘토가 취미 거리를 한번 찾아보라고 조언했을 만큼 일 중심의 생활에 익숙하다. "취미가 뭐예요?"라고 물으면 선뜻 대답을 못하던 그에게도 지금은 취미가 생겼다고 한다. 주말은 항상 아내와 함께 좋은 카페를 찾아다니고, 맛있는 음식을 먹으며 여행을 다니는 여가생활이 일상화됐다. 곧 받게 될 공적연금, 노후를 위해 준비한 개인연금과 근로소득을 합하면 노후생활을 하는 데 부족하지 않을 거라며 경제 수준도 나름 만족하고 있었다. 그는 일을 행복한 노년기를 보내는 가장 중요한 수단으로 인식하고 있었다. 현재 하는 일이 경제적 도움뿐 아니라 인간관계를 열어주고 사회와 소통하는 기회이자 통로이기 때문이다.

비록 시니어취업컨설턴트 업무는 과거 업무와 성격이 다르지만, 일하는 방식은 공통점이 많아 과거의 경험이 여러모로 도움이 된다고 했다. 소통능력은 그의 직업생활에서 가장 유용하게 쓰인 경험이다. 주된 일자리에서 마케팅 업무를 하며 일상적으로 다양한 부서들과 소통하고 설득하는 역할을 해왔는데, 그런 다년간 쌓아온 노하우를 지금 시니어취업컨설턴트 일에도 활용하고 있다고 했다.

"과거 주된 직장에서 하던 일들이 독자적으로 하는 것이 아니라 생산부서, 연구소, 영업부서, 관리부서 등과 코디네이션 역할을 하는 것이라, 제 나름대로 쌓은 노하우들이 지금 일을 하면서도 상대방을 설득한다든지 기업발굴을 할 때 도움이 되고 있어요."

시니어취업컨설턴트가 되기까지

그는 자신의 퇴직준비 과정을 목표수립–교육–역량개발강화–현장경험 단계로 요약했다. 우선 퇴직 후에 시니어일자리 상담사로서 취업하겠다는 목표를 세우고, 그 목표에 필요하다고 생각되는 여러 교육을 받았다. 또한 은퇴 관련 교육을 마친 이후에는 역량개발을 위한 직업상담사 자격증 취득에 도전하였고, 컴퓨터 활용능력을 키우기 위해 자기개발을 게을리하지 않았다. 정년을 1년 앞두고 직장에서 퇴직한 후, 전직지원 컨설팅 회사에서 3개월간 생애설계 교육을 이수했다. 그때 멘토의 조언으로 다시 일을 해야겠다는 결심을 하고, 서울시50플러스재단과 노사발전재단에서 운영하는 교육과정을 마쳤다. 또한 직업상담사로서 상담 경험을 쌓고 싶어서 재능기부 활동을 했고, 취업박람회에서 상담과 취업 알선 등 실전 감각을 익혔다.

"앞으로 뭘 하겠다는 목표를 세워 그 목표에 맞는 교육들을 받기 위해 서울시50플러스재단, 상상우리, 노사발전재단의 교육과정을 거쳤어요. 그다음에는 역량개발을 위해 직업상담사 자격증에 도전했고, 동년배 활동단이라는 실무과정을 거쳤습니다. 현업을 하면서 필요한 컴퓨터 활용능력을 키우기 위해 개인 레슨도 받고, 엑셀과 파워포인트를 다룰 수 있는 역량을 개발하고, 현장이라는 최종 목표에 가기 전에 디딤돌 일자리에서 재능기부로 상담업무도 했었거든요. 그리고 아르바이트였지만 취업박람회에서 퇴직예정자를 대상으로 상담해 주고 채용·알선 업무도 경험했습니다."

그는 한국노인인력개발원에 입사해서도 매년 9월에 열리는 노인일자리 주간에 직업상담사로서 상담활동을 해볼 기회가 있었는데, 현장에서 70~80명의 퇴직자를 대상으로 상담을 한 적도 있다. 하지만 이 업무를 하면서 자신이 아직 많이 부족하다는 느낌이 들었다고 말했다.

"이 업무를 하면서 제 자신이 많이 부족하다고 느낍니다. 이 일을 한 지 한 2년밖에 안 되다 보니 당연할 수도 있지만, 제 목표는 시니어일자리 전문가가 되는 것입니다. 그 목표를 이루기 위해서는 공부도 해야 하고, 교육도 해야 되고, 현장에 대해 더 많이 알아야 하는데…, 내가 다른 사람의 인생 2막을 설계할 수 있는 어드바이저로서 역량이 될까 하는 면에서 부족함을 많이 느낍니다."

모든 것의 중심은 일이다

김상훈님은 퇴직 준비과정에서 일하는 것이 가장 중요하다는 확신을 가질 수 있었다. 그런 결론에 도달하는 과정에서 퇴직한 친구들이나 주변 사람들의 조언을 듣기도 했다. 긴 노후를 어떻게 보내야 할지 막연하게 느껴졌고, 경제적 문제를 따져 봐도 일하면서 얻는 유익이 상대적으로 크게 다가왔다.

"노는 것도 길어야 1년이지, 그 긴 세월을 어떻게 그렇게 보낼 수 있겠어요? 적당한 일은 건강과 경제적 측면, 가정의 화목과 다 연결되기 때문에 모든 것의 중심에 일이 있다고 자연스럽게 느끼게 됐습니다."

객관적으로 예전의 보수와는 비교할 수 없을 만큼 적지만, 그는 그 금액을 적다고 생각하지 않았다. 2025년부터 국민연금을 수급하고 여기에다 노후자금으로 준비한 개인연금까지 더해지면 일하면서 받는 금액이 안정적인 생활을 하는 데 상당히 기여할 거라는 것이다.

"일을 하게 되면 월 300~350만 원 정도는 되니까 지속적으로 오랫동안 일을 해야겠다는 생각을 갖게 되고, 일하면서 자금이 쌓이면 자식들한테 손 안 벌릴 수 있잖아요."

또한 그에게 일자리가 중요한 것은 일 그 자체가 관계망이기 때문이기도 하다. 학교 동창, 직장에서 맺은 선후배 관계, 퇴직 후에 만난 인간관계까지 계속해서 사회적 관계를 확장하는 중이라는 기대에 찬 그의 말에서 인간관계에 대한 철학을 엿볼 수 있었다.

"퇴직하면 전 직장에 대해 이유 없이 섭섭함을 느끼는데, 저는 그 회사를 잘 활용하라고 조언하고 싶어요. 오히려 저는 기업을 발굴하면서 후배들의 도움을 많이 받았어요. 후배들을 만나면 제가 계산합니다. 제가 돈이 많고 적고를 떠나서 고마운 거거든요. 그 래서 지금도 앞으로도 계속 관계를 유지할 겁니다."

시니어취업컨설턴트로서 그는 자부심이 대단했다. 제2의 인생을 어떻게 살아가야 할지 막막한 사람들에게 그가 도움을 줄 수 있기 때문이다. "준비가 안 된 상태에서 퇴직하는 사람이 90% 이상이에요"라는 그의 말에서 안타까움이 느껴졌다. 퇴직 후의 삶에 대해 불안감을 가진 사람들에게 자신의 컨설팅이 도움이 되길 기대했다. 자신의 도움이 필요한 사람들에게 퇴직 후 재취업의 방향성과 방법을 제시한 후, 그 사람이 생각을 바꾸고 무언가를 시도하는 것을 보면서 지금 하는 일에 많은 보람을 느낀단다.

"컨설턴트 일을 하면서 가장 답답한 것은 그분들이 너무 준비가 안 되어 있다는 거예요. 물론 저도 겪었지만, 백날 얘기해도 피부에 와 닿지 않아요. '나가서 설마 내가 할 일이 없겠어?'라는 얘기를 많이 하시거든요. 아직 2년밖에 안 되었지만, 전문가가 되어 내가 겪었던 시행착오를 최소화하고 인생 2막을 설계하는 데 도움이 되고 싶어요."

그는 퇴직을 막연한 두려움으로 맞이하는 대신 능동적으로 준비했다. 인생 2막을 도전적 자세로 준비하며 자신의 꿈을 펼치고 있는 것이다. 시니어일자리 전문가로서 퇴직자들에게 도움이 되고 싶다는 목표가 생기면서 그는 퇴직을 새로운 기회로 받아들였다. 한국노인인력개발원에서 이 일을 하며 노년기에 접어들 때까지 경험을 쌓고, 그 이후에는 시니어클럽에 소속된 시니어컨설턴트로서 일할 수 있기를 기대하고 있다.

9 웃음과 열정으로 채우는 노인돌봄의 현장

새로운 가능성과 보람을 찾은 김명래 노인건강돌봄지도사.

퇴직준비 과정

김명래 노인건강돌봄지도사는 표정과 말에 웃음이 가득하다. 경기도 안성시와 안성의료복지사회적협동조합은 노인일자리 사회서비스형 선도모델 시범사업으로 노인건강돌봄지도사를 양성해 취약 노인에게 건강 및 돌봄 서비스를 지원하고 있다. 김명래 님은 안성시에서 태어나 30여년 간의 공직생활을 마치고, 현재 63세로 여전히 활기찬 삶을 살아가고 있다. 한때 밴드활동도 했고 라이브 카페를 운영하고 싶어할 만큼 음악을 좋아한다. 지금 그가 노인건강돌봄지도사로 일하게 된 계기가 되고, 이 일을 지속하는 힘의 원천이 된 것은 음악이지 않을까 한다. 그리고 인터뷰를 하면서 그의 성실한 성격과 봉사정신에 금방 매료됐다. 과거 공직생활 애기를 들으면서는 영화 '홍반장'을 연상하게 됐다. 동네 반장인 홍반장은 시골 마을에서 일어나는 크고 작은 문제들을 척척 해결하는 만능 해결사였다. 김명래 노인건강돌봄지도사도 그러한 듯했다. 퇴직하기 3년 전에 그가 태어난 보개면의 면사무소에 발령이 났다. 면사무소로 발령받은 그는 지역주민을 위해 봉사하는 것이 너무 즐거웠다고 한다. 면사무소는 지역주민들과 접촉점이 많은 사랑방 같은 곳이기에 민원이 생기면 누구 일 가리지 않고 지역주민의 입장에서 문제를 해결하려고 노력했다.

"시청에서는 인허가 관련해서 맨날 부딪히고 싸웠는데, 면사무소는 그렇지 않고 사랑방처럼 지역주민이 그냥 오세요. 차 마시러 올 수도 있고, 물어볼 게 있을 수도 있고…. 대개 그런 민원들은 단순해서 무조건 민원인 편에 서서 해결해 주려고 했어요. 그러다 보니까 주민들이 저를 무척 좋아했지요. 슬레이트를 어떻게 철거하면 좋으냐고 하면 담당자에게 물어 해결할 수 있는 방법을 찾아 드리고, 어디에 쓰레기가 많다, 다리가 무너지려고 한다면 직접 발로 뛰는 걸 좋아해 일단 현장에 가보는 거죠. 안 되는 건 어쩔 수 없지만, 탁상행정만 하지 않고 현장에 나가서 해결해 보려고 해요. 민원인들이 절 찾으면 거절하지 않고 무조건 나가는 거예요. 그것이 저에게 엄청난 재산이 됐어요."

그는 정년퇴직을 한 선배들의 생활을 보면서 퇴직 후 뭘 해야 할지 고민이 많았다. 공직을 떠난 많은 이들이 농사를 짓거나 아파트 관리·경비 일을 하지만, 그는 그런 일들이 내키지 않았다. 노년을 행복하게 보낼 수 있는 일을 하고 싶었기에 적성에 맞는 일을 찾으려 노력했다. 한방차에 관심이 많아 퇴직하기 10년 전부터 매주 서울 인사동에 있는 학원을 다니며 실습교육도 마쳤다.

그러던 그가 생각을 바꾸고 노인건강돌봄지도사를 하게 된 계기는 우연한 일 때문이었다. 어느 날 한 마을에 출장을 갔다가 음악과 노랫소리가 나오는 경로당을 보고 노인들에게 다양한 운동과 프로그램을 제공하는 경로당 활성화 사업에 관심을 갖게 됐다.

"어르신들에게 운동과 여러 프로그램에 맞춰 수업을 하고 있다는 얘기를 듣고 저도 몰래 귀 기울이게 되었어요. 사무실에 돌아와 관련 부서를 알아보고는 내 적성에 맞겠다는 생각이 들었어요. 정년퇴직을 하기 1년 전에는 본격적으로 그 일을 준비했죠."

노인건강돌봄지도사로서 제2의 인생 도전

그가 활동하고 있는 안성의료복지사회적협동조합(이하 안성의료사협 병행)을 먼저 소개한다. 현재의 안성의료사협은 1994년 4월에 안성시민이 지역사회 공동체 운동으로 건강, 생활과 관련한 문제를 해결하기 위해 창립했다. 안성의료사협 홈페이지에는 다음의 세 가지 사업 방향을 밝히고 있다.*

---

* 안성의료복지사회적협동조합 홈페이지 http://www.asmedcoop.or.kr

1. 지역주민이 주인인 조직으로 시장경제 논리에 의해 움직이는 반생명적인 제도와 풍토를 극복하고 이윤 동기보다는 공공의 이익(건강유지)을 위해 건강한 지역 만들기를 최우선 과제로 사업을 전개합니다.

2. 조합원 및 주민의 의견을 즉각적으로 반영하는 구조로서, 조직의 유연성을 확보할 수 있고 조합원과 주민의 평가가 피드백 시스템으로 작용할 수 있습니다. 또한 일하는 사람도 모두 주인이므로 자발성, 효율성을 극대화할 수 있도록 합니다.

3. 지역사회 내 보건의료문제로 만성병, 노인문제 등이 부각되면서 주민의 건강에 대한 자각과 생활 습관의 변화, 올바른 의료형태 확립과 자발적이고 협동적인 노력이 더욱 중요시되고 있습니다. 따라서 지역사회 내 보건의료문제를 해결함에 있어서 주민의 자치적이고 협동적(공동체적)인 활동을 중요하게 생각합니다.

안성의료사협은 창립 이전 1987년부터 연세대학교 기독학생회의 주말진료소 활동으로 시작했고, 안성시민의 보건, 의료, 복지 발전을 위해 꾸준히 사업을 해오다 협동조합으로 발전한 것이다. 현재 안성의료사협은 지역주민을 위한 의료기관 운영, 요양보호사 교육, 건강관리 프로그램(건강리더, 우리마을건강지키미, 돌봄지도사)을 운영한다. 안성의료사협의 노인건강돌봄사업은 노인일자리 사업과 연계하여, 2022년에는 시범사업을 거쳐 사회서비스형 일자리로 추진되면서 독거노인의 혈압, 혈당 등 만성질환 모니터링, 건강체조, 인지활동 개선, 말벗 등의 정서지원 서비스까지를 노인일자리사업으로 지원하고 있다. 2023년에는 81명의 지도사들이 가정방문 278명, 경로당 15개소 85명 등 총 363명에게 건강돌봄 서비스를 지원하는 활동을 수행했다(안성의료사협 12월호). 지도사들은 매일 3시간씩 1주일 15시간, 월 60시간을 경로당이나 독거노인의 집을 방문해서 혈압이나 혈당을 체크하고, 책 읽기와 일상적인 대화를 통해 돌봄서비스를 제공한다. 이 서비스를 위해 노인건강돌봄지도사들에게는 혈압계와 당뇨 측정기가 지급되어, 현장이나 가정에서 어르신들의 혈압과 혈당을 직접 측정할 수 있는 개별 건강관리시스템을 구축하게 됐다. 덕분에 어르신들의 만족도가 높다. 또한, 전담 간호사가 상주해 지속적으로 모니터링할 수 있어, 이는 서비스의 질을 더욱 향상시키는 중요한 요소가 되고 있다.

이런 활동에 적극 참여했던 김명래 노인건강돌봄지도사는 건강체조 교육과 확산에 기여한 공로로 안성시장으로부터 공로상을 수상하였다. 그는 비록 저축할 만큼 여유롭지는 않지만, 이 일을 통해 받는 월 약 70만 원의 급여와 퇴직연금으로 큰 어려움 없이 생활하고 있다. 퇴직한 후, 그는 시간을 보내기 위한 일이 아니라 즐겁고 보람 있는 일을 찾고자 했다. 공직에 있을 때도 양로원, 장애인복지관, 저소득층 가정을 위한 봉사활동에 적극 참여했고, 지금도 봉사하는 마음으로 열정을 다해 일하고 있다. 프로그램을 준비하고 수행하는 과정이 때로는 힘들지만, 어르신들이 자신의 강의를 통해 즐거워하시는 모습을 볼 때 큰 보람을 느낀다. 비록 급여는 많지 않다고 생각하지만, 사회와 부모님을 위해 꼭 필요한 일이라는 사명감으로 만족하며 일하고 있다.

2022년 6월부터 경로당 이용 노인을 대상으로 건강체조, 실버체조, 치매예방체조, 웃음치료 등 일상적인 건강체크 프로그램 외에도 노래 부르기, 율동, 체조를 맡고 있다. 그의 일과는 새벽 4시부터 시작되는데, 매일 노래와 율동을 기획하고 진행 멘트를 준비한다. 1시간 이상 분량의 프로그램을 개발해 반복해서 외우고 연습해야 한다. 노인들이 지루하지 않게 매주 동요와 옛날 노래를 바꿔가며 준비하고 율동을 개발한다. 그런데 그의 일은 여기서 끝나는 것이 아니다. 그는 의료사협에서 매주 지도사를 대상으로 하는 사례교육 시간에 자신이 했던 내용을 전수하는 교육도 맡고 있다.

"일단 누우면 교육 생각만 나요. 잠은 안 오고 계속 머릿속에 박혀 있어요. '율동은 이거이거…' 하는 식으로 생각이 계속 나더라고요. 자면서도 생각하니까 엄청 연습하고 들어가는 거죠."

이 일을 한 지 1년 6개월이 되면서 이제는 자신감도 들고 마음의 여유가 약간은 생겼다. 하지만 처음부터 좋았던 것은 아니다. 노래, 율동 기획이나 소품 준비를 혼자하려니 무엇부터 해야 할지 몰라 애를 먹고, 나름 준비해 가도 평균 7~8명 되는 경로당 이용자들이 이런저런 이유로 나오지 않아 속상했다. 초기에는 스트레스를 많이 받아 친구나 지인들이 만류하기도 했다.

"처음에는 1시간짜리 건강체조가 두려웠어요. 그러니 내가 즐겁지 않고 안색도 안 좋고 웃음도 없고, 힘들어했어요. 그러나 노력 끝에 지금은 웃고 즐기면서 하니까 자신감도 생기고, 뱃살도 들어가 건강해져서 저에게는 큰 이득이 되었어요."

노력으로 두려움을 이긴 뒤 찾아온 보람

김명래 노인건강돌봄지도사는 자신을 노력파라고 했다. 무엇보다 하고 싶은 일과 관련해 교육과 훈련을 받는 데 집중했다. 그는 20년 전에 이미 안성의료사협의 조합원으로 가입했다. 그 후 이사장님에게 의료사협에서 노인건강돌봄지도사를 모집할 계획이 있다는 것을 들었다. 당시 안성의료사협에서는 가정방문을 통해 돌봄서비스를 제공하는 사업을 구상하고 있었던 것이다. 마침 이사장이 그가 실버체조지도사와 치매예방지도사 자격을 갖고 있다는 애기를 듣고는 사업내용에 경로당에서 건강체조와 치매예방 교육도 포함해 사업을 추진하게 되었다고 한다. 그는 두 달 과정의 노인건강돌봄지도사 자격취득 교육과정을 마치고, 자신의 재능을 활용해 경로당에서 실버건강체조 교육을 하게 됐다. 김명래님은 이런 자신의 애기를 들려주면서, 누구든지 퇴직 후 제2의 인생을 위해서는 노력과 투자가 필요하다는 것을 강조했다.

그는 퇴직 후 지금 일을 하기로 결정하고 난 후, 학원에 등록하여 필요한 자격증을 취득하는 교육과정을 6개월 동안 거쳤다. 학원을 다니면서 실버체조강사, 치매예방, 레크레이션 강사, 스마트폰 활용 지도사 등 각종 자격증을 우선 취득했고, 4개월 동안은 실전 교육, 즉 실습도 받았다. 그는 "우리 부모님을 돌본다는 생각으로 일하고 있다"고 말했다. 공직생활을 하면서 사회공헌을 하고 싶다는 마인드가 몸에 배어 있던 덕에 지금 하는 일이 가능하다고도 말했다. 봉사정신이 없으면 이 일이 불가능할 것이라고도 말했다. 그러면서 같은 일을 하고 있는 동료들도 자신과 비슷한 마음으로 일하고 있다는 것을 강조했다.

그는 일하면서 만나는 동료들과의 관계에도 만족하고 있었다.

경로당을 2인 1조로 방문해 프로그램을 운영하는 방식이다 보니, 서로 조언을 주고받으며 힘들 때는 격려해주는 든든한 동반자가 된다. 함께 식사하고 차를 마시며 다양한 얘기를 나누면서 자연스럽게 돈독한 유대감을 형성하고 있다. 무엇보다도 어르신들이 프로그램에 적극 참여하고 즐거워할 때, 가장 큰 보람과 힘을 얻는다. 자신이 건강하고 단정한 외모를 유지해야 강사로서 오래 활동할 수 있다고 생각하기에 건강과 외모 관리에도 신경을 많이 쓴다. 그는 앞으로 10년은 더 이 일을 하고 싶다는 포부를 밝힐 정도로 일에 대한 자부심과 열정이 크다. 단순한 직업이 아니라 삶의 보람이자 사명으로 여기며, 오늘도 어르신들과 함께하는 시간을 소중히 여긴다.

김명래 노인건강돌봄지도사의 얘기를 통해, 진정한 행복은 좋아하는 일을 하며 누군가에게 도움이 될 때 찾아온다는 것을 깨닫게 된다. 그는 퇴직 후에도 배움과 실천을 멈추지 않고, 스스로 제2의 인생을 개척해 나가고 있다. 이 사례가 퇴직 후 삶을 고민하는 이들에게 노년이 단순한 휴식이 아니라, 새로운 가능성과 보람을 찾는 시간이 될 수 있음을 전하는 계기가 되길 바란다. 그의 삶은 퇴직을 앞둔 사람들뿐만 아니라, 누구나 자신의 길을 주체적으로 만들어갈 수 있다는 희망의 증거가 아닐까.

PART 3

고령자
사회공헌활동 사례

1 새로운 나를 발견하며 시작된 감사한 삶

아름다운 이야기할머니 정혜원님.

이번에 소개할 노년기 사회공헌 사례는 '아름다운 이야기할머니'다. '아름다운 이야기할머니' 사업은 경북 안동시 도산면에 있는 한국국학진흥원에서 시작되었다. 이 사업을 한국국학진흥원이 추진한다는 것이 다소 의외였지만, 인터뷰를 위한 자료수집 과정에서 보니, 공모를 통해 기관의 특화 사업으로 지정된 것이었다. 지금은 이 사업이 전국적으로 뻗어나가, 전국의 '이야기할머니'들이 여러 지역에서 활동하기에 권역별로 전국에 지부가 설치되어 있다. 그중 서울특별시 종로구에 위치한 서울 사무소는 근처 경복궁을 비롯해 세종음식문화거리 등, 사무소 인근의 거리가 예스러운 분위기여서 그런지, '아름다운 이야기할머니'와 꽤 어울리는 모습이었다.

인터뷰를 위해 만난 '아름다운 이야기할머니' 정혜원님은 한복을 곱게 차려입고, 약속 시간보다 일찍 와서 기다리고 있었다. 그는 '이야기할머니'답게 낭랑하고 고운 목소리로 자기소개와 더불어 지원동기를 말해주었다. 정혜원님은 아름다운 이야기할머니 5기이며, 나이는 71세다. 현재 남편과 40대 아들과 동거 중이며, 딸은 결혼해서 분가했다.

그는 2012년에 우연히 '이야기할머니' 활동 관련 신문 기사를 접하게 되었고, 무언가 모를 강한 끌림과 동시에 이 활동에 대한 강한 욕구가 생겨났다. 그래서 다음 해 '이야기할머니' 모집에 지원하여 합격하고 '이야기할머니'로 활동을 시작하게 됐다. 이전에 이렇다 할 사회활동은 하지 않았음에도 불구하고, 61세가 된 시점에 운명처럼 만나게 된 이 활동에 용기를 내어 도전하고 10년이나 지속한 것이다.

"제가 61세에 처음 활동을 시작해서 지금 10년 됐는데, 그전까지는 집에서 전업주부로 주로 애들 뒷바라지를 했어요. 제가 사실 음대를 나왔어요. 음악교사 자격증도 있었지만, 한 번도 교사로 활동을 안 해 봤어요. 그 외에도 다른 경제활동이나 사회활동, 봉사활동 같은 것도 해본 적이 없었어요. 그런데 신문에 난 홍보기사를 보고 눈이 진짜 번쩍 뜨여서 해보고 싶다는 마음이 들었어요."

'아름다운 이야기할머니' 사업은 유치원, 어린이집 등 전국의 유아교육기관을 할머니가 직접 방문해 삶의 지혜가 담긴 옛날얘기를 들려주는 사업이다. 이 사업은 2009년 안동에서 시작되어, 본원 인근의 대구경북 지역에서 30명의 '이야기할머니'를 양성하면서 확대해 나갔다. 2023년 현재, 전국적으로 3,179명이 '이야기할머니'로 활동하고 있고, 이 사업과 연계된 유아교육기관이 8,537개소에 이를 정도로 사업규모가 확대되었다.

이 사업에서는 만 56~74세 여성들을 모집하고 (재)교육시켜 유아교육기관에 파견하여 구연활동을 하게 하며, 지역별로 채용된 직원들이 할머니들의 현장 활동을 모니터링하면서 상시 지원하고 있다. 구연활동의 이야기 소재는 우리 옛이야기와 선현미담이며, 현재 총 621편(선현미담 164편, 우리 옛 이야기 154편, 지역전통 이야기 298편, 기타 35편)을 보유하고 있다. 이야기의 주된 내용은 선행, 지혜, 보은, 효, 나라사랑, 검소, 감사, 우애, 신의 등으로, 유아와 아동을 대상으로 교육 효과를 꾀하고 있다.

이 사업은 장노년 여성들에게 자원봉사활동과 결합된 일자리를 제공함으로써 사회공헌과 소득보전 효과를 기대하기도 한다. 장노년층 대상의 사회공헌활동 성격이 강하지만, 시급 4만 원을 받으며 최대 5년간 활동할 수 있기에 경제적인 이점도 있어서 장노년층에게 인기가 많다. 10여 년간의 사업 노하우가 쌓이고 사업단의 적극적 홍보와 유아교육기관 관계자 및 참여 '할머니'들의 입소문이 더해져 '이야기할머니' 모집 경쟁률은 매우 높다고 한다. 정혜원님이 합격했던 10년 전에도 이미 전국 경쟁률이 6대 1 정도였다. 서울 지구의 경쟁률이 상대적으로 높고, 특히 그가 거주하는 송파구는 전국에서 몇 순위 안에 들 정도로 높은 경쟁률을 자랑한다.

경쟁률이 높다는 것은 선발심사가 꽤 까다롭다는 것을 의미한다. 선발과정은 먼저 서류심사 후, 통과자에 한해 면접을 본다. 면접에서는 이야기책을 또박또박 정확하게 읽을 수 있는지, 목소리 등을 파악하기 위해 면접관들 앞에서 실제로 이야기책을 읽어보라고 요청하기도 한단다.

'이야기할머니'들이 활동하는 유아교육기관은 1년마다 바뀌며, 가능하면 '할머니'의 집 근처 기관에 배정된다. 사업 초기에는 한 번 시작하면 기본 10년까지 활동이 가능했지만, 7기부터는 형평성 문제로 인해 5년까지만 가능하다. 기본활동 기간이 종료되면 1회에 한해 3년간의 연장 기회가 주어지지만, 이를 위해서는 엄격한 평가를 통과해야 한다. 그동안 해 왔던 활동에 대한 평가와 더불어 평상시 수업을 면접관 앞에서 재연하는 것이다. 경쟁률도 매우 높기에 대부분 통과되지 못한다고 한다.

실제로 유아교육현장에 나가기 전까지 '이야기할머니'들은 체계적인 교육을 받는데, 신규교육, 월례교육, 심화교육으로 구분된다. 먼저 신규교육은 합격 당시에 본원이 있는 안동으로 가서 2박 3일간의 연수를 받는다. 이때는 '이야기할머니'로서 갖춰야 하는 기본자세, 활동에 필요한 이론, 몸가짐 등을 훈련받는다. 이후 약 5개월간 월례교육을 받는데, 이때는 한 달에 한 번 진흥원에서 보내온 이야기 구연 자료를 완전히 암기해서 강사와 동료들 앞에서 발표하고 피드백을 받게 된다. 이 교육과정을 모두 마쳐야 '이야기할머니' 자격이 부여되는데, 교육받는 당해 연도에는 활동을 나

가지 않고 그다음 해부터 활동을 시작한다. 마지막으로 활동 기간 내내 1년에 두 번 상반기, 하반기에 지역별로 '이야기할머니'들이 모여 전문성 향상을 위한 심화교육을 받는다.

각 지역에는 지역 담당 연구원들이 참여 할머니들을 관리한다. 주로 문자로 공지사항이나 수업할 이야기 내용에 대해 알려준다. '이야기할머니'들은 활동이 끝날 때마다 컴퓨터나 핸드폰으로 활동일지를 작성하고, 상담란에 연구원에게 전할 말을 남기며 소통하기도 한다. 수업에 활용할 이야기책과 삽화는 매주 할머니 자택으로 배달되는데, 1년에 한 34~35개 정도 이야기를 다루게 된다.

보람되고 감사한 활동 경험과 새로운 인생 2막의 시작

10년째 활동 중인 정혜원님의 활동 모습은 어떠할까? 진흥원에서 지정해 주는 유아교육기관에 가서 일주일에 세 번, 한 시간씩 수업을 진행한다. 한 번 가면 한 시간에 세 학급(5세 반, 6세 반, 7세 반)에서 각각 20분씩 수업한다. 그는 아이들이 '이야기할머니' 구연동화를 듣고 즐거워하고 성장해 나가는 모습을 보며 큰 보람을 느낀다고 한다.

그는 어린이집이나 유치원에서 만나게 되는 선생님들, 아이들과의 인연이 얼마나 소중한지에 대해 얘기를 이어갔다. 아이들과 선생님에게 '이야기할머니'를 그린 그림이나 수업하는 모습을 담은 사진집을 받은 적도 있단다. 크리스마스 선물, 엽서, 카드 등 소중한 마음의 표현들에 감사하고, 감동받는 일이 많다고 했다.

우리 사회는 장노년층의 사회참여나 사회공헌을 촉진하기 위한 기반과 제도가 충분하다고 볼 수 없다. 더욱이 여성 노인들은 체력과 열정이 있어도 결혼 후 대부분을 가정주부로 살아오며 사회활동의 경험이 부족해 사회공헌에 대한 접근 자체가 어렵고 엄두를 내지 못하는 경우가 많다. 이런 상황에서 '이야기할머니' 활동을 시작한 그들은 사회적 욕구가 상당히 충족되고 있을 거라 짐작됐다. 사회공헌이라는 거창한 표제를 굳이 거론하지 않더라도 집 밖으로 나가 비슷한 관심사를 가진 동년배를 만나 친분을 쌓고 좋은 일을 하며 시간 보내는 것만으로도 기쁜 경험이며, 심지어 훈련을 위해 교육받는 것조차도 즐겁다고 했다. 내용이 유익하고 그 시간은 그들끼리의 교류 시간이기도 하기 때문이다.

"심화교육 받을 때 (송파구) 1기에서 15기까지 다 같이 모이면 한 반에 40~50명 정도 되니까 엄청 많지요. 사실 예전에는 뭘 하고 싶어도 제도도 없고, 갈 데도 없고, 어디 가서 뭘 하겠어요. 그런데 이런 게 생기니 너무 좋아요. 나이 먹어서 갈 곳이 있다는 게 얼마나 좋아요? 그리고 할머니들이 교육을 참 좋아해요. 심화교육 가서 종일 교육받으며 점심도 같이 먹고 친구도 만나잖아요. 한동안 못 만나다가 그때 얼굴들 보니까 너무 반가운 거예요. 예전 신규교육 때 안동에서 같은 방 썼던 할머니도 만날 수 있고요. 그래서 다들 교육받는 걸 얼마나 좋아하는지 몰라요. 저도 은근히 교육 때를 기다려요. 우리가 학생이 아니다 보니까 강사들 이야기가 좋은 거예요. 돈 주고도 이런 강의를 듣기도 하는데, 저희는 그냥 들으니까 얼마나 고마운 일인가 싶구요. 보통 아침 9시부터 오후 5시까지 교육받는데도 수업 때 조는 할머니 한 명 없어요."

그리고 그는 교육과 수업활동을 통해 자기계발이 되고 점차 자신감을 높이게 됐다고 말했다.

"모든 게 훈련을 하면 쉬워지거든요. 처음에는 외우는 게 너무 어렵지만, 자꾸 해보면 요령이 생겨요. 이렇게 하다 보면 나도 할 수 있다는 생각도 들고. 또 다루는 얘기가 많지만 예전에 했던 얘기들도 있고 하니, 한참 읽다 보면 나도 모르게 머릿속에서 얘기가 줄줄 나와요. 어떨 때는 바빠서 못 외웠던 얘기도 애들 앞에 서면 그다음 줄거리가 착착 나와요. 자랑 같지만 이제까지 한 번도 얘기가 막혔다든지 기억이 안 난 적이 없어요. 사람의 뇌는 참 그러네요. 하게 되면 능력이 생겨요."

자기효능감이 높아진 10년차 베테랑 '이야기할머니'다운 모습이다. 정혜원님에게 이 활동은 어떤 의미가 있을까? 그는 활짝 미소를 지으며 목소리에 힘을 주어 말을 시작했다.

"저한테 이 일은 삶의 활력소가 돼요. 아침에 나갈 때 한복도 차려입고 화장도 하고 가야 되잖아요. 이렇게 차려입고 나만이 갈 수 있는 공간으로 간다는 게 얼마나 기쁜지 몰라요. 우리가 차려입고 갈 데가 어디 있겠어요? 주변에서 듣기 좋으라고 하는 말이겠지만 목소리도 할머니 같지 않고 젊어 보인다고 하는데, 사실 그게 다 훈련을 해서 그런 거거든요. 축 늘어지는 목소리로 하면 애들도 늘어지잖아요. 말할 때도 보통 한 톤씩 올려 말해요. '이야기할머니' 하러 가면 선생님이랑 아이들이 벌써 현관 앞에서부터 손하트를 날리며 '이야기할머니 오신다!' 하고 되게 좋아해요. '할머니, 오늘은 무슨 얘기 들려줄 거예요?'라며 초롱초롱한 눈으로 저를 바라보면서 할머니가 슬퍼하면 같이 슬퍼하고, 어떨 땐 우는 애도 있어요. 그 정도로 저한테 집중하거든요. 그래서 저희는 아이들한테 가면 새로운 힘, 에너지를 받아 가지고 와요. 끝나면 얼마나 마음이 뿌듯한지 몰라요."

이어서 활동을 통해 경험한 삶의 태도변화에 대해 말을 꺼내며, 오랜 기간 가지고 있었던 트라우마를 극복한 경험도 얘기했다.

"제가 원래 좀 트라우마가 있었어요. 원래 음악(첼로)을 전공했거든요. 대학입시 때 전공 실기시험을 보잖아요. 그 실기시험을 위해서 연습을 한두 번 했겠어요? 그런데 실기시험 보는 날, 너무 떨려서 순간 딱 얼어버렸어요. 그때부터 제가 사람들 앞에 나가면 가슴이 할랑거리고 긴장되는 트라우마가 생겼어요. 그 뒤로 어디 가면 너무 무서워서 아무것도 못 한 거예요. 모두가 나만 쳐다보는 것 같고. 그러다가 10년 전에 '이야기할머니'를 시작했잖아요. 첫해는 '이야기할머니'가 뭔지도 모르고 구연동화를 해본 적도 없는데, 열정만 가지고 지원한 거예요. 그래서 수업 전날에는 잠을 잘 못 자 수면제를 먹었어요. 애기들 앞이지만 긴장이 돼서요. 한 2년을 가슴이 떨리고 얼굴에 열이 나고 했어요. 그 만큼 열심히는 했어요. 지금처럼 잘하진 못했지만, 토씨 하나 안 틀리고 아주 성의껏 진흥원에서 교육받은 대로 수업했어요. 진흥원에서 한 번씩 연구원이 시찰 나와요. 할머니들이 잘하는지 확인하는 거예요. 언제 오는지 안 알리고 갑자기 나와서 암행어사라고 하거든요. 첫해는 연구원이 잘한다는 얘기도, 못 한다는 얘기도 없이 그냥 가셨데, 다음 해에 오셔서 작년에 그 할머니가 맞냐고, 너무 달라졌다는 거예요, 표정도 목소리도 모든 게. 고래도 칭찬받으면 춤을 춘다고, '열심히 하니 나도 잘하네?'라는 생각이 들면서 그때부터 뭔가 달라진 것 같은 느낌이 들었어요. 정말 열심히 노력했어요. 구청에서 수업 있으면 들으러도 가고요. 이왕 하는 거 열심히 해야지 생각했어요. 그 결과가 그렇게 나타난 거 같아요. 제가 이렇게 인터뷰하는 것도 예전의 저였으면 상상도 못 할 일이에요. 정말 많이 바뀐 거죠. 제가 노년기에 한 일 중에 가장 잘한 일을 꼽으라면 이 일일 거예요. 이거 안 했으면 어쩔 뻔했나 싶고. 무료하게 집에만 있는 할머니로 있지는 않았을까 생각해요. '이야기할머니'를 하니까 전엔 안 보였던 것들이 보여요."

정혜원님은 '이야기할머니' 활동을 시작하고부터 스스로가 지인들을 대하는 태도도 밝고 능동적으로 변화되었음을 느끼게 됐다. 원래 말이 없는 편이었고, 모임에서도 주로 듣는 입장이었다. 그런데 활동을 한 지 몇 년 지나자 말수도 늘고 무슨 일이든 긍정적으로 보이고, 지인들에게 표정이 매우 밝아지고 말투도 따스해졌다는 칭찬을 듣게 됐다고 한다.

이어서 그의 적극적 행보는 '이야기할머니' 활동에 그치지 않았다. 그는 10년에 걸친 '이야기할머니' 활동에서 얻은 성취감과 자신감으로 다른 활동에도 도전했다. 스스로의 역량강화가 이루어져 다른 일에 도전해 볼 용기와 능력을 갖추게 된 것이다. 그는 지난해 송파구 올림픽공원 안에 있는 농촌역사관에 해설사로 지원해서 합격했다고 한다. 예전에는 생각지도 못했던 일에 대해 '나도 공부 좀 하면 저 일을 한번 해볼 수 있겠다'고 하는 자신감이 생겼다는 것이다. 일주일에 한 번 활동하는데, 이 활동이 역사공부도 많이 되고 매우 유익하다고 말했다.

노년기에 접어들어 한 일 중 가장 잘한 일이 '아름다운 이야기할머니' 활동이라고 하니, 이 일이 그에게 어떤 의미일지 다른 부연설명이 필요 없겠다. 사람들 앞에 나서는데 극도의 긴장을 느꼈던 과거에서 이 활동을 통해 심리적 트라우마를 극복하며 점차 긍정적이고 능동적인 삶의 태도로 바뀌었고, 새로운 일에 도전할 수 있는 역량을 갖게 된 것이다. 개인의 삶에 있어서 어찌 보면 가장 큰 심리적 수확을 얻은 셈이다.

소득보전도 되는 효자활동

아름다운 이야기할머니 사업은 노년층의 사회공헌활동이자 소득보전 활동의 성격을 동시에 갖는다. 그에게 이 활동의 경제적 의미를 물었다. "이 사업을 노년층 대상의 일자리 사업이라고 하기에는 활동시간이 부족하지요. 우리가 1주일에 활동할 수 있는 시간은 3시간으로 제한되어 있어요. 그래서 사회공헌으로서의 의미가 더 강하다고 봐요. 하루 1회(1시간)당 4만 원의 수당이 지급되지만, 어떤 이에게는 더없이 소중한 보상이라고 생각해요."

평생 전업주부로 지내며 경제활동을 해본 적 없던 그는 활동 그 자체로 즐거울 뿐만 아니라 소득창출까지 가능한 부분이라고 의미를 부여했다. 급여로 개인 경비를 충당할 수 있고 다른 이들에게 더 많이 베풀 수 있음이 감사하고 기쁘다.

"제가 졸업하고 바로 결혼해서 돈을 한 번도 안 벌어봤어요. 이 일은 그냥 나가서 활동하고 싶어 시작했는데, 급여까지 나오니 얼마나 좋아요. 너무 소중해요. 급여 날이 기다려지고, 급여가 들어오면 함께 나눠요. '이야기할머니' 활동하다 보면 그걸로 친목모임도 하고, 또 가끔 여행도 가니까 회비도 내야 되잖아요? 그럼 급여 모은 걸로 여행 경비를 많이 내요. 또 손자 용돈도 주고요."

고3, 고1 손주들이 어렸을 때 한 번씩 만나면 주는 용돈을 너무 좋아했다고 기억했다. 손주들에게 직접 번 돈으로 용돈을 줄 수 있으니 감사하고, 신앙생활에서 기부도 기쁜 마음으로 할 수 있게 됐다고 한다.

든든한 사회적 관계망: 가족과 동료들의 지지

가족들은 열심히 활동하는 그의 모습을 보고 어떻게 느끼고 있을까? 노년기 사회활동을 촉진하는 요인들을 탐색한 선행연구들을 보면, 가족관계 만족도가 높은 경우에 지역사회 참여가 더 활발하며,* 특히 여성 노인의 경우는 가족관계 중 자녀와의 관계를 가장 중요하게 여기는 것으로 나타난다.** 그도 가족들을 누구보다도 가장 크게 지지해 주는 존재로 인식하고 있었다. '이야기할머니'로서의 활동을 해나가며 점차 긍정적이고 밝은 모습을 보이기 시작하자 가족들이 지지해 주었고, 대인관계에서도 긍정적인 피

---

* 염지혜, 전미애(2020). 노인의 가족관계가 지역사회참여에 미치는 영향: 성별차이를 중심으로. 한국노년학, 40(2), 239–255.

** 정영숙, 조설애, 안정신, 정여진(2012). 한국 노인의 삶의 의미 원천으로서 가족관계와 자기초월가치가 성공적 노화에 미치는 영향. 한국심리학회지: 발달, 25(1), 19–41.

드백을 받을 기회가 늘어난 것으로 보인다.

"활동 초기에는 잠도 잘 못 자고 얘기 외우기에 부담감도 갖고, 또 아침부터 가야 되고 그러니까, (식구들이) 처음에는 '그냥 집에 있지 뭐 하러 하느냐' 그랬는데, 좀 지나고 제가 너무 자부심을 갖고 좋아하니까(바뀌었어요). 남편은 제가 유치원 갈 때 운전해서 데려다 주기도 하구요, 딸하고 손녀딸은 가장 큰 지지자에요. 제가 필요한 거 있으면 바로바로 해주고, 인터넷도 능숙해 도움이 많이 돼요. 제가 활동한다고 집안일에 소홀하지 않으면서 책도 보고 하니까, 그때부터 식구들이 되게 좋아했어요. 저는 할머니치고는 연속극 같은 건 잘 안 봐요. 될 수 있으면 독서도 많이 하고요. 식구들도 그냥 멍하니 있는 엄마, 할머니, 아내보다는 진취적인 일을 하니까 더 좋아하는 것 같아요."

한편 '이야기할머니' 활동을 통해 형성된 동료 집단과의 사회적 관계망은 노년기의 중요한 인간관계로 자리매김하고 있었다. 사회공헌활동 그 자체가 주는 의미와 보람에 더하여, 이를 통해 알게 된 동료와의 끈끈한 인간관계가 활기차고 즐거운 노후생활의 버팀목이 되는 듯했다.

"'오송이'라고 송파구 5기 '이야기할머니' 모임이 있어요. 한 달간 교육장에서 일어난 얘기, 아이들과의 관계 등 할 얘기가 너무 많아서 서로 얘기하려고 할 정도에요. 맛있는 것도 먹으러 다니고 너무 좋아요. 같이 여행도 가고 얼마나 즐거운지 몰라요. 정말 자매 같아요."

활동적 노화를 몸소 실천 중인 정혜원님에게 노년기 사회활동에 대한 생각을 묻자, 노년기의 사회활동은 타인을 위한 활동에 무게를 두는 것이 중요함을 강조했다. 동시에 그는 동년배들이 이 활동에 적극적으로 도전해 보기를 바랐다.

"노년의 사회활동은 봉사나 재능기부가 주가 되어야 하지 않을까요? 내가 재능이 있으면 재능 기부하면서 사회 공헌하는 거죠. (중략) 봉사활동은 처음에는 지금까지 내가 받은 걸 돌려준다는 생각으로 했지만, 할수록 내가 살아있음을 느끼고 뿌듯해요. 또 적지만 급여가 나오니까 가정경제에도 도움이 되고요. 저는 할머니들이 저처럼 도전했으면 좋겠다는 생각이에요. 이 활동에 적합한 특별한 자격은 없는 것 같아요. 저 같은 경우도 도전을 했으니까요. 일주일에 세 번씩 방문하니, 건강한 할머니들, 기왕이면 아이들을 사랑하는 할머니들은 이 활동을 적극 추천해요."

지금은 유아교육기관에만 출강하지만, 초등학교 저학년들에게도 매우 유익한 수업이니 초등학교 방과 후 수업에 연계되거나 양로원이나 요양시설에 입소한 어르신들에게 들려주어도 옛 추억을 소환할 수 있는 좋은 기제가 될 것이라고 덧붙였다. 10년차 '이야기할머니'답게 이 사업이 나아가야 할 방향에 대해서도 고민하고 생각을 많이 해보신 듯했다.

고령임에도 낭랑한 목소리와 소녀 같은 미소가 인상적인 정혜원님이 아름다운 '이야기할머니'에 너무나도 잘 어울리는 분이라는 생각이 들었다. 사회공헌활동이 단지 이타적인 행위에 머무르지 않고, 아이들과 함께 함으로써 행복함을 느끼고 동료들과 즐겁게 친분을 쌓고, 스스로 성장해 나가는 모습을 대견해 하며, 소소한 급여에 감사함을 느끼기도 하는 그는 노년기 사회공헌활동이 주는 다양한 선물을 한꺼번에 받고 있는 듯했다. 이미 10년 차인 그가 이 활동을 앞으로 오래 지속하기는 쉽지 않을 것이다. 하지만 이 활동을 통해 연마된 대인관계 기술과 심리적 건강함 등을 자산으로 더욱더 멋지고 활기찬 노년을 가꾸어 가기를 바란다.

② 역경을 이겨내고 왕성한 사회공헌활동가로 변신하다

선배시민사회봉사단 회장 정현용님.

우리 사회는 지난 2000년 노인인구 비율이 7%에 도달한 후 인구 고령화에 대한 관심이 높아지면서 관련 정책들이 수립되었고, 그 중 대표적인 것이 고령자들이 이용하는 노인복지관 건립이다. 이번 사례를 추천받은 대구 함지노인복지관은 경북 달성군이 대구광역시에 편입되면서 조성된 신도시에 설치되었다.

왕복 8차선 큰길에서 보니 바로 도롯가에 깔끔한 함지노인복지관이 위치해 있고, 건물 뒤쪽으로는 길 따라 공원이 있었다. 함지노인복지관은 공원과 바로 이어져 있어, 가끔 공원에서 야외 프로그램을 하기도 한단다.

　함지노인복지관 사무실로 들어가서 면담을 주선해 준 박빛나 사회복지사와 김창환 관장님을 만났다. 직원 사무실에는 공간 대비 책상 수가 많아서 쾌적함이 다소 떨어진다는 생각이 들었다. 많은 복지관의 상황이 비슷하겠지만, 애초 공간을 설계할 때 프로그램 공간뿐만 아니라 사무공간과 기타 관련 공간도 충분히 확보해야 한다는 생각을 다시 한 번 했다. 우선 관장실에 들러 관장님으로부터 함지노인복지관의 설립과 이용자 특성에 대해 얘기를 들었다. 관장님은 면담할 정현용님의 활동에 대해 칭찬을 아끼지 않았다. 정현용님은 함지노인복지관에서 적극적으로 활동하는 대표적인 분일 거라 충분히 짐작되었다.

　전산실로 이동해 살가운 인상의 정현용님과 마주했다. 그는 첫인상과 어울리게 친근하고 편안한 목소리로 자신을 소개했다. 특히 70대 중반이라고 보기 어려울 만큼 건강한 이미지와 명확한 어휘를 구사하는 것이 인상적이었다. 정현용님은 오후에 다른 일정이 있다면서 주어진 한 시간 동안 많은 얘기를 해주려고 애썼다.

　그는 9남매 중 장남인 남편을 만나, 큰며느리로 그리고 3남매의 어머니로 거의 평생을 집안일만 알며 살아왔다. 자신이 많이 배우지 못한 탓에 뭘 할 수 있다는 생각조차 해보지 못했단다.

　그러다가 15년 전 림프종 혈액암이 발병해 치료를 받으면서 자신의 인생을 뒤돌아보는 계기를 얻었고, 그때서야 자신을 찾아야겠다는 생각을 하게 되었다. 그래서 집 근처 사회복지관에 나가기 시작한 것이 사회참여의 첫걸음이었다. 그는 사회복지관에서 처음으로 컴퓨터교육을 받았다. 교육받는 것은 좋았으나, 아픈 자신의 모습을 사람들에게 보여주는 게 싫어서 더 이상 나가지 않았다. 그 후 함지노인복지관에 와보니, 이용자들이 모두 노인들이라 대화가 통하고 마음도 편해 지금껏 참여하고 있다.

사회공헌활동을 통해 새로운 자신을 발견하다

그는 현재 노인복지관에서 배우면서 자원봉사활동도 겸하고 있다. 주말을 뺀 평일에는 아침밥 먹고 정리하고 나면 바로 챙겨서 복지관으로 나오고, 오후 5시면 귀가한다. 복지관이 문을 닫는 주말을 빼고는 하루도 빠짐없이 출퇴근한다.

특히 최근 3년간은 퇴직한 남편이 차로 복지관까지 태워준다고 자랑삼아 말했다. 정현용님의 2남 1녀는 모두 독립하고 부부만 단출하게 살고 있는데, 남편은 여태까지 못해준 걸 보상해 준다며 매일 차를 태워준다고 크게 웃었다. 최근에는 남편도 노인복지관의 탁구모임에 참여해서 오전에는 매일 탁구 재미에 빠졌단다. 평생 직장생활을 했기에 당장 복지관에 출입하기가 쉽지 않았을 텐데, 아내를 태워주면서 어느새 자신도 회원이 된 것이다. 함지노인복지관은 신시가지 조성 후 중산층 위주의 고령 주민들이 많이 참여한다. 회원들이 서로 동질감과 친밀감을 느낄 수 있다는 것은 참여의 중요한 요인이 될 수 있다. 아마 그래서 정현용님의 배우자도 복지관의 활동프로그램에 빨리 적응하게 된 것이 아닐까 짐작해 본다.

선배시민사회봉사단 출발의 의미

정현용님의 개인적인 얘기를 들은 후, 현재 참여하는 활동에 대해 물었다. 그는 자신이 참여하고 있는 사업단의 명칭을 '선배시민사회봉사단'이라고 소개했다. 이 사업은 노인재능나눔활동사업의 여러 세부 유형 중 하나다. 노인재능나눔활동사업은 2013년 대한노인회가 노인들의 무위와 고독에서 오는 우울증과 자살을 해결하기 위해 자체예산 5억 원으로 시작했다. 이 사업은 '노인문제는 노인 스스로 해결한다'는 슬로건하에 대한노인회의 전국 10개 지회에 각각 5,000만 원을 지원하여 시범사업을 했다. 그 후 점차 확대되어 2020년에는 사업 예산이 300억 원까지 늘어났고, 전국적으로 여러 기관에서 3만 명 이상이 참여하는 대표적인 노인사회참여활동사업으로 자리 잡았다.

현재 이 사업은 보건복지부와 한국노인복지관협회가 공동주관하면서 지역별로 건강하고 활력 있는 고령자들이 사회봉사할 수 있는 핵심사업으로 확대되어, 노인자원봉사활성화지원사업(선배시민지원사업)으로 운영하고 있다. 함지노인복지관은 2016년도에 이 사업에 선정되어 지금까지 운영하고 있다. 정현용님은 세부사업* 중 'IT교육, 게릴라 벽화, 전화상담' 3가지에 참여하고 있다. 그

---

* 1. 상담안내분야: 실버건강봉사단(어르신 1-1결연 전화상담 및 방문상담 봉사단)
   2. 주거 및 환경보호: 게화봉사단(게릴라 가드닝 벽화봉사단)
   3. 교육지도: IT플러스 봉사단(디지털 취약계층 디지털 기기 및 스마트폰 활용교육)
   4. 문화예술: 소리모아 봉사단(타악기 봉사단 칼림바 텅드럼 무릎카혼 봉사단)
   5. 생애전환기경험 프로그램: 베이비부머봉사단(지역사회 안전보안관봉사단)

가 선배시민지원사업을 설명하는 모습은 매우 유쾌해 보였고, 여러 사업에 대한 이해가 매우 높았다.

그에게 직접 참여하는 활동을 소개해달라고 하자, 겸손한 표정으로 "내가 먼저 배우고, 배운 것을 다른 노인들에게 가르치는 봉사활동을 합니다. 그래서 더 재미있고, 내가 이해한 방식대로 전달하니 고령자들이 더 쉽게 받아들이는 게 좋고요" 하면서 봉사활동을 통해 느끼는 재미를 적극적으로 표현하였다. 그는 고령자 사회참여활동의 성장단계대로 '참여하고', '배우고', '지도자가 됨'* 을 그대로 실천하고 있는 것이다.

이어서 참여 활동 중 가장 재미있거나 기억에 남는 것이 무엇인지 묻자, 선뜻 전화상담이라고 답했다. 벽화그리기나 IT교육 중 한 가지를 들지 않을까 예상했는데, 의외였다.

그는 전화상담 사례를 소개하기 전에 자신의 문제에 대해 먼저 말했다. "저는 15년 전에 혈액암 확진을 받았고, 지금도 치료를 받고 있어요. 그렇지만 제 성격이 긍정적이고 의욕이 많아 다른 이들에게 병을 알리지 않고, 할 수 있는 만큼만 활동하며 즐겁게 살려고 노력하고 있어요"라며 지금까지 여러 활동을 할 수 있었던 비결을 말했다. 그중 특별히 재밌거나 보람되거나, 힘든 것이 무엇인지 물었더니 전화상담의 한 사례를 먼저 언급했다. 대장암으로 투병 중인 노인과의 상담이었다. 그는 그 노인과 몇 차례 상담

---

*   (https://vital-aging-network.org/)

하던 중 자신도 암환자라고 밝히면서 더 깊은 공감대가 형성됐다. 그 후로 지금까지 자식들에게 말할 수 없는 얘기도 스스럼없이 밝힐 정도로 두 사람은 친밀한 관계가 되었다고 했다.

그는 상담 내용을 매번 일지로 작성하여 복지관 담당 직원에게 제출한다. 그 내용에 자신도 투병 중인 것이 기록되어 있다 보니, 직원들이 자신의 질병에 대해 알게 되었단다. 하지만 그는 이 부분에서 단호한 표정을 지으며 말했다. "나도 병이 있어서 언제 어떻게 될지 몰라요. 그래서 활력 있을 때 열심히 살자는 생각으로 봉사하고 있어요. 그리고 봉사를 하면서 오히려 내가 배웁니다." 실천을 통해 자원봉사활동의 진정한 의미를 터득한 것이다.

물론 그는 전화상담 기술을 익히기 위해 복지관에서 사전에 상담 관련 교육을 여러 번 받았다. 하지만 실제 상담을 할 때는 그런 기술보다는 동년배로서 애기를 들어주고 동병상련하는 환자로서 가슴에 있는 애기를 서로 나누는 것이 더 의미가 있다는 것을 깨달았다고 했다. 또 그는 IT 분야에서도 많이 배울 기회가 있었기에, 지금도 IT플러스봉사단의 일원으로 보조역할을 하고 있다. 그는 이미 2016년에 앞서 이용하던 사회복지관에서 동영상 촬영기법을 배웠고, 대회에 나가 일등도 했다. 그 후에 동영상 촬영기법을 더 배워서 현재 '아는 만큼 가르치고' 있다.

사회공헌활동으로 더 많은 것을 얻다

그는 요즘 오전에 컴퓨터실에서 강사보조자로 일하고 있다. 특히 젊은 강사 한 명이 초보 노인 여러 명을 가르치기에는 힘이 들기 때문에 보조자가 필요함을 강조했다. "아주 잘하지는 못하지만, 강사님이 설명을 하면 학생 곁에 가서 이렇게 해보라고 권하는 보조역할을 하고 있어요. 바로 해드리기보다는 직접 해보시라고 합니다. 학생들은 젊은 교사보다 고령의 보조자가 가르쳐주는 게 더 이해하기 쉽다고들 하세요"라며 자신 있게 말했다. 그리고 저를 선생님이라고 불러주니 더 좋아요." 그는 이렇게 즐거운 일이 또 있을까 싶을 만큼 한껏 웃으며 신이 나서 말했다. 그는 IT 교육 보조자로 오래 활동하면서 노인이 노인을 가르치는 것이 더 쉽다는 것의 진정한 의미를 이해하게 되었다.

노화정도가 비슷하거나 노화 상태를 이해하는 고령자에게는 마우스 사용이나 타이핑 요령, IT 용어에 대한 이해까지 고령자의 시각과 수준에서 설명이 필요하다. 그러다 보면, 수업에 참여하는 고령자들은 IT 관련 배움과 활동을 통해 만족감과 자아성취감이 배가되고 자존감이 높아지며, 사회참여활동의 반경도 더 확대될 것이다. 이것은 곧 IT교육을 통해 건강하고 활기찬 노년이라는 목표를 실천하는 것임을 먼저 배운 선배로서 보여주는 것이다. 사실 IT 약자로 평가되는 고령자들이기에 관련 교육은 모든 연령세대간 더 폭넓은 사회적 소통을 위해 꼭 필요하다. 그리고 정현용님의 이런 활동은 성공적인 노화의 가치를 실현하기 위한 좋은 모델로 충분하다고 생각한다.

그는 어려운 시절에 태어나서 많이 배우지 못했고, 9남매의 장남과 결혼하여 '나'는 없는 가부장적인 가족문화 속에서 며느리의 역할에 갇혀 있었고, 자녀양육으로 평생을 보냈다. 그런데 세상이

여러 복지관의 합동행사로 벽화 그리기 작업 중이다.

좋아지자, 이 나이에 사회참여활동을 통해 자신을 발견하고 회장이라는 직함까지 얻게 되니 더 이상 부러운 것이 없단다. 그러면서 지금은 '친구부자'라고 크게 웃으면서, "이렇게 활동하며 사는 게 너무나 감사하다"고 진심어린 표정으로 말했다. 그리고는 "지금이 나의 전성시대에요"라고 자랑도 했다. 수많은 칠순노인 중 정현용님은 특별히 더 긍정적이고 타인들과 에너지를 나눌 수 있는 사람이라는 생각이 문득 들었다.

자신이 먼저 배우고, 그것을 동년배 노인들에게 알려주면서 '선생님'이라는 호칭까지 들으니 얼마나 뿌듯할까 짐작됐다. 거기에 투병 중이지만 더 오래 활동할 수 있기를 간절히 원하는 마음까지 담고 있으니, 혼신을 다하는 그의 봉사활동은 인생의 말년에 받은 큰 선물임에 틀림없다. 하지만 애기 도중 잠시 차분해지면서 이렇게 말했다. "근데 자꾸 아파서 좀 걱정이에요. 그래도 아침에 눈 뜨면 살아있구나, 저녁이 되면 하루 잘 살았구나 하며 감사해 해요."

또 그는 IT 봉사활동의 하나로 'IT플러스봉사단'을 꾸려 고령의 봉사자 여러 명과 함께 경로당에 가서 더 나이 많은 노인들에게 휴대폰 사용방법을 지도하고 있다. 그는 "경로당 노인들이 너무 적극적이셔서 우리 조원들도 힘이 나요. 그런데 생각보다 노인들이 스마트폰을 많이 갖고 계세요. 저희는 두 군데 경로당을 맡아서 활동하는데, 그중 한 곳에서는 노인 10명 중 9명이 스마트폰을 사용하세요. 그분들이 너무 열정적이셔서 저희도 보람을 느껴요. 노인들도 젊은 세대가 와서 가르치는 것보다 노인들끼리 하는 것에 더 만족해하세요. 거기서도 '선생님'이라고 불러줘서 기분도 좋고요. 이것이 곧 봉사의 기쁨이구나라고 생각하지요. 그래서 집에 있는 것보다 나와서 활동하는 것이 훨씬 좋아요. 그러니 매일매일 나올 수밖에 없지요"라며 또 크게 웃었다.

1947년생이라고 말한 정현용님에게 충분히 그런 활동을 할 수 있는 나이라고 지지하자, 아는 만큼 전달해드릴 뿐이라며 이내 겸손해했다. "잘하지는 못하지만, 배운 만큼 봉사도 하니 오히려 내가 감사하지요. 그래서 열심히 하고 있어요. 앞으로도 건강한 동안 열심히 활동하고 싶어요. 사실 오랫동안 암 치료를 받다 보니 의욕이 없어졌어요. 그렇지만 활동하면서 원래 명랑한 성격을 그대로 유지할 수 있기에 아픈 척하지 않고 열심히 봉사한답니다. 열심히 다니다 보니 몸도 많이 회복되는 것 같아요."

특히 전화상담을 했던 노인은 나이가 많아 수술도 받지 못하는

데, 자신과 계속 전화로 대화하면서 컨디션이 많이 좋아졌다고 했단다. 하지만 사실은 그분을 통해 자신이 많이 배우고 있다며 '봉사가 아니고 내가 배우는 것'이라며 다시 강조했다. 그는 맡고 있던 사례 수가 많아서 조금 줄였는데(5명 중 3명으로), 앞서 소개한 사례 노인은 계속 맡기로 했다. 왜냐하면 동병상련하는 입장에서 볼 때, 그가 아픈 얘기를 또 다른 상담자에게 하게 하는 건 도리가 아니라고 생각했기 때문이다.

상담대상자 중 또 다른 노인도 특별한 이유로 안고 간다고 했다. "김**님, 이분도 좀 힘들어요. 휠체어 타고 다니시는데, 이분도 암환자예요. 그래서 그냥 이 두 분을 끌어안고 갑니다. … 이 분들이 힘들어 하시면, '어르신, 의사선생님도 치료를 해주시지만, 첫째는 내 긍정적인 마음이에요'라고 본인 마음가짐이 중요함을 굉장히 강조해요. 그러다 보니 복지관의 관장님이나 사회복지사들이 제게 '어머니 안 계시면 안 되요' 하시고, 저는 그 말에 또 가족처럼 서로 의지하면서 힘내고…, 감사한 일이지요."

그가 참여하는 봉사활동 중 마지막 한 가지는 '게릴라 가드닝'이다. 이 활동은 환경개선 활동의 한가지로, 지저분한 벽을 구청에서 추천받아 함께 벽화를 그리는 것이다. 지난 7월에도 여러 노인복지관이 연합해 어느 중학교 벽에 그림을 그렸다. 페인팅이 힘에 좀 부치기는 해도 아주 재밌다고 했다. 잠시 우리 저서 시리즈 2권에 실린 포르투갈의 비슷한 사례가 떠올랐다. 상담이나 IT교육 등 소위 '대인서비스'는 지원해 주는 대상자가 실제 있고, 그들의 변화와 함께 나의 역량과 자존감도 높혀 가는 활동이라면, 벽화그리기는 동년배들과 협업하는 육체 활동을 통해 환경을 정화시키고 재미와 자신감도 얻을 수 있는 활동이다. 그에게 공공건물 벽에 그림을 그린다는 건 아마 여태까지는 상상도 할 수 없던 엄청난 일임이 틀림없다.

그는 점점 더 힘이 나서 얘기하는 것 같았다. 더 속 깊은 얘기도 마다 않고 해줬다. 면담을 마치자, 더 하지 못한 얘기가 있을까 아쉬워하며, 함지복지관 식당의 점심밥이 맛있다고 먹고 가라고 붙들었다. 기차시간 때문에 가야 한다고 사양하니, 우리 앞에 놓여 있던 과자 접시를 들어 필자의 가방에 다 부어줬다. 정이 넘치는 정현용님과의 한 시간 면담이 아쉬웠다.

복도로 나오자 그가 얘기했던 IT 교육의 하나인 키오스크 사용법을 노인들에게 가르쳐주고 있는 회원도 보였다. 반대편에는 점심 식사권을 구매하기 위해 키오스크를 이용하는 노인들도 있었다. 오늘날 정보화기술 변화가 가속화될수록 정보 약자인 고령자들은 디바이스 이용에 격차가 더 커질 수밖에 없다. 하지만 고령자들이 실생활에서 활용할 수 있는 간단한 기계들을 작동할 수 있다면, 사회적 격차의 폭은 조금씩 줄어들 것이다.

이런 취지에서 볼 때, 가능하면 다양한 프로그램을 만들어 고령자들을 집 밖으로 나오게 해야 한다. 단순한 버튼 작동도 지속적으로 하지 않으면 고령자들은 쉽게 잊어버린다. 결국 이런 기기들은 고령자들을 집 밖으로 나와 타인들과 접촉하게 하는 중요한 '수단'이다. 이런 목적을 달성하는 과정에서 '선배고령자'들은 더 많은 노인들을 사회로 견인하는 중요한 역할자가 될 것이다.

그의 에너지를 듬뿍 얻은 채 흐뭇한 마음으로 동대구역으로 향했다. 기차 속에서도 면담내용을 되새기면서 얘기를 어떻게 풀어야 정현용님의 엄청난 기운을 글로 풀어낼 수 있을까 생각하며, 오늘의 기억과 느낌을 간단히 메모해 뒀다.

3 은퇴 전 직장과 연계된 노후 사회봉사의 즐거움과 보람

한수원 사회공헌의 주역인 부산 한동회의 이승일 회장님.

대학 캠퍼스가 기말시험으로 조용한 정적이 흐를 즈음, 부산 수영시니어클럽을 찾았다. 한국수력원자력(이하 한수원) 공사에서 퇴직한 후 사회봉사활동을 활기차게 하고 있는 이승일 회장님을 만나 다양한 애기를 듣기 위해서다. 퇴직한 지 12년 차가 된 그에게 의미 있는 노후를 위한 사회활동에 대해 물었다.

한수원 동호회의 시작과 활동

한수원 사회공헌팀은 2017년 퇴직자모임에서 시작됐다. 당시 서울에 있던 한수원 본사에 한수원 동호회(한동회)가 있었고, 현재는 원자력발전소가 있는 고리(부산), 영광, 울진, 월성에 지역 모임 4개가 있다. 지역마다 퇴직자들은 그 지역이 좋아서 사는 사람들로, 그들이 한동회 지역모임의 주요 주체들이다.

한수원 부산지회는 고이모(원자력을 이해하는 고리 모임) 활동을 하다가 2017년에 한동회 부산지회를 결성했다. 부산 한동회의 자원봉사는 2017년 현재 회장인 이승일님이 사무국장으로 일할 당시, 서울에서 2014년부터 시작한 자원봉사활동을 보고 부산에서도 하자고 직접 제안하면서 시작됐다. 현재 회원은 152명이고, 실제 활동하는 인원은 45명이다. 2017년에 총무를 거쳐 2019년부터 4대째 회장을 맡고 있는 그는 한동회 활동을 잘 설명해 줄 산증인이다.

한동회는 회장, 부회장, 총무, 감사를 임원으로 하여 출발했다. 하지만 그는 자원봉사를 좀 더 체계적으로 하기 위해 부회장 한 명을 더 두고 '봉사단장'직을 겸하도록 했다. 회장이 주요활동을 총괄하지만, 자원봉사와 관련된 스케줄 작성 등의 실무는 봉사단장이 담당함으로써 좀 더 집중적으로 활동하게 됐다.

회원 자격은 한수원 정년퇴직자라면 누구에게나 열려 있다. 현재 한수원의 정년은 60세다. 그는 2010년 58세에 퇴직했는데(당시 정년이 58세였음), 60세 정년인 공무원에 비해 2년이 적었기 때문에 보상 차원에서 1년을 더 일하게 해줬다. 즉, OB팀이 일할 수 있는 제도가 이사회에서 통과되어, 그의 은퇴 시기에 처음으로 시행된 것이다.* 그러다 보니 아이러니하게도 은퇴 시점이 연장된 초기 2년간은 한동회의 신입회원이 단절되는 현상도 있었다.

한수원의 경우, 은퇴하더라도 회사와 완전히 절연되는 것이 아니다. 그에게 1년간 일정액의 소득이 지급되는 업무가 주어졌다. 주로 후배들의 업무를 지원하는 일이었는데, 공사 차원에서 은퇴자에 대한 보상적 관행이라 판단된다. 이 기간에 기존 업무에 따라 다양한 일을 하는데, 엔지니어 출신인 그에게는 상대적으로 기술적, 경험적 조언의 기회가 제법 있었을 것으로 짐작된다. 하지만 그는 이 일이 은퇴자로서의 역할임을 분명히 했다.

"직원들 일이 많아져 우리한테 도움을 청하면 엔지니어였던 우리는 과거에 이렇게 했다고 설명도 해주고…, 퇴직자한테 큰일을 맡길 수가 없겠지요. 그래서 도와주는 일이 되죠. 더이상 한수원 정식 직원은 아니지…."

연장된 경제활동으로 인한 회원 확보의 어려움

회사가 정년을 2년 연장하면서, 시행 초기 2년간 한동회의 신규회원이 부족해지는 시기가 있었다. 하지만 회원 관리, 특히 회원 확보가 어려운 이유는 따로 있었다. 은퇴자들의 경제활동과 사회활동의 시간 차원에서의 상쇄(trade-off) 관계가 존재한다는 점이다. 모든 은퇴자에게 해당하는 것은 아니지만, 은퇴자에게 정년을 연장하거나 은퇴 후에 참여할 수 있는 경제활동 기회를 확대하는 경우, 사회봉사에 투입할 수 있는 시간적 여유는 감소할 가능성이

---

* 전형적인 임금피크제는 아닌데, 결과적으로 임금피크제의 성격을 가지고 있다는 것이 그의 해석이다.

크다. 한수원은 일부 퇴직자들을 계약직으로 재고용해 계속 일하게 하기도 한다.* 이러한 현상이 그가 이끄는 한동회 조직에서도 발생한 것으로 보인다.

하지만 이러한 현상이 보편적이지는 않다. 은퇴자들에게 종일근무(full-time)를 요구하는 일자리만 있는 것은 아니기 때문이다. 즉, 은퇴자에게 '파트-타임'이나 '유연시간 근무제'처럼 소득과 시간의 조합을 다양화하여 선택기회를 준다면, 은퇴자는 사정에 따라 경제활동과 사회활동을 병행할 수 있을 것이다. 이렇게 되면 한동회처럼 은퇴자들로 신규회원을 충원하는 단체들은 좀 더 원활하게 조직 관리를 할 수 있을 것이다.

주요활동

부산 한동회는 현재 장애인복지관을 포함하여 3개 복지관에서 한 달에 두 번씩 총 6회의 봉사활동을 하고 있다. 한동회가 처음부터 복지관에서 활동한 것은 아니다. 초기에는 부산 소재 '노인주간보호센터' 두 곳에서 활동을 시작했다. 그런데 주간보호센터는 항

---

* 최근 한수원이 해외 수주를 많이 하면서 숙련된 기술의 퇴직자들을 계약직으로 재고용한단다. 이들은 해외에 파견되어 6개월 정도 일하고, 나머지 6개월은 국내에 돌아와 쉬다가 다시 해외로 나가 6개월간 일하는 경우도 더러 있다. 한수원의 조직특성을 잘 아는 그는 이런 사례의 장점을 두 가지로 정리했다. 하나는 젊은 직원들이 기피하는 해외근무를 한수원에 재취업한 선배들이 한다는 것이다. 또 다른 한 가지는 후배들에 비해 더 우수하고 숙련된 기술을 갖고 있는 노동력을 해외현장에 투입하여 해외공사의 성과를 거둔다는 것이다. 이런 고용관계는 상생전략에서 도출된 고용정책이라 평가할 수 있다. 그는 해외 근무 후 돌아와서 쉬고 있는 후배들의 해외근무가 쉽지 않다더라는 말도 추가했다. 하지만 그들은 6개월 휴식 후 다시 해외근무를 하는 경우가 많다고도 전했다.

상 10명씩 참여하는 봉사활동을 하기에는 공간이 좁았다. 그러던 중, 2017년 말부터 연제구에 있는 부산종합사회복지관에서 활동을 시작해 지금까지 이어오고 있다. 부산종합사회복지관을 운영하는 로사사회봉사회는 법인 산하에 유로 양로시설인 '흰돌실버타운'이 있고, 인근은 노인가구가 많은 지역이다. 이러한 지역 특성으로 인해, 주로 노인들을 찾아다니며 활동을 하였다.

그러면서 인근 터널 위에 있는 요양원 등에서도 노인들을 대상으로 운동도 하고 돌봄서비스도 지원하는 등의 활동을 하였는데, 그 일이 상당히 힘들었다고 한다. 특히 자원봉사 대상자를 찾기가 매우 힘들었다고 힘을 주어 말했다. 즉, 한동회는 복지기관이나 봉사단체에 소속된 자원봉사팀이 아니어서 지속적으로 자원봉사활동을 하기가 쉽지 않았던 것이다. 한수원은 한동회 봉사활동을 지원하기 위해 매회 봉사에 필요한 예산을 실비로 제공한다. 예산은 회원들이 활동할 복지기관이 정해진 후, 해당 기관의 담당 사회복지사가 한동회 회원들의 활동에 필요한 금액을 한수원에 청구하면 한수원이 바로 복지기관에 송금한다. 즉, 한수원은 회사의 이름을 걸고 하는 은퇴자들의 봉사활동을 실비로 지원해 주는 것이다. 실비는 문구류나 재료비 등 실제 프로그램 활동에 필요한 재료구입 비용이다. 회원들은 활동을 마치고 나면 바로 헤어지거나, 때로는 자체 회비로 식사를 하는 정도로 간단히 뒷정리를 한다. 즉, 일반적인 동호회처럼 관계중심으로 뭉쳐진 모임이 아니라, 재직했던 회사를 중심으로 모인 단체이기에 회원들은 친목활동을 따로 하지는 않는다.

한동회는 이런 어려움을 두 가지 방법으로 해결하고 있다. 하나는 시청의 복지 관련 공무원 등 그의 개인적인 네트워크를 활용해 봉사할 수 있는 복지기관을 추천받는다. 또 하나는 한수원 본부에 지원을 요청하여 자원봉사협회의 협조를 얻어 활동 방향과 계획을 만들어가고 있다. 회원들이 상당히 적극적인 모습을 보여주고 있다고 설명하는 동안 그의 열정이 고스란히 느껴졌다.

"우리가 수급계층을 상대하는 게 아니라 대상을 찾기가 어렵더라고요. 시청 사회복지국에 연락해 사무관을 소개받았어요. 그분 추천으로 한 노인 요양원을 갔는데 엄청 멀었어요. 안 되겠다 싶어 한수원 본부에 애기해 자원봉사협회의 협조를 얻어 복지관 봉사를 하기 시작했지요. 회원이 모두 일을 하고 있어 대상 찾는 시간을 절약하기 위해 복지관 봉사를 그때부터 시작하기로 했어요."

여기서 주목할 점은 자원봉사활동을 결심한 개인과 집단에게 충분한 정보와 안내, 그리고 연계 등의 관리가 매우 중요하다는 것이다. 그런 의미에서 자원봉사협회나 지자체별로 운영하는 자원봉사센터 같은 조직의 활성화가 절실하다는 것을 알 수 있다. 시민 누구나 자원봉사의 의지가 생길 때 편리하고 수월하게 봉사활동 대상자와 연결될 수 있어야 하고, 제반 과정을 합리적으로 관리해야 한다. 뿐만 아니라 이 과정에서 자원봉사를 희망하는 시민들에게 자원봉사 관련 교육도 지속적으로 이루어져야 한다.

그에게 부산 한동회가 기관에 연결되어 활동하는 과정을 구체적으로 물었다. 먼저 추천을 받은 후 한동회가 해당 기관에 연락을 하면, 그 기관에서 활동 1주일 전에 봉사단이 할 일을 알려준다.

그리고 봉사 당일 기관을 방문하면 15분 정도 간단한 설명과 교육을 받은 후에 활동을 시작한다. 그는 복지관에서 사전교육을 해주는 것에 만족해하고 있었다. 자신들이 봉사에 대한 정보를 얻거나 접근하기 힘든 상황에서, 방문할 복지관이 정해지고 활동내용도 미리 정해서 알려주는 것은 체계적으로 자원봉사자들을 관리하는 사회복지관의 강점이라고 말했다.

노년기 봉사활동의 의미

이승일 회장님에게 은퇴 이후의 생활에서 한동회 활동이 갖는 의미를 물었다. "상당히 좋죠." 짧지만 단단한 대답이 바로 나왔다. 이어지는 그의 애기에는 보람, 배움, 재미가 어우러져 있었다.

우선, 사회적 약자들에게 도움을 주는 활동에서 보람을 느낄 수 있어 좋단다. 경증 치매노인, 독거노인 등을 직접 방문해 도움을 주고 말벗도 되면서, 도움을 받는 사람들이 즐거워하고 고마움을 느끼는 것을 직접 경험하는 것이 점점 보람으로 쌓이는 것 같단다.

그는 오랜 기간 교회를 다니고 있지만, 취약계층 등 어려운 처지에 있는 사람들을 위한 봉사는 하지 못했다고 한다. 하지만 은퇴 이후의 자원봉사활동에서는 자신보다 어려운 사람들을 직접 접하면서 역지사지(易地思之)를 하게 되고, 측은지심(惻隱之心)도 느끼고, 확실히 그런 과정에서 배려하는 마음도 더욱 커지는 것 같다고 한다.

그는 자원봉사활동이 생활을 재미있게 만드는 요소라고 말을 이었다. 여러 가지 활동을 하고 다양한 대상자들을 접하면서 흥미와

한동회 자원봉사에는 10명씩 참여한다. 모두가 밝고 행복한 표정이다.
앞줄 가운데가 이승일 회장님.

재미를 느끼게 되는데, 이러한 감정들이 은퇴 후 생활에 새로운 맛을 더하는 양념으로 작용하는 것 같다. 재미있는 사례들을 이어가면서 그의 얼굴에 나이를 넘는 화색이 감돌았다. 그는 장애인들과 케이블카도 타고, 밀양 과수원에 가서 체험도 하며 자연스럽게 생긴 재미있는 상황들이 은퇴 후 생활을 즐겁게 채워가는 힘이 되고 있단다. 자원봉사를 지속하게 만드는 힘이 단지 보람과 가치 등 우아한 요소만 있는 것은 아닐 것이다. 오히려 아주 작지만 예상치 못하고 생겨나는 소소한 재미들이 봉사활동을 더 강력하게 추동할 수도 있음을 확인할 수 있었다.

"우리보다 연세 많은 여성 어르신들과 하는 애기가 꽤 재밌어요. 내가 하는 애기들을 잘 받아주시더라고요. (중략) 점잖게 하는 대화가 재미있나요? 농담도 하고 하니까 그렇게 좋아하세요. (중략) 생일잔치를 해드렸는데, 노래방 기계가 없어 섹소폰을 부는 회원 부인 도움을 받았어요. 섹소폰 선생님이 기계까지 가져와서 노래하고 춤추고 놀았지요. 세 분 생일잔치를 흥겹게 해드렸어요.”

봉사활동 과정 자체가 하나의 즐거운 이벤트가 된 경우다. 어느 순간 누가 봉사자이고 도움을 받는 사람인지의 구분은 이미 의미가 없을 수 있다. 이러한 재미있는 시간이야말로 자원봉사를 지속적으로 가능하게 만드는 강장제가 아닐까?

또한, 그에게 자원봉사는 배움과 수양의 과정이 되고 있다. 인터뷰 도중 “많이 배운다”라는 표현을 자주 했다. 우리 사회의 취약계층을 직접 접하면서 많은 것을 느끼게 되었다고 했다. 은퇴 전에 사회생활에 전념하며 미처 마음이 미치지 못했던 사람들의 삶을 이해하게 되었다는 말에 진솔함이 깊게 배어 있었다. 봉사활동 과정에서 많이 들어주고, 배려하고, 내어주는 행동이 요구되고, 그것들이 점차 내면적으로 체화되는 과정을 밟고 있는 것으로 보인다. 대화나 경청 과정 중에 얻는 지식과 정보도 있겠지만, 사람과 그들의 삶을 대하는 태도의 문제라고 본다. 자원봉사자들이 활동 후에 많이 갖는 마음을 그도 경험하고 있구나 하는 생각이 들었다.

“우리가 들어주는 일이 몇 번 반복되니까, 자꾸 ‘들어주는 게 좋겠다’ 싶어요. 그런 것은 저도 배우는 거니까. 그런 면에서 내가 그분들보다 더 많이 배우고 있어요.”

배우자의 참여 및 가사

은퇴자의 경우, 자원봉사 같은 사회활동에 대한 가족의 반응은 생산 연령 시기의 활동과 다를 것으로 생각됐다. 왜냐하면 은퇴 후 갑자기 많은 시간이 주어져 가족들과 새로운 관계와 새로운 문화를 형성해 가는 과정을 밟게 될 것이기 때문이다. 이승일 회장님처럼 은퇴한 시기에는 자녀들의 반응보다 배우자의 반응이 좀 더 즉각적이라고 할 수 있다. 자녀들은 대부분 독립하여 타지에 거주하기 때문에 배우자의 반응과 태도가 더 중요할 수 있다.

이승일님의 경우도 독립한 자녀들은 무관심한 상태이며, 배우자는 좋아하는 상황이다. 때로는 자원봉사활동을 같이 하기도 한다. 복지관이나 생활시설의 클라이언트를 직접 만나는 것은 아니고, 복지관 행사가 있을 때 설거지를 하는 등 일회성 봉사에 참여하는 방식으로 동참한다. 한동회 자원봉사 중 부부동반으로 활동하는 경우는 거의 없고, 예외적인 행사에 참여하는 때는 있다.

부부동반 활동이 적은 배경에는 배우자를 배제하려는 엄격한 원칙이 작용하기보다는 매번 10명이 한 팀이 되어 활동할 수 있을 정도로 회원 수가 충분하기 때문에 생긴 문화적 규범인 것 같다. 한동회의 자원봉사 원칙에 따르면, 자녀는 안 되지만 배우자는 같이 할 자격이 있다. 10명의 참여자가 확보되지 않으면 몰라도 보통 10명이 확보되기 때문에 정규활동에 배우자의 참여 사례는 많지 않을 것으로 판단된다.

그러나 한동회 서울 모임에서는 부부가 같이하는 사례가 종종 있단다. 서울은 7개의 복지관에서 봉사활동을 하고 있는데, 10명의 팀 구성이 안 되어 6~7명 정도가 참여한다고 한다. 회원들이 업무가 많아, 지방과 다른 조건을 보인다. 이런 이유로 서울의 경우 부부동반으로 활동할 기회가 상대적으로 많아진 상황이다.

한편 그의 가사 활동은 아직 '나의 일'이라는 차원에 이르지 못하고 있다. 그는 유교문화의 전통 속에서 살아왔다. 또한 급속한 산업화 시대의 주인공으로 어느 세대보다 바쁘게 일을 해온 가부장적 세대에 속한다. 요즈음 젊은 세대의 기준으로 보면, 상대적으로 남녀 사이의 성역할 구분이 명확해서 남자는 밖에서 일하여 소득을 올리고 아내는 가사를 책임진다는 전통적인 규범에 익숙한 세대라고 할 수 있다.

"요즘은 설거지도 해요. 겨울에는 집사람이 귀찮아 해서 제가 많이 했어요. (중략) 전엔 안 했어요. 나이 들고 퇴직하고 나니까 점점 바뀌더라고요. 특히 봉사활동을 한 뒤로는 집사람한테도 봉사해야지 하는 생각이 언뜻 들더라고요."

일상생활에서 부인의 가사를 분담하는가의 질문에 그는 설거지는 가끔 하는 편이고, 청소는 좀 해야겠다는 생각이 들어서 조금씩 하는 정도로 변화된 것 같다고 답한다. 특히 부인의 체력이 약해져서 그가 가사에 대한 책임감을 점차 더 느끼고 있는 것 같다. 자원봉사활동을 하면서 부인에 대해 염려하게 되고, 점차 집안일에 대한 태도 역시 변화하고 있는 것으로 보인다. 하지만 아직은 일상적으로 가사를 분담하는 수준에는 미치지 못하고 있다고도 했다.

인생 후반기, 이승일 회장의 활동을 응원하며

이제 회장 임기 5년을 수행한 그는 2024년까지 활동을 하고 2025년에 회장 임기를 마쳤다. 그 후에는 선배이자 평회원으로 자원봉사활동을 지속하고 싶단다. 그는 중학교 시절부터 교회의 찬양대에서 활동할 정도로 노래하는 걸 좋아하고 잘한다. 지금도 교회에서 찬양대 활동을 하고 있다. 또한, 여전히 교회에 충실히 나가면서 진실한 신앙생활, 성실한 교회 봉사활동, 보람된 자원봉사활동을 기본으로 은퇴 후 사회적 삶을 만들어가고 있다.

인터뷰 말미에 아주 흥미로운 얘기를 들을 수 있었다. 그는 서울에 가면 복권을 산다. 많이 사는 것은 아니지만, 2만 원까지 산다고 한다. 당첨이 되어 많은 돈을 받게 되면 이 또한 봉사하는 마음으로 사용할 거란다. 확실히 그는 행복을 만드는 작은 일들을 소중하게 생각하고 실천하는 사람인 듯하다.

그는 개인적으로 몸과 마음은 물론이고, 사회적으로도 매우 건강하다. 인터뷰를 진행하면서 부러운 생각이 들 정도로 즐겁고 건강한 노년생활을 보내고 있는 것 같았다. 아직도 젊은이 못지않은 열정과 건강을 가지고 있는 그의 행복한 은퇴 생활이 기대된다.

인생 후배로서 그와 같은 노년의 삶을 상상도 해본다. 글을 마치면서 회장님이 구매한 복권이 고액에 당첨되어 하고 싶은 봉사를 마음껏 할 수 있기를 기원한다. 회장님, 응원합니다!

4 배움에는 끝이 없다, 봉사에는 나이가 없다

자원봉사로 청년 같은 의욕과 체력을 유지하는 정호진님.

한국스카우트 연맹을 통한 자원봉사활동

노인들로 북적북적한 서울시 강동구노인종합복지관 회의실에서 정호진님을 만났다. 그와 인사를 나누며 건네받은 명함에는 강동노인종합복지관 시시콜콜 봉사대 '선배시민 정호진'이라고 적혀 있었다. 인터뷰를 시작하자 그는 "저는 자원봉사를 많이 합니다. 평소 자원봉사활동을 해본 사람이 65세가 넘어서도 계속하는 것이지, 갑자기 마음먹는다고 해서 쉽게 되는 건 아닙니다"라고 차분한 어조로 말문을 열었다. 그리고 주민자치위원회 순찰 활동부터 경로당, 소방서, 복지관에서 하는 봉사활동까지 최근에 그가 참여한 봉사활동에 대한 설명이 이어졌다. 그는 열정과 에너지가 넘쳤고, 그야말로 역동적인 삶을 살고 있었다.

인터뷰를 하면서 정호진님은 일반적으로 생각할 수 있는 수준 이상의 체력을 가지고 있다는 사실을 알게 됐다. 그런 체력을 관리할 수 있는 비법은 등산이라고 한다. 그는 78세 고령임에도 불구하고, 지금도 암벽등반을 할 정도로 건장한 신체를 자랑했다. 퇴직 후에 부산에서 설악산까지 백두대간을 따라 걷는 등산코스를 도전해, 2년 동안 총 440㎞를 걸었다고 한다. 단순한 취미 이상으로 등산 활동을 해온 것이다. 한국등산학회에서 운영하는 한국등산학교와 코오롱 그룹에 속한 코오롱등산학교에서 암벽등반에 대한 전문적인 교육을 받을 정도로 등산에 진심이었다. 그가 아주 오랫동안 리더로 이끌어 온 산악회도 있다. 그런데 갑자기 체력관리의 중요성을 얘기하다 말고, 필자에게 한 발로 서기 자세를 보여줬다. 그에게는 건강이 잘 유지되고 있다는 증거라는 것이다.

그는 등산과 더불어 한국스카우트 연맹에서 열심히 활동하고 있다. 그런 활동을 오랫동안 하면서 봉사활동을 자연스럽게 체득했다고 한다. 한국스카우트 연맹은 일반인에게도 잘 알려진 산악 야외생활 체험활동뿐 아니라 자연보호 및 환경정리, 교통정리, 봉사활동, 재난구조 활동 등 공익을 위한 다양한 활동을 하고 있다. 20년 넘게 해 온 스카우트 활동은 그가 봉사활동에 적극적인 마음을 갖게 된 계기가 되었다. "원래 스카우트는 봉사단체인데, 거기서 오랫동안 일했습니다. 그래서 오랫동안 봉사활동을 한 거죠. 저는 스카우트 훈련 교수입니다. 매듭을 잘해야 암벽등반을 잘할 수 있는데, 저는 매듭법을 가르치는 강사로 있습니다."

배움의 열정과 다양한 활동

78세의 고령에도 불구하고 그는 교육에 열의를 보였다. 한일 합작회사에서 일했기 때문에, 일본어를 배우기 위해 학원에 다녔고 혼자서도 열심히 공부했다. 지금은 특별한 목적이 있는 건 아니지만, 외국어와 봉사활동에 도움이 될 자격증 취득을 준비하며 바쁘게 지내고 있다. 일본어는 통역안내원 봉사활동을 할 정도로 능숙하고, 지금은 영어와 중국어를 배우고 있다. 뿐만 아니라 소방관리사, 예절지도사, 공인중개사 자격증 등 각종 자격증을 취득했다. "욕심이 좀 많아서 그래요. 이것저것 자꾸 하게 되고, 이거 공부하니까 저것도 공부하고 싶고 ···."

그는 퇴직 후 2년 동안 아파트 경로당에서 사무장으로 봉사활동을 했다. 사무장은 경로당 물자관리나 금전출납을 관리하는 사무를 담당하고, 지자체로부터 받는 감사 관련 업무를 맡아서 한다. 구체적으로는 개인 및 단체나 기업으로부터 받은 기부금과 쌀, 부식 등을 관리하고, 경로당 회비 수입과 지출 장부를 기록하는 일을 했다. 경로당에서 봉사활동을 하게 된 것은 오랜 직업 경험에서 금전 관리업무를 잘 알기도 했지만, 무엇보다 경로당에서 회계관리를 잘못해 횡령 사건과 같은 불미스러운 일이 발생하는 것이 안타까웠기 때문이다. 경로당 봉사활동 외에도 소방서에서 소화기를 점검하는 봉사활동도 했다. 소방서 봉사활동은 실외에 비치한 소화기를 점검하는 업무였다. 소화기가 제 위치에 보관되어 있는지, 유효기간이 지났는지를 확인하여 기록하고 사진을 찍어 소방서에 보고하는 일이다. 그리고 복지관에서 배식봉사를 하면서 그 일이 얼마나 힘든지 새삼 깨닫는 소중한 경험이 되었다고도 했다.

현재는 동네 자치활동인 주민자치위원회 위원으로 활동하고 있다. 그 일은 두세 사람씩 조를 이루어 야간에 동네를 순찰하는 것인데, 이웃을 위한 봉사라고 생각하지 않으면 할 수 없는 일이라고 했다. "주민자치위원회에서 야간 봉사활동을 해요. 현재 경찰 인력이 부족해서, 야간에 치안 유지를 위해 우리가 두세 사람씩 짝을 지어 동네 순찰을 해요. 주민자치회 위원의 임기가 2년이고 연임이 가능한데, 저는 교육받고 4년 동안 이 일을 하고 있어요. 주민자치회는 지원을 받지 않고 회비로만 운영을 해요. 예산이 부족하니까 간식으로 때우든지 집에서 밥을 먹고 나가요. 그만두고 싶지만, 봉사라고 생각하면서 꾹 참고 활동하고 있어요."

선배시민 자원봉사단 활동과 보람

이처럼 많은 활동을 해왔고, 또 현재도 하고 있는 그는 현재 강동노인종합복지관에서 선배시민 자원봉사단 활동인 미소드림 봉사단과 녹색봉사단에서도 활동하고 있다. '선배시민'이라는 의미에는 지혜와 경륜을 바탕으로 지역사회 문제에 관심을 두고 후배시민과 함께 공동체를 돌보는 역할에 선배로서 앞장서고 사회구성원으로서 권리와 의무를 가진 시민으로서 행동한다는 의지를 포함하고 있다.* 한국노인종합복지관협회에서는 전국적으로 선배시민 자원봉사단을 운영하고 있는데, 만 60세 이상이면(일부 봉사단은 만 55세 이상) 참여가 가능하다. 전국 18개소의 선배시민 자원봉사단 교육지원센터에서 예비노인 대상의 교육 및 학습활동을 지원하는 생애전환기 경험 프로그램과 강사양성 과정을 운영하고 있다.

그는 매주 월, 수요일은 '미소드림 봉사단', 화요일에는 '녹색봉사단' 활동으로 하루 3시간 이상을 보내며 바쁘게 지낸다. "녹색봉사단은 거리에서 쓰레기 줍기도 하지만, 저희는 폐기물로 인한 심각한 환경문제나 재활용의 중요성을 알리는 캠페인을 합니다. 미소드림 봉사단은 신입 회원교육 보조나 시설물 이용을 안내하는 일종의 안내봉사에요. 1층 안내데스크에서 처음 오신 회원들에게 가입안내를 하고, 몇 층에 어떤 것이 있는지 설명합니다. 뿐만 아니라 키오스크에서 식권을 끊는 것을 돕기도 하고, 배식을 기다리며 줄 서는 것이 힘든 사람을 부축해 드리는 일을 해요."

그는 녹색봉사단 활동을 하면서 사회를 바라보는 시각이 달라졌다고 말한다. 특히 재활용 제품이지만 라벨을 분리할 수 없어 안타깝게도 재활용할 수 없는 제품들이 너무 많다며 예를 들어주었다. 필자가 사용하던 노트를 가리키며, 스프링은 기계가 분리하지 못해 제거하고 버려야 재활용이 가능한데, 대부분 스프링을 분리하지 않고 버리기 때문에 재활용이 안 된다는 것을 지적했

---

* 선배시민협회 홈페이지(https://선배시민.kr)

다. 또 마시던 음료수도 노란, 분홍, 흰색이 섞여 있는 코팅된 라벨을 벗겨야 재활용이 가능한데, 쉽게 제거가 안 되어 대부분 재활용이 어렵다고 설명했다. "녹색봉사를 오래 하다 보니 주변에 재활용할 것들만 보입니다. 아파트나 우리 동네에 버려진 쓰레기들 속에도 재활용해야 할 게 많이 있습니다. 우리는 텐트를 쳐 놓고 재활용해야 할 것들과 환경보호실천 방법을 알리는 캠페인을 펼치고 있습니다."

한일 합작회사에서 공장장으로 일했던 그는 58세 되던 해에 퇴직하고 보이스카우트 유니폼 대리점을 운영했다. 사업을 하면서도 교류단체들과 함께 후원금과 의류를 지원하는 봉사활동을 했다. 그렇게 보낸 시간이 행복했다고 할 만큼, 매번 활동하며 느끼는 작은 보람은 그에게 즐거움이자 큰 활력이 된다. 자원봉사활동이 거창하게 무엇을 바꾸는 건 아니지만, 그 일을 함으로써 얻는 기쁨이 크기 때문이다. "몸을 잘 가누지 못하는 사람들을 위해 식권을 뽑아 자리에 모셔다 드리면 '고맙다'는 말 한마디가 그렇게 뿌듯할 수 없습니다. 담배꽁초나 쓰레기를 주으러 이곳저곳을 7~8명 회원들이 다니다 보면 주민들이 아이스크림도 사주시고 고맙다고 수고한다고 해주시면 기분이 정말 좋아요. 무엇보다 깨끗해진 거리를 보면 기분이 참 좋은 거예요. 26년 산악회 활동을 하면서 쓰레기를 줍는 것도 그것 때문이에요. 그 일을 하면 내가 좋으니까 하게 되는 것입니다."

또 그는 자원봉사활동을 하면서 국가 정책의 중요성을 피부로 느끼게 되었다. "녹색봉사단 활동을 하면서 음료수 병에 라벨을 붙이지 말자고 아무리 얘기해 봐도 소용이 없어요. 스프링 노트에서 스프링을 분리해 버리지 않으니 쓰레기로 처리됩니다. 담배꽁초를 맨날 줍는 것보다 버리지 않는 게 중요한데 말이죠. 이런 문제들을 정책적으로 해결해야 하는데, 그게 안 되는 거예요"

쓰레기 줍기라도 해봐라

짧은 시간이었지만 정호진님과 인터뷰를 진행하면서, 노년을 건강하게 산다는 것은 거창한 것이 아니고 적극적으로 살아가는 그 자체가 아닐까라는 생각이 들었다. 그는 노년을 맞이할 인생 후배들에게 배우고 도전하는 자세를 강조했다. "지금 젊은이들은 자기관리도 잘하고 노년에 대한 대비도 잘하고 있다고 생각합니다. 무슨 일이든 좋으니 자원봉사가 아니더라도 쓰레기 줍기라도 해보라고 권유하고 싶습니다. 그리고 자원봉사활동을 하다 보면 눈에 뭔가 보이게 됩니다."

그에게 자원봉사활동을 통해 얻는 기쁨은 노년을 보내는 원동력이 되었다. 거의 모든 일상이 자원봉사를 중심으로 흘러가기 때문에 무료하고 권태로운 노년기는 그와 거리가 멀다. 아주 오랫동안 체력관리를 해온 덕분에 다양한 자원봉사활동에 적극적으로 참여하면서 활기찬 노년을 보내는 삶이 가능했다. 무엇보다 자원봉사활동을 하며 느끼는 만족과 보람이 활동을 지속하도록 만든 힘이었다. 그가 참여하는 봉사활동이 사소하다고 생각될 수도 있는 일이지만, 그에게는 이 사회와 소통하는 방식이고 끊임없이 배움과 도전을 불러일으키는 동기다.

5. 치열했던 베이비부머의 삶에서 왕성한 사회공헌활동가로

은퇴 후 청년 창업가들을 지원하고 있는 손흥택 단장님.

서울시50플러스재단*에서 근무하는 지인을 통해 재단의 사업과 연관하여 열심히 활동하는 퇴직자 한 사람을 추천받았다. 우선 지인이 소개한 사회공헌활동 프로그램과 이 활동을 통해 성장한 몇 가지 사례는 우선순위를 두기가 쉽지 않을 정도로 잘 진행되고 있

---

* 인생 후반을 준비하는 서울시 중장년세대(만40–64세)를 위한 생애설계, 직업교육, 일자리를 지원하는 서울시 출연기관. 2016년 4월 신중년으로 일컫는 중장년층을 위한 통합지원정책을 추진하기 위해 설립되었다. 재단은 중장년 정책사업을 총괄 기획하며, 사업의 주요 실행 단위인 50플러스캠퍼스(중부, 서부)를 운영하고 있다(https://www.50plus.or.kr/org/Intro.do)

었다. 한 사례를 선택하기 어렵다고 하자, 그중 손홍택 단장을 여러 번 언급하며 추천했다.

손홍택 단장을 만나기 위해 문자를 보냈더니 바로 전화가 왔다. 힘이 실려 있는 그의 목소리에는 자신감이 넘쳤고, 인터뷰가 가능하다고 호의적으로 답했다. 필자의 명함을 문자로 보냈더니, 바로 단장 직함이 인쇄된 명함을 보내줬다. 짧은 순간이었지만, 그가 얼마나 적극적으로 활동하는지 짐작하기에 충분했다.

7월 더위가 한창이던 날, 서울 소재 한국노인인력개발원 회의실에서 그를 만났다. 우리 저서 시리즈의 취지와 앞서 출간된 3권의 책에 대해 먼저 간단히 설명하고, 미리 보낸 질문 내용대로 인터뷰를 시작했다. 그는 인터뷰가 1시간 30분 이상 진행되었는데도, 어떤 질문이든 되묻지 않고 매우 정확하게 답을 했다. 그의 살아온 연륜과 통 큰 인품이 그대로 전달됐다. 그는 애기 중에 '치열하게 살았다'는 표현을 여러 번 했는데, 그 속에 우리나라 1970년대 이후 근대화 과정의 주역이었던 베이비붐 세대의 전형이 그대로 묻어났다. 바쁘고 치열하게 살아온 라이프 스타일이 지금까지 몸에 배었기에 사회공헌활동도 이처럼 치열하게 하는가 보다.

사회적 경제 컨설턴트로 자리매김하다

2013년 말 현업에서 퇴직한 그는 이전부터 퇴직 후 할 일을 조금씩 준비했다. 이미 야간대학원 석사과정에 입학하여 2년간 사회복지를 공부하였고, 2013년 초에 석사학위를 받았다. 그 후 사회공헌활동을 하기 위해 사단법인을 설립하였고, 2년간 활동을 하면서 여러 가지 어려움에 직면하기도 했다. 그러던 중 '사회적 경제'*에 대해 알게 되었고, 자신의 영리기업 운영 경험을 사회적 경제 참여자들과 나누자고 생각하게 됐다. 경영 일선에서 주도적으로 활동했기에 경영에 취약할 수 있는 협동조합이나 사회적 기업 창업자를 지원할 컨설팅 조직의 필요성을 이미 인지한 것이다.

그래서 지인들 6명이 모여, 2013년 8월 서울시 사회적 경제과 1호로 '희망나눔세상'이라는 비영리 민간단체를 만든 후 청년 창업가들을 지원하는 일을 시작했다.** 그 당시에는 사회적 경제에 대한 인식이 많이 알려지지 않았을 텐데, 쉽지 않은 일을 어떻게 시작했는지 물었다. "그 당시 서울산업진흥원에서는 경험이 있는 중장년들을 대상으로 전문 컨설턴트 양성사업을 하고 있었어요. 사업에 참여했던 사람들은 200시간 교육을 받았지요. 저는 거기서 함께 일할 사람들을 만난 겁니다." 또 그는 현업에 있을 때 경영지도사 자격도 취득했기에, 전문 컨설턴트로서 사회적 경제 기업을 돕는 일을 바로 시작할 수 있었다. 결국 손홍택님의 역량과 추진력이 단체설립과 기업지원 활동을 가능하게 했으리라 짐작됐다.

---

* 구성원 간 협력, 자조를 바탕으로 재화·용역의 생산 및 판매를 통해 사회적 가치를 창출하는 민간의 모든 경제적 활동(한국사회적기업진흥원 홈페이지)을 일컫는다. 우리나라는 2010년대에 협동조합, 마을기업, 사회적 기업 등 사회적 경제 기업들이 생기기 시작했다.

** 서울시가 2016년 서울시50플러스재단을 만들 당시, 50플러스 추진단이 만들어졌고, 그 후 여러 지역에 지부인 캠퍼스가 만들어져 중장년들을 위한 사업이 본격 진행됐다. 추진단에서 함께 일했던 그는 2017년에 이미 2013년에 만든 '희망나눔세상'을 캠퍼스와 일하는 1호 단체로 등록시켰고, 이후 서울시50플러스재단의 컨설턴트가 되었다. 컨설턴트의 역할은 사회적 기업 창업을 희망하는 사람에게 창업 관련 자문을 해주고, 중장년 중 사회적 기업에 관심이 있어 취업을 희망하면 사회적 기업으로 연계해 준다.

　회원들과 함께 사회적 경제기업 지원활동을 하던 중, 2016년 서울시가 중장년들의 사회활동을 활성화하기 위해 만든 '서울시50플러스재단' 설립추진단에 참여하여 퇴직하는 중장년들을 이 재단의 사업과 연결하는 사업을 함께 만들었다. 2017년에 서울시50플러스 캠퍼스가 생기자 본격적으로 신규 퇴직자들을 상담하게 됐다. 그는 이 과정에서 상담과 사회복지 공부를 더 했을 만큼 열정적으로 일했다. 상담에서는 주로 사회적 기업이 무엇인지, 다른 기업이나 단체와 활동연계, 사회적 기업으로의 취업연계 등 사회적 경제기업을 운영하는 데 필요한 실질적인 사항들을 다뤘다. 그가 주로 만난 사람들은 사회적 기업 경영자, 예비창업자, 은퇴한 중장년 중 사회적 기업을 알고 싶어 하는 사람들이었고, 그들에게 창업 또는 활동연계, 사회적 기업으로의 취업 지원 등 다양한 일을 했다. 현재는 고용노동부가 지원하는 사업으로, 사회적 기업 창업 준비 중인 청년과 중년들을 지원하는 일을 하고 있다.

　이 일을 하면서 겪은 어려움을 묻자, 경험이 많은 퇴직자들이 뜻을 같이하며 꾸준히 활동하는 것을 꼽았다. "우리 모임에서 함께 일하는 회원은 처음에 6명이었다가, 현재는 8명이에요. 함께 일할 동료를 확보하는 데 현실적인 어려움이 커요. 우선 프로보노*로 활동하므로 대가가 없어요, 또 활동가들은 우선순위를 이 활동에 두어야 해서 다른 일과 겸하기가 어렵지요. 그래서 선뜻 참여하려

---

* 　프로보노(Pro Bono)는 라틴어 'pro bono publico'의 줄임말로 '공익을 위하여'라는 뜻이다.(사회공헌정보센터 홈페이지(www.crckorea.kr) 참조)

는 사람들이 많지 않아요. 실제로 이 일을 수익사업으로 전환하자는 회원들도 있을 만큼 재밌고 성과도 있었지요. 하지만 저는 현실적으로 퇴직자인 우리는 비영리사업으로 사회공헌을 하는 것이 옳다고 생각했어요." 그의 열정과 강력한 리더십이 지금까지 '희망나눔세상'의 탄탄한 존재감을 만들었을 거라 생각했다.

"처음에 희망나눔세상 활동을 시작했을 때는 을지로3가 비즈니스센터에 월 100만 원의 임대료를 내고 입주해 있었는데, 현재는 구로구 공공공간인 사회적 기업지원센터에 월 50만 원 임대료를 내고 입주해 있어요. 물론 임대료는 과거나 지금이나 회원들이 나누어 부담해요. 공간임대료와 모여서 일하는 활동비를 8명의 회원이 매월 회비를 내어 충당하지요." 처음에는 공공의 지원이 전혀 없었는데, 자비로 운영하는 것이 안타까웠는지 지금은 사회적 기업지원센터가 활동에 따른 교통비와 식비를 실비로 지원해 준다.

활동을 들으니, 우리 저서 2편 《고령친화도시 행복한 노년-스페인·포르투갈》에서 소개한 바르셀로나 은퇴자들의 사회공헌모임인 세콧(secot)이 떠올랐다. 세콧은 희망나눔세상처럼 활동비 지원 없이 대기업 임원 출신 은퇴자들이 창업지원 활동을 하고 있었다. 우리 사례와의 차이는 세콧은 바르셀로나 상공회의소 건물 중 일부를 무상으로 임대받았고, 운영비의 일부는 바르셀로나 40개 기업들이 모여 만든 단체에서 지원해 주고 있었다.

그에게 함께 일하는 회원들을 소개해 달라고 했다. "희망나눔세상 초창기 회원 6명 중 1명은 강원도로 귀촌했고, 1명은 요식업으로 사업을 시작했어요. 그래서 현재는 초창기 4명에 4명이 새로 추가 되어 8명이지요. 대부분 대기업 대표나 임원, 계열사 대표이고, 한 사람은 공공기관 연수원 교수 출신인데 지금도 대학교수로 일합니다. 저만 대기업에서 퇴사해 자동차 부품 제조 분야에서 개인 사업을 하다 은퇴했지요. 현재 8명 중에는 처음부터 알던 사람도 있지만, 대부분은 컨설팅 교육을 받던 중에 뜻을 같이한 사람들이에요. 회원들의 전문분야는 인사, 회계, 사업기획 등 다양해서 기업 지원하기에 충분하다고 생각해요. 전문분야별로 모여 역할을 하는 것이 기업지원에 매우 중요하지요. 그래서 이분들을 개인적으로 설득해 참여시켰어요"라며 만족스러워했다. 참으로 쉽지 않은 일을 한다는 생각이 들었다. 본인은 비영리 분야를 이미 알고 있었지만, 사회공헌활동에 익숙하지 않은 베이비부머들을 설득해서 자기 돈 내고 사회공헌활동에 동참하게 한 것이다.

"2013년 8월, '희망나눔세상'을 만들 때는 퇴직 후 가족보다 더 많이 본다고들 했어요. 우리는 주 2~3회 만나서 사업 방향을 의논하고, 사회적 기업에 대해 공부하고, 사업방향을 설정했어요. 여러 전문분야가 필요했고, 우리의 다양한 경력이 컨설팅해 주면 대부분 해결 가능했지요. 하지만 경험하지 못한, 즉 전문성이 떨어지는 분야는 우리도 교육 받으러 많이 다녔어요. 그래도 회사운영이나 사업운영은 우리가 주로 컨설팅해 주지요." 어떤 분야의 교육을 많이 받았는지 묻자, "아무래도 사회적 경제 분야 경험이 없어서 교육도 받고 공부도 많이 했어요. 또 다른 전문가가 필요하면 사회적 기업을 지원하는 중간조직을 활용하지요. 우리가 직접 사회적 경제 기업들을 다 만나서 매치할 수는 없어요. 그래서 그 기업들을 지원해 주는 조직과 중간조직으로부터 요청이나 신청을 받아서 활동하지요"라고 답했다. 조직과 중간조직은 사회적기업진흥원과 산하기관(시군 단위)인 사회적경제지원센터라고 했다. "저희들의 활동범위는 서울, 경기, 인천지역의 사회적경제지원센터 관할 지역이고, 지금은 중간지원조직인 사회적경제지원센터 예산의 가능한 범위 내에서 실비를 지원받아요." 결국 공공기관인 사회적경제지원센터가 해야 할 일의 일부를 '희망나눔세상'이 하는 것이고, 센터가 직접 전문가들을 고용해서 해야 할 (사회적 경제)기업 지원업무의 일부를 '희망나눔세상'의 퇴직전문가들이 사회공헌 차원에서 하고 있는 것이다.

일이 많겠다고 하자, "행정직원은 없고 제가 다 해요. 외부에서 일(기관 네트워크)도 만들어오고, 내부 일(행정)도 하지요. 모두 나만 쳐다본답니다"라며 크게 웃었다. 사회공헌활동에 이처럼 혼신의 힘을 다하기는 쉽지 않을 텐데, 인터뷰 중에도 일에 대한 책무감과 자신감이 절절히 느껴졌다. "한 달간 제 개인 스케줄이 곧 우리 단체의 스케줄이라고 보면 돼요" 하면서 휴대폰 속의 빽빽한 스케줄을 보여줬다. 매일 스케줄이 촘촘하게 입력되어 있었다.

10년 정도 활동하다 보니 일 요청이 많단다. 그는 아직 건강하고 유능해 보였고, 개인적으로 수입도 없는 사회공헌활동에 전념하는 모습이 진심으로 존경스러웠다. "작년 한 해에 만났던 창업팀은 50팀이에요. 코로나 이후에 더 많아졌어요. 초창기에는 월 2회, 6개월 정도 컨설팅을 해줬는데, 요즘은 1팀당 3~5회 정도 해줘요. 신청팀이 50개라면 최소 150회 정도라서 스케줄이 꽉 찬답니다. 만약 2회씩 컨설팅해 준다고 해도 우리 회원이 한정되어 있으니까 많이 바빠요"라고 강조했다.

성과를 통해 배우다

그에게 기억에 남는 사례를 소개해달라고 하자, 무엇보다도 활동하면서 사회적 기업들과 함께 사회적 가치를 실현하기 위해 일한 것이 보람된 일이었다고 했다. 하지만 이 일을 통해 경제적 수입을 창출하고 지속가능성을 확보하기는 정말 쉽지 않다는 말도 덧붙였다. 성공적인 사업으로 기억에 남는 사례인 경기도 양평 수미마을을 소개했다. 2013년 경기도 양평 수미마을에서 자연을 체험하는 마을기업*을 설립해 사회적 경제활동을 했다. 그때 초창기 7~8개월 컨설팅해 주면서 함께 준비했단다. 그 사업은 성과가 좋아 연말에 대통령상(체험프로그램을 하는 마을기업)을 수상했다. 손단장에게 수미마을을 더 소개해 달라고 요청하자, 지난 일임에도 생생하게 들려주었다.

"수미마을은 주로 노인들이 쌀농사를 짓던 마을이었어요. 거기에 젊은이 2명이 들어가서 농사만 짓던 노인들을 참여시켜 4계절 내내 일이 돌아가게 했지요. 청년들은 주말이나 농번기가 아닐 때는 여러 가지 체험 프로그램을 만들고, 그 사업들을 활성화시킨 겁

---

* 사회적 경제기업에는 대표적으로 협동조합, 사회적 기업, 마을기업, 자활기업이 있다. 마을기업은 지역공동체의 각종 특화자원을 활용하는 주민 주도의 비즈니스를 통해 안정적 소득 및 일자리를 창출하는 마을 단위의 기업(김성기 편, 지역사회 기반 사회적 기업, 아르케, 2013)이라고 정의할 수 있다.

니다. 그랬더니 마을주민들에게는 1년 내내 (수입이 있는) 일이 생긴 거지요. 겨울에는 강을 얼려 빙어 체험 프로그램을 만들었고, 계속해서 다른 프로그램도 만들었어요. 참여주민 수가 늘어나면서 수익도 늘어났지요. 결과적으로 이 마을은 체험활동 프로그램을 통해 마을기업의 성공사례가 되었답니다. 시간이 지나면서 프로그램이 다양해졌고, 참여 노인들에게는 농번기 없이 1년 내내 일을 하고 수입도 생긴 거지요. 수미마을 사업은 마을기업 모델로 성공한 사례가 되었어요. 그 당시 프로그램에 참가하려면 한 달씩 대기해야 체험이 가능할 정도였답니다.”

그러면서 이 사업을 객관적 입장에서 정리했다. “이런 사업은 체질이 강해져서 공공의 지원(마을기업을 지원하는 예산)이 끝나도 지속 가능한 거지요. 우리는 어떻게 해야 사업이 지속 가능하며 확장하는지, 즉 사업의 비즈모델(비즈니스 모델)을 개발하는 데 도움을 줬어요.* 그 후에도 우리는 계속 다른 사회적 기업을 지원하는 사업을 만들었지요.” 사회적 기업이 지속가능성을 가지고 살아남으려면 다양한 조건에서 경쟁력을 확보해야 한다. ‘희망나눔세상’의 회원들은 각자의 경력을 토대로 성공적인 사회적 경제기업들을 키워내는 데 일익을 담당한 것이다. 그는 사회적 경제기업들을

---

* 수미마을은 2013년부터 다양한 농촌체험 프로그램을 상품으로 제시했고, 관련하여 현재 (2024년)까지 100회 이상 TV 방송에 소개됐다. 이처럼 수미마을 프로그램은 국내에서 가장 성공한 농촌체험 상품으로 알려져 있다. 프로그램의 특징은 빙송어축제, 송어맨손잡기, 하얀키즈눈썰매 등 자연과 교감할 수 있는 놀이를 다양하게 개발한 것이며, 현재도 체험예약을 받아 운영하고 있다.

지원하여 사회적 경제 생태계 향상에 기여한 이유로 2020년 고용노동부가 매년 7월 개최하는 '사회적 기업 주간'에 사회적기업진흥원이 추천하여 고용노동부 장관상을 받았다.

그가 다시 진지하게 말했다. "우리(희망나눔세상)는 우선순위를 이 활동(사회공헌활동)에 두어야 합니다. 그래서 우리는 여가나 친목활동을 안 해요. 본말이 전도될까 봐서요. 활동 관련 프로젝트가 끝나면, 최종 보고를 위해 만날 뿐이에요." '희망나눔세상'의 활동은 이것이 전부라고 분명하게 말했다. 인터뷰 내내 그와 동료들이 신중년세대 사회공헌활동 중 우리 필진들이 희망하는 이상적인 활동을 하고 있다고 생각했다.

앞으로 새로 해보고 싶은 봉사활동이 있는지 물었다. "은퇴세대들과 경험을 나누면서 그들을 사회적 경제활동으로 연계해 주는 일을 해보고 싶어요. 이런 일은 독자적으로 할 수는 없고, 제도권과 기관들과 연계해 할 수는 있겠지요. 지금까지는 사회적기업진흥원, 중부발전CSR, 서울시50플러스재단, 사회연대은행(시니어 사업을 지원하는 기관)들과 함께, 그들이 교육받고 활동하도록 연계해 줬어요. 앞으로 더 많은 기관들과 연계해 보고 싶어요"라고 말했다. 그가 하는 일이 많기는 하지만, 이제 노하우가 축적되었기에 더 다양한 기관들과 연계하여 은퇴자들이(비영리 기업 포함) 창업을 하거나 더 많은 곳에서 일하도록 연계해 줄 수 있을 거라 짐작됐다.

고령자 사회공헌활동의 양면

손홍택 단장 자신에게 초점을 둔 질문을 해봤다. 우선 현재 그가 하는 사회공헌활동이 자신의 노후 인생에서 어떤 의미를 갖는지 물었다. "나 자신이 사회적 역할을 할 수 있다는 것이 큰 의미지요. 또 후배들에게 내가 먼저 경험한 것을 알려주고, 함께 나누면서 의미를 찾는 거지요. 나는 공적인 역할을 마감하고도 이런 일을 할 수 있다는 것이 중요하고요." 그의 모습에서 오랫동안 사회공헌활동을 하면서 쌓인 경륜이 엿보였다.

이어서 그런 활동을 한 후, 자신에게 어떤 변화가 왔는지 물었다. "대기업 18년, 개인사업 15년, 35년간 치열하게 살았어요. 나 자신을 위해 산 거지요. 그것은 나 자신을 위한 일이었어요. 이제는 남을 돕는 일을 하면서 보람을 찾고 싶었어요. 그래서 여기서

빅데이터, AI 등 트렌드에 맞춰 함께 공부하는 회원들.

역할을 하는 것이 보람된다는 생각을 진심으로 하게 되었어요." 또 컨설팅을 위한 정보나 기술 등 많은 분야의 지식과 자료는 어떻게 준비하는지도 물었다. "최근 트랜드가 바뀌고 있지요(빅데이터, AI 등). 그래서 부족한 부분은 교육도 받고 공부도 해요. 저희 사무실 한쪽은 공부에 필요한 책으로 가득 차 있어요. 트렌드에 맞춰 공부하고 교육받고 있지만, 사실 한계가 있지요."

자신들이 제대로 일하고 있는가를 알기 위해, 2016년에는 자비로 유사한 활동을 하는 일본의 단체 3곳을 벤치마킹하기도 했다. "거기도 다양한 분야에서 경력을 쌓은 사람들이 활동하고 있었는데, 우리와는 달리 30, 40대 직장인도 참여하고 있어서 놀랐어요. 나는 그 나이 때 그럴 생각도 못했거든요. 젊은 사람들은 주말이나 평일 저녁에 활동하더군요. 도쿄에서 만난 관련 단체의 책임자에게 여러 세대가 참여하는 사회공헌 문화에 대해 물었더니, 제 질문을 의아하게 생각하더군요. 그들은 현직을 가진 사람들이 주말이나 야간에 사회공헌활동을 하는 것을 당연하게 생각했어요." 이처럼 사회공헌활동에 대한 생각과 모습이 우리와 다른 것은 오랜 기간 축적되어 온 그들의 사회공헌에 대한 가치와 실천이 정착되어 있기 때문일 거라 짐작해본다. 하지만 우리나라에서는 아직 그런 '참여'하고 '실천'하는 공동체 지향의 활동을 찾기가 쉽지 않을 것 같다. 이런 차이와 관련해서 그는 "솔직히 활동은 하지만, 노년 세대라서 한계가 있어요. 우리 세대가 일했던 과거의 비즈니스 생태계와 현재 창업 환경은 다르지요. 생태계가 변했고, 트렌드도 바뀐 겁니다. 우리 은퇴자들이 아무리 전문적인 경험이 많다고 해도,

다양한 세대와 함께 하기에는 확장성에 한계가 있지요. 그것이 우리의 숙제이고 고민입니다."

그렇다면 답은 이미 정해져 있다. 이들을 사회공헌활동 1세대라고 한다면, 이제는 2세대가 동참해 더 현실적인 자문과 지원을 할 필요가 있다. 그러기 위해선 일본처럼 현재 경제활동을 하는 젊은 세대도 사회공헌활동에 참여하는 세대간 동참 모델이 필요하다. 이런 생각을 정리하기 위해, 그에게 자문을 받는 사람들은 고령의 봉사자들이 지원해 주는 것을 어떻게 생각하는지 물었다. "우리는 전문성 있는 단체는 아니에요. 전문 컨설팅 단체가 아니므로 컨설팅이 아닌 멘토 정도의 역할을 한다고 보지요. 그래서 바쁜 기업 대표보다는 주로 실무자들과 회의합니다. 우리는 유료 컨설팅이 아니므로, 함께 고민하고 해결책을 논의하는 것을 주로 하지요. 초창기에는 우리가 하는 일에 의구심을 가진 경우도 있었어요. 그래서 대표는 참석하지 말라고 하고, 직원들과 함께 논의하고 사업계획서도 만들어서 의구심을 해소했답니다. 사실 우리에게는 리포트보다 과정이 중요하지요. 과정을 통해 해결책을 찾아서 그런 한계를 극복했답니다." 아주 현명한 선택이었다고 생각된다.

"우리 업력이 쌓이면서 회원들 간에는 이 모임을 사업화하자는 의견도 일부 있었어요. 사업을 제안해서 우리가 사업을 따자는 의견도 있었고요. 하지만 저는 반대했어요. 결국 시작부터 비영리로 시작해서 지금까지 그대로 하고 있답니다. 수입이 들어오면 불협화음이나 잡음이 생길 수 있어요. 실제로 중장년들이 이해관계에 얽혀 문제가 되는 것을 봤거든요. 왜냐하면 수익에 대한 의견이 다르기 때문이지요. 의견이 다를 수도 있어요. 이런 갈등을 배제하기 위해서 우리는 회비만으로 운영하는 겁니다. 지금까지 우리 단체의 목적사업이 유지될 수 있었던 가장 큰 이유는 우리가 사업수익을 배제했기 때문이라고 생각해요." 참으로 대단한 분들이라는 생각이 들었다. 회원들의 연령을 물어보자, 활동한 지 10년 가까이 되어 모두 60대란다. 그는 68세이고, 최근에 참여한 여성 회원 두 사람은 60세라고 했다. 1955년생부터 1963년생까지를 1차 베이비붐세대, 1964년생부터 1974년생까지를 2차 베이비붐세대라고 하면, '희망나눔세상'은 1, 2차 베이비붐세대가 함께 일하는 조화로운 단체다.

그에게 퇴직 전에 자원봉사활동을 했는지 물었더니, 치열하게 사느라 못했다고 했다. 다만 성당에 다니면서 레지오 활동을 했다. 현재 그는 휴대폰에 입력되어 있는 스케줄에 맞춰 쉬는 날 없이 바쁜 데도, 퇴직 후 지금까지 여러 가지 사회공헌활동을 하고 있다. 현재는 자택이 있는 양천구의 지역아동센터에서 개인적으로 봉사하고 있다. 오전에 센터로 가서, 오후 아이들이 오기 전에 필요한 준비를 하는 일이다.

주말이나 활동하지 않는 날은 주로 어떻게 시간을 보내는지도 물었다. "이전에는 골프도 자주 쳤는데, 이제는 가끔 하지요. 그리고 혼자 등산을 하면서 힐링하고 충전도 해요. 젊었을 때는 동호회 활동을 많이 했는데, 지금은 혼자서 이렇게 시간을 보내고 성당에도 나가고 있어요."

이어서 '일' 지향적인 그에게 현재 활동 외에도 관심을 갖는 일이 있는지 물었다. 과거에 그는 음악을 좋아해서, 재학 중에 밴드를 만들어 기타를 쳤다. 은퇴 후에, 지금 하는 이 활동을 하지 않았으면 음악활동을 했을 거라고 말했다. 전문가 수준의 취미활동을 했을 거라고 했다. 지금 하고 있는 활동에서 완전히 벗어나면 음악 관련 활동을 하고 싶다는 말도 추가했다. 그는 재능도 많고 에너지도 많은 분임이 틀림없다. 언제까지일진 모르지만, 노년기에 필요한 조건 중 하나인 '자립'을 오래 유지할 것이라는 생각이 들었다.

남은 노년기의 또 다른 계획

공식적인 역할에 대해 많은 시간을 할애한 뒤, 조금 다른 얘기로 넘어갔다. 가족들은 그가 적극적으로 활동하는 것을 어떻게 생각하는지 물었다. "매우 좋아해요. 퇴임 후에도 열심히 활동하니까 좋아하지요. 아내는 학원을 운영하는데, 요즘 MZ세대 학부모 상대하느라 아주 힘들어해요. 근데 서울을 떠나면 큰일 나는 줄 알아요"하며 크게 웃었다. 노후계획에 아직 합의하지 못한 것 같았다.

그에게는 아들과 딸이 한 명씩 있는데, 딸은 서울, 아들은 대전에 살고 있고, 현재 배우자와 둘만 살고 있다. 요즘 건강한 장노년 세대에게 대표적인 가구 형태인 '노부부 단독가구'를 이루며 독립적으로 살고 있다. 그에게 가사를 일부 돕는지 물어보자, 못해 봤다고 답했다. "아직 라면밖에 끓여보지 못했어요. 아내가 요리 배우라고 하지만 속으로 '시간 나면 음악을 하지'라고 생각해요"라며 철없는 소년처럼 해맑게 웃었다. 그는 이런 꿈을 가지고, 지금도 사회공헌활동에 전념하는가 보다.

그의 건강상태를 묻자, 적극적으로 활동해서인지 병이 없다고 한다. 바쁘게 사는 것이 건강을 유지하는 비결이라는 말이 틀림없는 것 같다. 과거에는 테니스와 골프를 열심히 했다는 말을 들으니 건강하고 적극적으로 살아온 그의 발자취가 보이는 듯했다. 혹시 술을 마시는지도 물었다. "직장생활 중에는 술자리가 많았어요. 그런데 저는 술을 좋아하지 않아서 한두 잔 정도 했지요." 우리 저서 3권에 있듯이, 일본에서 노후 경제활동이나 사회공헌활동을 하는 분들과 인터뷰했을 때, 일 마치고 동료들과 한잔씩 하는 게 즐겁다거나, 동료들을 만나지 않는 날은 집에서 저녁 반주로 한 잔씩 한다는 말을 여러 응답자에게 들었다. 나이 들어서 적당량의 술은 분위기를 좋게 하거나, 관계를 유지하는 수단이 될 수 있다고 집필 내용에 썼던 기억이 났다.

그처럼 열정을 가지고 일하는 분들은 우리 사회의 중요한 인적 자산이다. 그래서 앞으로 언제까지 활동할 계획인지 물었다. "처음에는 10년 정도 활동할 거라 생각했어요. 2013년 8월에 시작했으니 2023년 8월이 10년이었습니다. 지금 생각은 70세까지는 사회적 기업 대표들과 일하고, 그 뒤로는 개인적으로 봉사할 수 있는 단체를 찾아볼까 해요." "저는 여태까지 열심히 봉사하면서 살았지요. 이제 70이 넘으면 조용한 도시에 가서 살고 싶은 생각이 있어요. 하지만 아내는 생각이 다를 수 있지요"라며 웃었다.

노년기 '일'의 중요성

그와 예상보다 긴 시간 동안 많은 얘기를 나눴다. 그래서 마지막으로, 노년기에 '일'의 의미는 무엇인가라는 큰 질문을 던졌다. 여기서 '일'이란 노동의 의미보다는 넓은 의미의 활동 또는 역할을 말한다고 제시했다.

"노년기에도 돈을 벌어야 할 필요성이 있으면 계속 일을 해야지요. 하지만 소득에 신경 쓰지 않고 경제활동에서 벗어날 수 있다면 사회공헌활동을 하는 게 좋을 것 같아요. 프로보노로서요. 내 주위나 타인을 돕는다는 것은 보람된 일이고, 경험을 함께 나누는 것도 의미가 있지요. 그런 준비가 된 사람에게는 노년기의 가치 있는 일이라고 생각해요. 그래서 다른 이들에게도 권장하고 싶어요. 물론 현실적으로 노년기에 이런 활동을 할 수 있는 사람은 경제적으로 준비된 사람이겠지요. 제 생각에 사회공헌활동을 하면서 보람과 나눔을 함께 할 수 있다는 것이 노년에서 가장 큰 의미인 것 같아요. 그래서 후배들에게도 권하고 싶어요." 기회가 되면 그를 젊은 학생들이나 사회공헌활동에 관심 있는 사람들을 위한 강의에 초대하고 싶다는 생각이 문득 들었다.

같은 맥락에서 우리나라가 초고령사회를 앞두고 화두가 되고 있는 정년연장에 대해 의견을 물어봤다. "물론 바람직하지요. 하지만 젊은 세대의 일을 뺏는다는 시각도 있을 수 있어요. 그래서 윈윈할 수 있는 방법을 찾아야 합니다"라며 예를 들었다. "건설 쪽에서 퇴직한 후배가 제게 전화를 했는데, 파나마로 일하러 간다고 하더군요. 옛날 대기업 토목 엔지니어 출신인데, 이제 퇴직 후에 해외현장에서 단기 프로젝트로 2년 계약을 했답니다. 나이는 60대 중반인데, 과거 중동에서 일한 경험이 있어서 제안을 받은 것 같아요. 경험이 있으니 퇴직 후에도 연결된 거지요. 결국 위치나 수입을 떠나서 경험을 가진 세대가 그런 일을 할 수 있지요. 예상도 못했지만, 불러주니까 가능한 거겠지요. 시니어가 할 수 있는 일이라면, 일뿐만 아니라 젊은 세대와 조직 내에서 어우러질 수 있다면 정년을 연장해도 충분히 가능할 거예요." 결국 시니어들은 정년 후에 기회가 되면 현재 젊은 세대가 할 수 없거나 선호하지 않는 일을 차별화된 시니어만의 영역으로 확보할 수 있고, 젊은 세대와 공생할 수 있다는 의미로 이해했다.

"또 다른 동료는 과거 삼성에서 일했는데, 최근에 그 계열사에서 연락이 와서 국내에서 근무해요." 물론 이런 분들은 대기업 출신이거나 관련 인맥이 두텁다는 또 다른 경쟁력이 있으니, 퇴직 후에도 기회를 가질 수 있다는 이점이 있다. 지방 도시들의 경우는 젊은 인력의 유출이 점차 현실화되고 있다. 그러므로 신중년 또는 중장년 퇴직자들을 재고용할 수 있는 조건이 확대되면 기업과 퇴직자/퇴직예정자들이 윈윈할 수 있을 해법을 찾을 수 있을 거라 생각한다. 물론 이런 기회가 확대되기 위해서는 민관의 유기적인 협조가 필요한 건 당연하겠지만, 이제는 퇴직자들도 자발적인 모임을 결성하여 재교육 정보와 기업의 인력동향 정보 등을 적극적으로 공유하는 활동도 할 필요가 있다. 이런 조직을 활성화하는 과정에서 자원봉사나 사회공헌활동이 추가된다면 모임의 지속성과 연대가 더 강화될 것이다. 특히 상대적으로 경쟁력 있는 베이비붐 세대가 자발적으로 조직을 만들어간다면, 경쟁력 있는 시니어들이 목소리를 낼 수 있는 여건이 만들어질 것이다.

인터뷰가 마무리단계로 들어가자, 그는 현실적으로 아쉬운 부분도 빼놓지 않고 말해 줬다. "처음에 우리 활동을 보면서 사회적기업진흥원에서는 이런 활동이 더 확대되기를 원했어요. 경쟁력 있는 퇴직자들 모임을 육성해야 한다는 거지요. 하지만 경제활동을 계속해야 하는 사람들은 가입하기가 쉽지 않고, 사회공헌활동을 하고 싶은 사람들도 내 돈 내서 활동하기는 쉽지 않지요. 그게 현실이니까요. 그래서 우리 단체처럼 활동할 수 있도록 (공적인 또는 비영리의) 지원체계가 생기면 좋겠어요. 우리 같은 단체는 지금도 많지 않아요. 결국 노블레스 오블리주 활동이지요."

"일본 NPO센터에 가보니, 중소기업이나 소기업을 지원하기 위한 고령자단체가 결성되어 회원들이 자비를 내고 동경 NPO지원센터를 운영하고 있더군요. 닛산자동차 회장으로 일하다 퇴직한 72세인 분이 센터의 대표이셨는데, 이런 사회공헌활동의 이점은 일어나면 나올 곳이 있다, 명함이 있다, 남에게 내 경험을 알려줄 수 있다는 것이라고 말씀하시더군요. 그러니 도쿄 한복판에 비싼 임대료를 내서 운영하고 있겠지요. 이 센터의 부회장도 70세의 퇴직자였고, 회원들의 평균나이가 60대 후반이었어요."

일본 정부는 사회참여를 원하는 여성이나 고령자들이 사회적경제나 사회공헌활동을 할 수 있는 여건을 마련해 주는 차원에서, 1998년에 NPO(Non Profit Organization)법(특정비영리활동촉진법)을 제정해 지자체별로 육성했다. 우리 저서 시리즈 3권 일본편에 보면, 고령자들이 일부 정부지원을 받아 NPO를 결성하고 착한 가격으로 틈새시장에 진입하여 사회공헌활동을 활성화하는 예들을 소개하였다. 그가 견학한 사례도 그중 하나일 것이다. 우리나라도 이제 베이비부머가 중심이 되어 은퇴한 신노년세대가 사회에 기여할 수 있는 단체들을 가시화할 시기가 되었다. 면담을 마무리하면서, 그는 이런 활동을 하는 단체가 더 만들어지고 활성화돼야 한다고 여러 번 강조했다. 두 시간 이상 면담을 하고도 에너지가 넘치는 그와 아쉬운 작별인사를 나눴다.

역동적 노년과 사회공헌의 기쁨

'백살공주 인형극단' 나정심 대표님.

장노년층 사회공헌활동의 좋은 사례로, 부산 지역에서 주로 활동 중인 '백살공주 인형극단'의 나정심 대표를 소개한다. 백설공주 아닌 '백살공주'는 명칭에서 유추 가능하듯이 백 살까지 사회공헌을 약속한다는 의미다.

극단 활동은 사단법인 부산문화콘텐츠개발원에서 시행하는 여러 사업 중 하나고, 인형극 활동을 하는 단원들은 한국언어능력평가원에서 구연동화 자격증을 취득한 사람들이었다.

얘기꾼을 넘어선 인형극단

그와 인터뷰하러 사무실에 들어가니 각종 소품, 인형들이 가득 차서 아기자기한 분위기였다. 백살공주 인형극단 대표이자 인형극단을 포함하는 부산문화콘텐츠개발원 대표이사인 나정심 대표는 60대 초반인데, 젊고 지적인 모습이 인상적이었다. 교육학으로 박사학위를 취득한 그가 인형극에 앞서 먼저 시작한 활동은 동화구연이었다. 석박사 논문 모두 동화구연에 관한 것으로, 석사논문에서는 동화구연 지도사의 발전 방안을 다뤘다. 동화구연 지도사들의 자격취득 후 활동에 관해 실천적인 고민을 많이 한 것 같다. 그는 석사 논문을 쓰고 난 후에 자신이 할 일이 많다고 느꼈단다. 동화구연이 얘기 전달에만 치중해 있다는 비판적 인식을 하였고, 이 일을 하는 사람들과 의미 있는 일을 하기 위해 2009년부터 인형극단을 조직하고 활동을 시작했다. 논문 집필 후 제기되는 고민들은 단순히 고민으로만 끝나는 경우가 많은데, 이를 실제 행동으로 실천한 것이 대단하게 여겨졌다.

그는 자신의 이런 행동력에 어머니의 영향이 있었음을 언급했다. 노인정을 운영하며 팔십 넘어까지 일을 하셨던 어머니는 그가 활동하는 모습을 보고, "좋은 일을 하기 위해 같은 생각을 가진 사람들이 모였다가 흩어지고 또 모이고…, 이런 과정을 거치게 될 거다"라고 말씀하신 적이 있단다. 그런 어머니의 가르침은 나 대표 신념의 근간이 된 것으로 보인다. 그는 당시 동화구연 활동을 하고 있던 사람들에게 본인의 생각을 전했고, 너무 좁은 범위에 갇혀 있는 자신들의 역량을 발전시키기 위해 이 인형극단 활동을 시작했다.

백살공주 인형극단은 2023년 현재 11명의 단원으로 이루어져 있다. 이들은 유아와 초등 저학년을 대상으로, 주로 아동학대예방을 주제로 하는 인형극을 보여주고 있다. 특히 백살공주 인형극단은 2009년부터 부산시 아동보호종합센터와 협약을 맺고 지속적으로 아동학대 예방인형극을 공연해 왔다. 기본적인 인형극 스토리는 그가 쓰고, 기관의 감수를 받고 있다. 유아교육학 전공자인 그는 현장에서 일한 경험과 석박사 과정을 통해 쌓은 사회학적, 교육학적 지식을 접목하여 좋은 콘텐츠를 담을 수 있었을 것이다.

인형제작은 인형극 공연에서 가장 중요한 요소 중 하나인데, 공연에 올리는 인형들은 단원들이 손수 제작한다. 단원들이 10년 넘게 활동하다 보니 다들 솜씨가 좋단다. 여기서 그는 캐릭터 구상에 대한 조언과 지도를 주로 맡는다. 인형극은 코로나 팬데믹 전 공연을 자주 할 때는 공식적으로 1년에 98회까지 올렸다. 최근에는 부산 남부경찰서와 협업해서 경찰관과 함께 아동학대예방 인형극을 하는데, 아이들은 제복 입은 경찰관을 보고 매우 좋아한단다.

극단에는 활동을 시작한 지 거의 10년이 된 단원들이 많다. 50세 이상이면 참가자격을 주는데, 시간이 흘러 지금은 모두 60대가 됐다. 단원들은 활동상의 위험 우려로 70대가 되면 졸업해야 한다. 이들은 평소 시간을 내어 사무실에서 연습을 하고 인형도 제작한다. 인터뷰하러 방문했던 오전에도 단원들이 하나둘씩 인형을 만드는 공간으로 모여들어 서로 반기며 일상을 나누는 모습을 봤다.

인형을 제작하며 담소를 나누고 있는 극단 단원들.

빈 의자를 찾아 자연스럽게 할 일을 꺼내 들고 인형을 만들기 시작하는 모습에서 경륜이 느껴졌다. "이분들이 자주 사무실에 오시는 건 다들 친구이기 때문이에요. 인형을 만들면서 일상이나 자녀들 얘기를 나누세요. 일은 긴 시간보다 오전에만 하지요."

그는 2009년부터 지금까지 이 인형극단이 이어져 올 수 있었던 동력을 단원들에게서 찾았다. "무엇보다 인형극단 단원들의 마음 씀씀이가 제가 극단을 이어갈 수 있는 가장 큰 이유였던 것 같아요. 그분들이 하기 싫다거나 힘들어 했다면 제가 끌고 가기가 어려웠을 텐데, 아이들 만나고 나면 힘이 생긴다고 하시고, 또 우리가 어디 가서 놀겠냐고도 하시고요. 게다가 우리는 아직 경로당에 가기엔 너무 젊어요."

베이비부머들이 다수 소속되어 있는 이 극단은 단원에게 사랑방 같은 역할을 하는 듯하다. 사회공헌활동이라는 이타적 활동을 통해 그에 따른 보람과 자긍심을 느끼는 것, 그 활동을 통해 활동가 자신도 자기계발이 된다는 것, 여러 사람이 모여 함께 활동하는 경우 사회적 지지를 주고받을 수 있는 관계망을 형성할 수 있다는 것 등 사회공헌활동이 갖는 긍정적 효과는 단원들 개개인이 인형극단 활동을 오래 지속할 수 있는 동력이 되는 듯했다. 초창기 단원 중 한 사람은 아동보호종합센터의 추천을 받아 장관상을 수여했고, 다른 단원들도 꾸준한 사회공헌활동에 대한 공로를 인정받기도 했다.

법인 활동의 어려움과 극복과정

백살공주 인형극단은 사단법인 부산문화콘텐츠개발원에 소속되어 있는 하위 조직이다. 부산문화콘텐츠개발원에 대해 짧게 소개하자면, 이 법인은 프로그램 개발사업, 교육사업, 문화예술사업, 행사사업, 사회공헌사업을 수행하는 비영리법인이다. '백살공주 인형극단'은 사회공헌사업에 해당한다. 50세 이상의 장노년층이 동화구연지도사 자격증을 취득한 후, 독서지도, 스토리텔링 등으로 사회공헌활동을 하고 있다. 교육사업 중 성인 프로그램에는 동화구연지도사, 독서지도사, 스토리텔링매직지도사, 아동문학지도사 자격증 취득과정이 포함되어 있다. 백살공주 인형극단 단원들은 대부분 먼저 해당 민간자격증을 취득한 후 극단에서 사회공헌활동을 하게 된다. 또 다른 주요 사업은 문화예술사업인데, 이 사업의 일환으로 도깨비 인형극단을 운영한다. 사회공헌활동 이

외의 사업에서 수익을 올려 백살공주 인형극단 운영에 필요한 제 경비를 충당하고 있다. 하지만 도깨비 인형극단의 경우는 실제 백살공주 인형극단 단원들의 도움을 많이 받고 있다. 예를 들면, 도깨비 인형극단에서 하는 양성평등교육, 성교육, 흡연예방, 아토피 예방교육 주제의 극에 필요한 소품들을 백살공주 인형극단 단원들이 손수 제작해 지원하고 있다.

그는 공공으로부터 소정의 지원을 받고 법인 내부 사업 간에 상호보완해가며 지금까지 법인을 꾸려오고 있다. 이 일은 분명 의미 있고 보람된 일이지만, 지금까지의 상황은 마냥 순조롭지만은 않았다. "무엇보다 경제적인 어려움이 컸어요. 사비를 많이 투자했죠. 지금에야 약간씩 돌아가요. 그런데 이 비영리법인 단체는 내가 대표로 있는 한 책임은 내가 져야 되는 거고, 나중에 나라에 귀속되는 상황이에요. 그동안 큰 경험 했다, 그렇게 생각하죠. 거의 8년 가까이 월급도 없이 이끌고 왔는데 제게 안 맞는 그런 법인 대표가 되다 보니 경제적인 부분도 그렇고 책임감이 컸어요."

이런 경제적인 부담뿐만 아니라, 조직을 만들어가는 과정에서의 어려움도 있었다. "이게 (동화구연) 강사들이 조직하다 보니 보통 본인들의 역량만큼만 하게 되지, 다른 이들을 위해 봉사활동으로 하기는 쉽지 않아요. 그래서 좀 힘든 일도 많았어요. 처음엔 같은 생각이었음에도 점차 초심을 잃어간다고 느껴졌던 적도 있고요. '그게 아니었잖아'라고 (내가) 주장하면 그 문제를 다시 한 번 고민하는 게 아니라, 같은 생각을 하는 사람들끼리 모여서 다른 조직 하나를 만들어버리는 게 마음의 상처가 됐어요. 그랬는데 이제는 그게 섭리구나라고 달관했어요. 그냥 '같이 해왔다는 거 하나 가지고 내 주장만 계속 했었네' 이런 마음이 들어서 지금은 나한테 주어진 역할을 잘 하자라고 생각하고 있어요."

이러한 어려움은 사실 많은 사회공헌 활동모임이 조직화되어 가는 과정에서 어렵지 않게 볼 수 있는 갈등이기는 하지만, 당시 당사자로서는 상처가 되었을 터다. 이렇게 시작 후 9년 정도 경제적, 심정적 어려움도 겪다가 코로나 팬데믹을 맞으며 모든 사업이 중단되었다. 그런데 그 시기는 오히려 다시 일어설 수 있는 정비기간이 되어 주었다. 2022년부터 다시 활동을 재개해 지금에 이르러서는 그동안의 노력들이 조금씩 결실을 맺어가는 걸 느끼고 있단다.

법인 활동의 의미와 나 대표의 성장

그는 현재의 법인 활동에 대해 어떤 의미를 부여하고 있을까? 조직을 꾸려나가는 과정에서의 어려움과 경제적인 부담을 이겨내면서까지 이 일을 지속할 수 있도록 이끄는 힘은 무엇인지 궁금했다. 그는 활동의 시작점에 있던 동화구연 얘기를 시작했다.

"동화구연에 대한 박사논문을 썼어요. 동화구연이 갖는 의미에 대해 생각하다 보니, 인문학적 코칭역량을 꽤 필요로 하는 활동이더라고요. 그리고 이걸 통해서 제 자신이 많이 변했어요. 보편적인 진리를 따라가려는 노력이 의미 있었고, 그래서 어떤 일에 무엇이 옳고 그른지 판단을 할 때, 핵심을 지키는 것이 제게는 좋았던 것 같아요. 그랬기 때문에 지금까지 유지되고 있는 거고, 저를 믿고 따라주는 사람이 많은 것 같다는 생각이 들어요. 사람들에게 의미 있는 단어가 무엇인지 물으면, 많은 분들이 '가족'을 떠올리는데 저는 제 '법인'이 떠오르더라고요. 저한테는 많은 에너지와 경제적인 것을 쏟아붓고 한건데, 제 발전보다 저로 인해서 많은 사람들이 발전했어요. 저로 인해서 단원들이 경제활동도 많이 하고 행복도 많이 느끼게 되고요."

처음 이 일을 시작했을 때의 초심, 일의 본질을 지키려는 마음을 유지하고자 부단히 노력하는 과정에서 본인이 더 성장했고, 또 그 모습이 함께 하는 이들을 긍정적으로 변화시켰다고 강조하는 그의 모습에서 그동안의 어려움을 극복하며 단단해져 가는 한 조직의 대표로서의 강인함과 확신이 느껴졌다.

가족, 지인들의 응원과 지지

그가 자신의 신념이 결실을 맺어가는 보람을 느끼면서도, 한편으로는 가족들과 주변 지인에 대해서는 감사함과 미안함이 교차하는 심경을 말했다.

"고지식한 애 아빠가 '내가 허락했으니 당신이 할 수 있는 데까지 해봐'라고 말했요. 지금 생각하면 애들한테 제일 미안해요. 걔들한테 들였어야 할 시간과 에너지, 비용, 경제적인 것들을 이렇게 사회공헌한다고…. 남들이 번지르르한 겉모습만 보고 발버둥치는 속사정은 몰라주는 것 같아 속상한 적도 있었죠. 그렇지만 이제는 조금씩 알아주는 것 같아요."

이제는 그의 활동 모습을 보고 주변의 지인들이 좋은 뜻에 공감하며 협조해 주게 됐다. 법인 이사로 도움을 주거나 그 외에도 다양한 방법으로 도움을 주려고 하는 이들이 많아졌다는 것이다. 법인은 2023년부터 공익법인으로 승격되어 기부 단체가 되었다고 한다. 즉, 기부금을 받을 수 있는, 공익적인 활동을 많이 하는 단체로 인정 받은 것이다. 이를 계기로 주변에서 오히려 법인 홍보나 기부금에 대한 권유를 받기도 하고 인맥도 넓어졌다고 했다. 법인 활동에 대한 그의의 강한 신념과 행동력에 대해 가족과 지인들이 점차 공감하게 되고, 이것이 그들과 더욱 굳건하고 긍정적인 관계로 이어지는 이유가 되지 않았을까 짐작해 본다.

중요한 것은 화합하려는 마음

어떤 성향의 사람들이 백살공주 인형극단 활동에 적합할까? 그는 주 활동연령인 50~60대 연령층의 특성을 고려해 답했다. "제일 중요한 건 화합하려는 마음이에요. 극단 활동은 혼자 하는 일이 아니기 때문이지요. 사실 50세 이상이 되면 혼자 나서서 무언가를 하는 게 두려울 수가 있어요. 그런데 함께 하면 힘이 나거든요. 그리고 이 연령대는 단합이 잘 되는 것 같아요. 베이비붐 세대는 이 활동이 적합한 것 같아요."

이어서 지금의 30대가 50대가 될 때는 활동 적합성에 어떤 변화가 있을 수도 있음을 지적했다. 연령이 낮아질수록 개인주의적 성향이 강해지기도 하고, 본인의 취미나 성향에 따라 활동범위를 정하는 경향도 강해져서 앞으로는 인형극단의 속성이 다소 달라질 수 있다는 것이다.

부산문화콘텐츠개발원 및 한국언어능력평가원의 대표이사이자

법인 사회공헌사업인 백살공주 인형극단을 운영하는 그와의 인터뷰는 한 개인이 가진 강한 신념이 사회에 긍정적으로 환원될 수 있다는 점에서 묵직하게 다가온다. 사회공헌활동의 당사자인 그는 노년기 사회공헌의 중요성에 대해 망설임 없이 강한 어조로 말했다.

"해야죠, 해야죠. 뭘 할까가 아니라 할 수 있는 거를 찾는 게 중요한 것 같아요. 노년이 됐을 때 해야 할 일을 적극적으로 찾아야 된다고 봐요. 아직은 신체와 정신이 건강하기 때문에 그동안 젊은 사람들을 위해서 우리가 해줘야 될 일을 찾아야 하고, 해야겠죠."

그 뜻을 이루는 과정에서 어려움도 많았지만, 강한 신념과 행동력으로 이를 극복하고 주위에 선한 영향력을 펼쳐가고 있는 나정심 대표와 법인의 향후 활동을 응원한다.

백살공주 인형극단 단원 홍정숙님

나 대표와의 인터뷰를 마치고 인형제작을 하는 방에 가 보았더니, 아침 일찍부터 여러 명의 단원들이 열심히 인형을 만들고 있었다. 손은 부지런히 움직이지만 서로 이런저런 애기를 나누는 모습이 동네 사랑방 같은 느낌이었다. 조용하고 차분한 인상의 홍정숙님도 함께 앉아 무언가를 열심히 만들고 있었다. 그는 1960년생으로, 건강한 편이며, 남편과 함께 살고 있다. 30대 후반과 40대 초반인 자녀들은 이미 결혼해서 분가했고, 손자녀도 있단다.

홍정숙님은 2013년 하반기부터 인형극단 활동을 시작해 만 10년이 됐으니, 극단 초창기 단원이라고 할 수 있다. 그는 이 활동 전

전업주부에서 인형극단 단원으로
활동하고 있는 홍정숙님.

까지는 전업주부로 지냈고, 사회활동으로 꼽을 만한 것으로는 절에서 불자들에게 배식 봉사활동을 한 적이 있단다.

극단 활동은 외향적인 성향에게 잘 맞을 것이라는 선입견이 있어서 조용해 보이는 그가 어떻게 이 활동을 시작하게 됐는지 궁금했다. "처음 시작은 애들 다 키워놓고 그냥 주부로 계속 집에만 있으니까 좀 무료하기도 해서 뭔가를 배워볼까 하다가 백화점 문화센터에서 동화구연을 배우기 시작했어요. 그걸 계기로 (인형극을) 시작하게 됐습니다. 동화구연 선생님이 이걸 권유해 주셨어요."

동화구연 활동을 하려면 자격증을 따야 한다. 그는 먼저 3급 자격증에 도전했고, 이후에 2급도 취득했다. 그 후에 더 적극적인 구현 방법으로 인형극을 시작하게 되었다.

그는 평일은 거의 매일 사무실에 나와서 인형이나 소품을 만들고, 공연이 있는 날에는 공연도 하며 일상을 보낸다. 공연에 올릴 인형을 만드는 과정은 힘들지만, 인형이 완성되고 나면 힘든 기억은 금방 잊어버리고 즐거운 마음으로 지속할 수 있단다. 코로나 시기에는 공연이 줄었는데, 많이 올릴 때는 일주일에 두세 번씩 올리기도 한다. 한 번 공연에 대략 일고여덟 명의 단원이 출연하는데, 특정 단원이 고정역할을 맡기보다는 돌아가면서 여러 역할을 담당한다. 어느 단원에게 갑작스런 일이 생기면 누군가가 그 역할을 해야 하기 때문이다. 지금 단원들은 다들 몇 년씩 활동해온 사람들이라 어떤 역할을 맡겨도 다 잘 해낸다고 했다.

인형극 공연에서 느끼는 다른 어려움은 없었을까? 그는 전반적으로 만족스럽다고 했지만, 공연이 있는 날엔 인형을 들고 대중교통으로 이동해야 하는 것이 다소 힘들단다. 때때로 다른 단원이나 극단 대표가 인형과 소품들을 차에 실어 공연장소에 갖다 주는 등 임기응변으로 대처하고 있고, 그 외엔 크게 어려움이 없단다.

아이들을 대상으로 공연하다 보면, 초등학생보다는 미취학 아동들이 인형극에 대한 반응이 더 좋다고 했다. 그는 아이들의 모습을 떠올리는 듯 환하게 웃었다. "어린 아이들 중에는 인형을 보고 처음에는 무서워하기도 하는데, 시간이 갈수록 마음의 문을 열고 재밌어 해요. 쪽지에 글을 적어서 건네주기도 하는데, 그럴 때는 보람을 느끼고 그래요. 제가 아이들을 굉장히 좋아합니다. 주부로 쭉 살다 보니까 그런 걸 잘 못 느끼고 살았는데, 막상 배워서 유치원이나 어린이집에 가서 해보면 아이들 반응이 너무 좋은 거예요. 사실 이걸 하다 보면 조금 바쁘고 힘든 부분도 있거든요. 그래도 아이들 반응을 보면 굉장히 보람을 느끼게 되고, 힘도 나고, 에너지도 받고요. 그러니까 계속 하게 되는 것 같아요. 또 이 일이 저 자신한테도 좋은 것 같더라고요. 우리 애들도 결혼해서 손자 손녀 다 있거든요. 그런데 제가 동화 같은 걸 좀 아니까 아이들하고도 얘기가 잘 되고, 그런 부분도 참 좋더라고요. 이 일이 재미있어요. 건강이 허락하는 한 계속하고 싶어요.”

동화구연을 통해 접하게 된 인형극 활동은 그에게 생활의 무료함을 이겨내고 보람을 느끼게 하는 활력소가 되는 듯했다.

활동으로 인한 삶의 확장과 사회적 지지

동화구연과 인형극 활동이 그에게 새로운 삶의 한 페이지를 담당하게 되면서, 아이들을 통한 기쁨과 보람뿐만 아니라 사회적 관계의 확장과 성격이나 건강 면에서도 긍정적인 변화를 함께 느끼고 있었다.

“여기 오시는 분들이 다른 곳에서도 많이 오시거든요. 그러면 그분들과 친구같이 함께 어울리고 교류도 하고 있지요. 사소한 집안 애기 하고 웃으며 일하니까 시간도 잘 가고 좋습니다. 여기 계신 분들이 딱히 성격이 모난 사람이 없거든요. 무난하게 다 잘 지내고 있습니다. 활동하는 것 외에도 같이 논다든지 캠페인 같은 것도 함께 하고 있습니다. 원래 제가 친구관계가 그렇게 넓지는 않았거든요. 성격도 좀 내성적이었는데, 여기 오고는 많이 바뀐 것 같아요.”

그는 이미 장성하여 결혼한 자녀들은 자신이 이런 활동을 하는 것에 대해 매우 긍정적으로 생각하고 지지해준다고 말했다. 공직에서 은퇴한 남편도 마찬가지다. 또한 그의 친구나 지인, 친척들도 부러움 섞인 긍정적인 반응이란다. 사회공헌활동을 하기 위해서는 스스로의 의지가 가장 중요하지만, 가족이나 지인들이 보내

백합유치원 아동학대 예방 인형극.

출처: 부산광역시 장노년일자리지원센터 홈페이지

는 긍정적인 메시지와 지지가 큰 동력이 되기도 한다. 그 역시 사회공헌활동을 통해 보람을 느끼며 활기찬 노후를 보내고 있고, 주변인들의 지지로 인해 더욱 힘을 낼 수 있다고 했다.

공동체 안에서 행하는 사회공헌활동은 활동 그 자체가 갖는 긍정적 효과뿐만 아니라, 활동을 통해 사회적 관계망을 형성하는 것도 큰 수확이 된다. '백살공주 인형극단'에서 오랜 기간 함께 해 오며 쌓인 친분은 그에게 중요한 사회적 자본이 될 것이다.

홍정숙님에게 사회공헌활동에 대한 바람을 묻자, 장노년층의 사회공헌활동이 더 활성화되면 좋겠다고 했다. 인형극 활동을 원활히 하기 위해서는 일단 시간적 여유가 있어야 하고, 너무 자기주장만 내세우지 않고 협업할 수 있는 무난한 성향이 중요한 것 같다고 언급했다. 그리고 보다 많은 장노년층이 사회공헌에 관심을 보이면 좋겠다고도 했다. 또 장노년층의 인형극 활동을 더 활성화하기 위해서는 정부지원도 필요하다고 강조했다. 예를 들어, 비슷한 봉사활동을 했을 때 완전 무료봉사보다 지원이 조금 보태지면 활동이 더 수월할 것이라고 했다. 또 소품을 들고 이동할 때 드는 어려움 등을 해소하기 위해 교통지원도 기대했다.

그는 주부로서 가족을 위해 헌신해 온 삶이 어느 정도 일단락된 시점에, 무언가 새로운 일을 시작하고 싶은 욕구에서 동화구연을 시작했고, 그 연장선상에서 인형극 활동을 만났다. 이 일을 통해 느끼는 개인적인 기쁨과 보람이 크고, 극단 단원들과 좋은 사회적 관계를 맺고 있으며, 가족과 지인들의 지지를 받고 있기에 매우 성공적으로 사회공헌활동을 수행하고 있다.

그의 사례를 정리하고 나니, 더 많은 장노년들이 홍정숙님처럼 보람과 삶의 활력을 느낄 수 있는 사회공헌활동에 참여하기를 바라는 마음이 커진다.

참고문헌

제1부 | 제1장

건강보험심사평가원, 국민건강보험공단 (2021). 2020년 건강보험통계연보.

고숙자, 안영, 황남희, 이아영, 최현수 (2023). 2022년 고독사 예방 실태조사. 한국보건사회연구원 연구보고서.

국민연금공단 국민연금연구원 (2023). 우리나라 노후소득보장체계의 재구축.

김정석, 조현연 (2017). 인구고령화 시대, '생산적 노화' 담론에 대한 비판적 검토. 사회과학연구, 24(2), 7-28.

김형수, 권이경 (2013). 한국 노인자살률과 사회경제적 요인의 관련성. 한국콘텐츠학회논문지, 13(6), 236-245.

도문학, 허만세 (2015). 노인자살의 생태체계요인에 대한 탐색연구. 사회과학연구, 31(2), 45-72.

박영란 (2013). 초고령사회 대비 EU의 '활동적 노화'(active ageing) 정책 패러다임. 유럽연구, 13(1), 135-158.

박은미(2023). 신노년 세대의 경제 건강 및 사회적 관계가 삶의 만족도에 미치는 영향 연구. 한서대학교 노인복지학과 박사학위논문.

박현식, 전오진 (2014). 성공적 노후를 위한 노년세대와 신노년세대 인식 비교. 지역사회연구, 22(4), 217-237.

보건복지부 (2024). 고독사 사망자 실태조사.

성현정 (2024). 60년대생 새로운 노인이 온다. 한국노인복지학회 춘계학술대회 자료집. 가천대학교: 성남시.

염지혜, 박종서, 이상림, 이민아 (2010). 저출산 고령화시대 노동력부족과 인력활용 방안. 연구보고서 2010-03-14. 한국보건사회연구원.

이철희 (2024). 일할 사람이 사라진다: 새로 쓰는 대한민국 인구와 노동의 미래. 위즈덤하우스.

저출산고령사회위원회 (2022). 베이비부머를 위한 비전과 정책방안: 초고령사회에서 모두의 삶의 질 향상을 위한 제언. 저출산고령사회위원회 보고서.

최혜지, 이미진, 전용호, 이민홍, 이은주 (2020). 노인복지론, 사회평론아카데미.

최희경 (2010). 신노년 정책 담론에 대한 비판적 재검토: 활동적 노화, 성공적 노화, 생산적 노화를 중심으로. 한국사회정책, 17(3), 41-65.

통계청 (2019). 2019년 장래인구특별추계를 반영한 세계와 한국의 인구현황 및 전망

통계청 (2022). 국가통계포털 장래인구추계.

통계청 (2023a). 생명표

통계청 (2023b). 경제활동인구조사

통계청 (2024). 통계청 보도자료 [2024 고령자 통계]

한국생명존중희망재단 (2024). 2024 자살예방백서.

OECD (2012). OECD Economic Survey Korea: Paris. OECD.

OECD (2022). Pensions at a Glance Asia/Pacific 2022, OECD Publishing, Paris, https://doi.org/10.1787/2c555ff8-en

OECD (2023). Health at a Glance 2023, OECD. https://doi.org/10.1787/7a7afb35-en

Holstein, M. B. & Minkler, M. (2003). Self, society, and the "new gerontology". The Gerontologist. 43(6), 787-796.

KOSIS (2023) 국가통계포털. https://kosis.kr/

WHO(2002). Active ageing is the process of opportunities for health, participation and security in order to enhance quality of life as people age. Active Ageing: A Policy Framework, 12. Geneva.

제1부 | 제2장

고용노동부(2023) 「고용형태별 근로실태조사」KOSIS 다운로드.

김교성 · 김수연(2014). "활동적 노화에 관한 다차원적 측정과 국가 간 비교". 『사회복지정책』41(2): 1-32.

김진우, 박병훈 (2020). "고령화 사회의 산업구조 변화와 노인의 경제활동." 한국노동연구

원 연구보고서.

김태완(2023). "우리나라 노인의 빈곤실태와 대응방향". 『월간복지동향』292호. 참여연대.

김형진·박명희(2021). "한국의 노인빈곤 문제와 정책적 대응:현황과 과제". 『사회보장연구』

남찬섭(2024). "국민연금 소득대체율을 올려야 하는 이유". 오마이뉴스. 4월 11일

박상훈·이정수 (2019). "산업구조 변화와 고령층의 고용 기회." 경제와 노동 29(1).

보건복지부(2023). 『노인실태조사』 KOSIS 다운로드.

성영태·최인규(2020). "한국 노인빈곤의 원인과 과제". 『사회융합연구』 4(2) : 169-179.

통계청(2022). 『경제활동인구조사』.

통계청(2024).『장래가구추계:2022~2052년』

한국보건사회연구원(2022). 『한국복지패널조사』 KOSIS 다운로드.

Cacioppo, J. T., et al. (2006). Loneliness as a specific risk factor for depressive symptoms: cross-sectional and longitudinal analyses. Psychology and Aging, 21(1), 140-151.

Chodzko-Zajko, W. J., et al. (2009). Exercise and physical activity for older adults. Medicine & Science in Sports & Exercise, 41(7), 1510-1530.

Hertzog, C., et al. (2008). Enrichment effects on adult cognitive development. Psychological Science in the Public Interest, 9(1), 1-65.

Kim, S., & Feldman, D. C. (2000). Working in Retirement: The Antecedents of Bridge Employment and Its Consequences for Quality of Life in Retirement. Academy of Management Journal, 43(6), 1195-1210.

OECD(2023). Pensions at a Glance 2023.

Putnam, R. D. (2000). Bowling Alone: The Collapse and Revival of American Community. Simon and Schuster.

Ryff, C. D. (1989). Happiness is everything, or is it? Explorations on the meaning of psychological well-being. Journal of Personality and Social Psychology, 57(6), 1069.

Walker, A., & Maltby, T. (2012). Active ageing: A strategic policy solution to demographic ageing in the European Union. International Journal of Social Welfare, 21(s1), S117-S130.

Warburton, D. E., Nicol, C. W., & Bredin, S. S. (2006). Health benefits of physical activity: the evidence. CMAJ, 174(6), 801-809.

제1부 | 제3장

고용노동부 (2000). 2019년 사업체 노동력조사 부가조사.

고용노동부 (2023). 2023년 재정지원 일자리사업 성과평가 보고서.

김대일 (2023). 정년연장의 청년층 일자리 효과. Korean Journal of Labor Economics, 46(1).

김영진 (2022). 임금피크제의 효력에 관한 쟁점. 사법, 1(62), 67-109.

김준 (2018) 고령화 사회에서 정년연장이 고용 안정성에 미치는 영향. 한국노동연구원.

김진수, 남재욱, 정창률 (2015). 정년연장이 노후소득보장에 미치는 영향과 정책과제 연구. 사회복지정책, 42(2), 87-111.

김홍석 (2024). 고령화사회에 따른 정년제도에 관한 소고. 법학논총, 37(1), 129-157.

남재량 (2018). 정년 60세 이상 의무제 시행의 고용효과 연구. 한국노동연구원.

문정화, 유선치, 고아라 (2020). 활동적 노화(Active Aging)를 위한 정책 방안. 부산연구원

박영란 (2013). 초고령사회 대비 EU의 '활동적 노화(active ageing)' 정책 패러다임. 유럽연구, 31(1), 136-144.

양윤정 (2011). 노동시장참여 중심의 '활동적 노화'와 그 한계. 한국노동연구원 해외연구동향, 2011년 3월호, 49-62.

이병희 (2021). 중고령자 계속고용 촉진의 필요성과 지원 방안.

정진호, 이승호, 최형재 (2020), "60세 정년연장 의무화의 고용효과", 한국노동연구원.

진성진, 오진욱, 이철희, 정종우 (2023). 고령자 노동시장의 수요측 분석. 한국노동연구원.

최혜지, 이미진, 전용호, 이민홍, 이은주 (2020). 노인복지론. 사회평론아카데미.

최형재, (2024). 60 세 이상 정년 의무화제도의 시행이 고용에 미치는 효과: 사업체 수준의 분석. 산업관계연구, 34(2), 83-107.

한요셉 (2019), 60세 정년 의무화의 영향: 청년 고용에 미치는 영향을 중심으로, 『KDI Policy Study』 3.

World Health Organization (2002). Active ageing: A policy framework. World Health Organization.